Davis Miller

Das Geheimnis des Muhammad Ali

Eine wahre Geschichte

Sportverlag Berlin

© 1996 by Warner Books, Inc., New York, N. Y.
© der deutschsprachigen Ausgabe:
1998 by SVB Sportverlag Berlin GmbH

Die Verwendung der Texte und Bilder, auch auszugsweise,
ist ohne Zustimmung des Verlages urheberrechtswidrig und strafbar.
Dies gilt auch für Vervielfältigungen, Übersetzungen, Mikro-
verfilmungen und Verarbeitungen mit elektronischen Systemen.

Übersetzung aus dem Englischen: Ruslau Tulburg

Lektorat: Julia Niehaus
Bildnachweis:
dpa (6), Sports Illustrated/Presse-Sports (1),
Ullstein Bilderdienst (12)
Satz: LVD GmbH, Berlin
Druck und Bindung: Graphischer Großbetrieb Pößneck GmbH
Printed in Germany 1998
ISBN 3-328-00788-1

Gedruckt auf alterungsbeständigem Papier
mit chlorfrei gebleichtem Zellstoff

Die Deutsche Bibliothek – CIP-Einheitsaufnahme
Miller, Davis:
Das Geheimnis des Muhammad Ali :
eine wahre Geschichte / Davis Miller.
[Übers. aus dem Engl.: Ruslau Tulburg]. –
Berlin : Sportverl., 1998
ISBN 3-328-00788-1

Für Roy L. Miller,
den besten Vater – ich hätte mir nie einen besseren
vorstellen können.

Und für Lyn.

Inhalt

Anmerkung des Autors

Wir kämpfen. Immer.
Wir tun unser Bestes.
Und wir träumen vom Erhabenen.
Für mich gab es eine Zeit, in der mein Traum Wirklichkeit wurde.

Und der Traum hatte den Namen Muhammad Ali.

Dies ist die Geschichte über die Zeit, die ich mit diesem Traum verbrachte. Zwar ist die Schilderung nicht immer historisch genau, und einige Zeitabläufe und zahlreiche Details wurden zugunsten des Handlungsablaufes geändert, doch im wesentlichen ist sie wahr.

»... In Bewegung, göttergleich.«

William Shakespeare, *Hamlet*

»Die Lufthülle unseres Planeten zirkuliert so
regelmäßig und wirksam, daß jeder Atemzug, den wir
tun, Moleküle enthält, die von Siddhartha Gautama
ausgeatmet wurden.«

Robert Ripley

»Obwohl viel genommen wird, bleibt viel übrig; und
obwohl
Wir nicht die Kraft sind, die früher
Himmel und Erde bewegte, sind wir doch das, was wir
sind.«

Alfred Lord Tennyson, *Ulysses*

»In jedem Akt der Zerstörung
ist ein Akt der Erneuerung enthalten.«

Albert Einstein

»Der erhabene Mann
– wenn er Erfolg hatte in der großen Welt –
entsagt der Welt und zieht sich zurück aufs Land.«

Lao-tse

Prolog

Ich traf ihn zum ersten Mal im Juli 1975 auf dem Gipfel seines Berges in Pennsylvania, gesehen hatte ich ihn allerdings schon tausende Male.

Während ich ein Paar blutroter Hosen der Marke Everlast anzog, die ich extra für diese Gelegenheit gekauft hatte, hörte ich ihn durch die Wand des Umkleideraums, wie er die kleine Menge von Zuschauern ermunterte, die je einen Dollar bezahlt hatten, um ihn beim Training zu beobachten. »Ich werde der ganzen Welt beweisen, daß ich nicht nur der größte Boxer aller Zeiten bin«, sagte er, »ich bin der größte Kampfsportkünstler.«

Selbst durch die Wand hindurch war seine Stimme die elementarste, die ich je gehört hatte; sie war gewaltig, melodisch und klang irgendwie ewig. Ihm zuzuhören, machte mich so nervös, daß ich leicht zitterte und das Gefühl hatte, pinkeln zu müssen. Der alte Bursche, der vor mir stand und mir ein Paar kräftig riechende rote Lederhandschuhe überstreifte, sah mich an und lachte. »Er wird einem kleinen weißen Jungen wie dir nichts tun«, sagte er.

Ich war 22 Jahre alt, mein Körper war hart wie der eines Käfers, und ich betrachtete mich nicht mehr als »klein« oder als »weißen Jungen«. Der alte Bursche ließ die Schultern hängen; seine Augen waren durch das Alter vergilbt. Sein langes, ernstes Gesicht war hart und weich. In all seinen Zügen spiegelte sich die Härte des Lebens wider, aber auch Milde. »Nee, er wird dir nicht weh tun«, sagte er nochmals, »jedenfalls nicht sehr.«

11

Als er die Handschuhe festgeschnürt hatte, verklebte er die Schnürbänder mit Klebeband und verließ den Raum. Ich trat von einem Bein auf das andere und starrte auf die Holzstämme in den Wänden, deren Rinde der Haut einer Schlange glich. Als ich das Warten nicht länger aushielt, ging ich zur Hintertür hinaus und schritt barfuß an den abgeschliffenen Steinen vorbei, die kreisförmig um die Blockhütte herum gelegt worden waren. Auf jeden Stein war in rot und blau umrahmter weißer Blockschrift ein Name geschrieben. Ich las die Namen: Willie Pep und Ray Robinson, Jack Dempsey und Gene Tunney, Rocky Marciano und Archie Moore, Sonny Liston und Joe Frazier. Ein abgerundeter, mit Flechten bedeckter Granitblock mit dem Namen Joe Louis hatte den Ehrenplatz vor dem Haupteingang zur Sporthalle erhalten. Irgendwo in weiter Ferne hörte ich das dumpfe Rattern eines Güterzuges. Der Briefträger kam. Im Weggehen sagte er kichernd: »Viel Glück, mein Sohn.«

Ich ging um die Hütte herum zurück und stieg auf den größten der abgeschliffenen Steine, der oben flach war, ein anderthalb Meter hoher Brocken aus Steinkohle, mit dem Namen Jack Johnson versehen. Ich stand auf dem Stein, die Arme mit den Handschuhen hingen herunter. Um mich zu beruhigen und meine Lungen in Gang zu bringen, schloß ich die Augen und atmete viermal tief und langsam ein und aus. Nie spürte ich meinen Körper so deutlich wie in diesem Augenblick. Ich schwöre, ich konnte bei jedem Atemzug fühlen, wie der Sauerstoff bis in meine Zehen strömte. Mit geschlossenen Augen stellte ich mir vor, wie die unmittelbare Kraft des Kosmos von den Steinen herauf und in meinen Körper strömte.

Heute wird nicht mehr von Größe die Rede sein. Ich spüre, wie ich in jedem Augenblick wachse. Ich habe hierauf so lange geduldig, so geduldig gewartet. Ich spüre, wie die alte Haut von mir abfällt. Ich steige aus ihr heraus, strahlend.

Ich kehre der Blockhütte meinen Rücken zu, atme intensiv, rieche den süßen Duft von Eisenkraut, Klee und Pferdeschweiß. Ich starre an den Pferdewagen und Ställen vorbei die steilen Hügel hinunter auf die wie Münzen glänzenden Blätter von Buchen und Pappeln, von Zuckerahorn und Eichen und nehme ihre Fülle in mich auf, bis alles, was ich sehe, grün ist.

Er steht in der Mitte des Ringes, während ich die Seile auseinanderdrücke und hindurchsteige. Die poröse Matte unter meinen Füßen ist von Flecken getrockneten Blutes wie von Insekten übersät, gesprenkelt. Ich sehe gebannt zu ihm hoch, er kommt in mein Blickfeld, und alles andere verschwimmt ringsumher. Wieder einmal wird mir klar, daß kein anderer auf der Welt aussieht wie er. Seine Haut ist makellos und ohne Falten, und er strahlt in einer Weise, die Fotos oder der Fernsehschirm nicht wiedergeben können.

Er stellt mich der Menge als einen »großen Karatemeister« vor – eine Anerkennung, die ich sicher nicht verdiene. Dann macht er den Mund weit auf, zeigt mit seinem linken Handschuh auf mich und schreit mit einer Stimme, die an niemanden im besonderen, sondern an die Welt im allgemeinen gerichtet ist: »Du mußt ein Idiot sein, mit mir in den Ring zu steigen. Wenn ich mit dir fertig bin, wirst du denken, dich hat Bruce Lee vertrimmt.«

»Hast du Angst?« fragt er und blickt mir gerade und direkt in die Augen. »Hast du Angst? Denk einfach daran, mit wem du es zu tun hast. Wie ist das Gefühl zu wissen, du bist mit dem Größten aller Zeiten im Ring?«

Er wendet sich von mir ab und wieder der Menge zu. »Ich bin der Mittelpunkt des Universums«, verkündet er, und ich glaube ihm beinahe.

Der Gong ertönt, und er tänzelt um die straffe, sechs mal sechs Meter große Matte herum auf mich zu. Plötzlich bin ich nicht mehr nervös. Meine Waden sind fest und federnd, meine Bewegungen sind locker. Die dünne Schweißschicht auf meiner Haut fühlt sich wie etwas Vertrautes und Namenloses an, das heraus muß.

Er springt vor mir von einer Seite auf die andere; ich habe das Gefühl, daß jeder Schritt, den er macht, in meine Füße und meine Beine emporschießt. Ich beuge mich nach rechts, schlage eine linke Gerade zu seiner Gürtellinie, richte mich auf, versuche, einen Schnapptritt am Kopf zu landen. Ich glaube, das war der erste Tritt, der ihm je galt, aber er weicht so leicht aus, als ob er sein ganzes Leben lang hin- und hergesprungen wäre. Er hört auf zu tänzeln und steht entschlossen vor mir, während er meine Bewegungen studiert. Mein Gott, was für ein großer Mann! Ich versuche, einen Schlag von außen, von wo es für mich gewöhnlich am leichtesten ist zu treffen, hereinzuhebeln. Seine Augen blitzen auf. Sein Gesicht strahlt und ist rund und offen. Er wartet, bis meine Faust vielleicht einen halben Zoll von seiner Nase entfernt ist, und zieht seinen Kopf unmittelbar zurück. Ich treffe nichts als Luft und Träume. Er wendet sich breit zu mir um, foppt mich, indem er seine lange, weißbelegte Zunge herausstreckt, tritt zurück zu den Seilen, setzt sich auf das zweite Seil, von wo aus sein Kopf mit meinem auf gleicher Höhe ist, und winkt mich mit seinen Handschuhen heran.

Ich ignoriere das Gelächter der Zuschauer und schlittere drei halbe Schritte an ihn heran; er ist so nah, ich spüre seinen Atem auf meiner Schulter. Ich bohre einen Drehtritt in seine rechte Niere, fühle seine Berührung an meinem Schienbein, sehe die Deckungslücke, auf die ich gehofft hatte, täusche eine linke Gerade vor und schnelle aus geduckter Haltung mit einem Faustrückenschlag und linkem Haken hoch, den ich ihm direkt auf die rechte Seite seiner Kinnlade schmettere. Die Treffer fühlen sich so gut an, daß ich lächele. Die Menge staunt: ooh und aah.

Mit Augen groß wie Spiegeleier täuscht er Erstaunen vor. Er hat bisher nie an mich' gedacht, wird an mich als Kämpfer nie mehr denken, doch zwei Sekunden lang verdiene ich nun seine echte Aufmerksamkeit. Für zwei lange Sekunden sind wir untrennbar verbunden, wirbelnd in einem elektrischen Kreis, jeder sieht nichts als den anderen. Für zwei Sekunden, die mir wie zwei Wochen vorkommen, schwebe ich. Dann zerschmettert er mich mit nur einem Fliegenklatschenjab.

Ich sehe den Schlag kommen; es ist ein kastanienbrauner Kandisbrocken, exakt von der Größe eines Boxhandschuhs. Ich versuche auszuweichen und kann es nicht – so schnell geht es. Mein Hinterkopf prallt von den Schultern ab. Weiße Blitze zucken hinter meinen Augen. Im Mund habe ich einen metallenen Geschmack, dann ein zweiter, noch schwererer Treffer. Die Geräuschkulisse der Zuschauer klingt meilenweit entfernt; meine Beine knicken unter mir ein.

Er weiß, ich bin verletzt, und tritt zurück. Es liegt auf der Hand, daß er mich mit einem einzigen Schlag k. o. schlagen könnte. Ich bin sicher, daß die meisten Boxer das liebend gern tun würden. Statt dessen werden seine Augen freundlich, er legt einen Arm um meine Schultern, wir umarmen uns und lächeln uns an, und es ist vorbei.

Ich habe jedoch etwas erreicht, wozu ich nie – und doch immer – geglaubt hätte, eine Chance zu bekommen.

Ich habe mit Muhammad Ali geboxt.

Als wir zusammen den Ring verlassen, spricht der größte aller Boxer in einer Art zu mir, wie nur wenige Männer je zu mir gesprochen haben – sanft, freundlich, fast schnurrend. »Du bist schnell«, sagt er, »und du kannst wirklich zuschlagen, wo du doch *sssooo* klein bist.«

Er hätte ebensogut sagen können, er wolle mich adoptieren.

Ich fange an zu zittern. Mein Inneres tanzt. Aber es gelingt mir, lange genug ruhig zu bleiben, um ihm das eine zu sagen, von dem ich hoffe, daß es ihn am meisten beeindruckt. Mit dem absoluten Selbstbewußtsein, das ich bei ihm unzählige Male im Fernsehen und bei Radiosendungen erlebt habe, sage ich nur »ich weiß«.

TEIL I

Eine Weihe

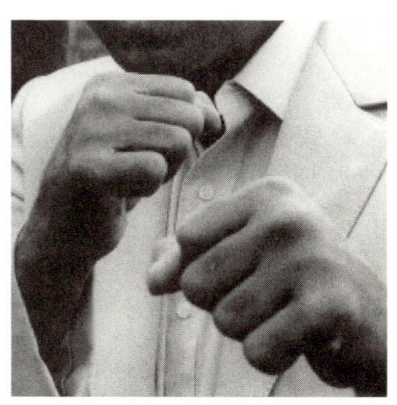

I

Manche Leute studieren tektonische Verwerfungen in der Erdkruste oder die Verhaltensweisen von Stürmen oder Galaxien in der Hoffnung, den Sinn des Universums und ihres eigenen Lebens zu begreifen. Andere denken über eine soziale Bewegung oder das Leben und das Werk eines Mannes nach. Damit Sie verstehen, was Muhammad Ali für mich bedeutet, muß ich Ihnen erklären, woher ich komme, muß ich Ihnen einiges von meinen Geheimnissen erzählen.

Doch seien Sie gewarnt: Wenn ich einmal anfange, gibt es keinen Anfang und kein Ende der Geschichten, dieser Herde von Elefanten – Rüssel und Schwanz eingehakt, jeder den anderen ziehend.

Das erstemal sah ich Ali Ende Januar 1964. Ich war gerade zwölf Jahre alt geworden und das kleinste und dünnste und schwächlichste Kind in der Stadt. Meine Mutter war erst ein paar Monate zuvor plötzlich verstorben.

Ich kann mich kaum an etwas erinnern, was vor dem Tod meiner Mutter passiert ist. Und ich glaube, ich habe deshalb so wenig wirkliche Erinnerungen an sie und die Zeit vor ihrem Tod, weil ich mich, nachdem sie gestorben war, an nichts mehr erinnern wollte.

Meine Mutter. Ich kann mir kaum mehr vorstellen, wie sie aussah. Ich weiß noch, daß sie langes, lockiges blondes Haar hatte und einen ziemlich kleinen Mund, der – wie meiner – in der Art, wie er sich bewegte, ihre Stimmungen verriet. Ich erinnere mich, daß sie, wenn sie ein Nickerchen machen wollte, sich sanft in den

Schlaf wiegte. Das meiste, was ich weiß, entnehme ich jedoch dem Foto, das vor mir liegt. Daddy sagte mir, daß es im Oktober 1947 aufgenommen wurde. Sie war siebzehn, es war ihr letztes Jahr auf der High-School, und das Bild wurde einen Tag nach ihrer Wahl zur Homecoming-Queen* der Hanes-High-School in Winston-Salem, North Carolina, aufgenommen.

Das Mädchen, das ich auf dem Bild sehe, sitzt in einem weißen Korbsessel. Ihre kleinen elfenbeinfarbenen Hände liegen in ihrem Schoß gefaltet, und sie hält eine rote Rose darin. Obgleich es eine feierliche Situation ist, wirkt ihr Gesichtsausdruck nicht gestellt. Sie hat tiefliegende, etwas ahnungsvolle Augen, sie ist dünn, blaß, zerbrechlich und hübsch. In weniger als einem Jahr sollte sie den Jungen heiraten, der seit ihrem fünften Lebensjahr ihr Gefährte gewesen war. Daddy pflegte meiner Schwester und mir zu sagen: »Sie war eine von denen, die ein bißchen zu gut für diese Welt sind.«

Ich erinnere mich an die kleinen verschlossenen Flaschen mit dem Urin meiner Mutter, die immer hinter den Äpfeln und Birnen und dem Sommerkürbis hinten in dem untersten Fach des Kühlschrankes aufbewahrt wurden. Ich habe noch in Erinnerung, daß Ende Juli 1963 mein Vater, meine Mutter, meine Schwester und ich unser Haus in einem brandneuen Chevrolet Impala (dem ersten neuen Wagen, den sich Daddy hatte leisten können) verließen, um nach Florida und in unseren allerersten zweiwöchigen Urlaub zu fahren. Fünf Tage später waren wir alle vier auf einer Autobahn in Florida; Daddy fuhr so schnell er konnte nach Hause. Meine Mutter hatte 40,5° Fieber; sie schwitzte und phantasierte. Wir mußten alle fünf Meilen am Straßenrand anhalten, weil sie sich übergeben mußte. Als wir am fol-

---

* Homecoming-Queen – Auszeichnung für das beliebteste Mädchen der Schule.

genden Nachmittag zurück in Winston-Salem waren, langweilte ich mich und wollte das Zimmer verlassen, als sie mich bat, mich auf ihr Bett zu setzen und ihr aus meinem Donald-Duck-Comic vorzulesen. Kurz darauf kam der Krankenwagen. Meine Mutter starb am gleichen Abend im Alter von 32 Jahren an einer seltenen Nierenkrankheit, die erst bei der Autopsie diagnostiziert werden konnte.

Vier Jahre vor ihrem Tod, als ich sieben war, kauften mein Vater und meine Mutter einen knappen halben Hektar Land, der einmal eine Viehweide gewesen war, und bauten dort ein Haus zwischen einem Feldweg und einem rauschenden, gewundenen Flüßchen. Winston-Salem liegt in den Ausläufern der Appalachen, und unser Land war im Osten wie auch im Westen durch steile Abhänge und die Überreste alter Kiefern- und Zedernwälder begrenzt – Wälder, deren aufsteigende, glänzende Morgennebel, getönt durch die Farbe der Nadeln, den Blue Ridge Mountains ihren Namen geben.

Ich verbrachte eine Menge Zeit allein unten am Flüßchen und oben, Richtung Osten, unter großen Eichen und Platanen, wo ich in großen grünen gespenstischen Kudzu*-Gebilden spielte, die in den Wäldern weit verbreitet waren. Ich pflegte mich von den juckenden Kudzuranken zu schwingen und durch die Wiesen mit hüfthohem Gras umherzustreifen. Unter den Ranken grub ich alte grüne Kuhknochen aus, meistens Schenkelknochen, Schulterknochen und Rippen, gelegentlich fand ich auch einen Schädel. Ich brachte sie nach Hause und legte sie auf einen Baumstumpf im Hinterhof, bis Daddy von der Arbeit kam und mich anwies, sie in das Flüßchen zu werfen, damit sich meine Mutter nicht aufrege.

* Kudzu – asiatische rankende Hülsenfruchtpflanze.

21

Meine Mutter. Diese Geschichte handelt nicht von ihr, doch ihr Geist steckt überall zwischen diesen Seiten. Erst mit Anfang 20 hörte ich auf, mir die Schuld an ihrem Tod zu geben.

Es gab mehrere Gründe, warum ich mich dafür verantwortlich fühlte. Tanten und Onkel hatten mir erzählt, der Arzt meiner Mutter hatte ihr geraten, keine Kinder zu bekommen. Aber sie brachte erst mich und dann meine Schwester zur Welt. Ich dachte, daß Carol und ich der Grund für ihren Tod gewesen sein könnten.

Ein paar Jahre vor dem Tod meiner Mutter hörte ich, wenn ich im Bett lag, wie sich meine Eltern gegenseitig wegen Geld anschrien und wegen des besten Freundes meines Vaters, der meine Mutter oft anrief, wenn Daddy zur Arbeit war. Manchmal hörte ich Daddy die Hintertür zuschlagen, das Auto starten und wegfahren. Wenn ich schlaflos auf seine Rückkehr wartete, kam mir der Gedanke, daß sich meine Eltern scheiden lassen könnten. Ich betete Anfang 1963 Tag und Nacht, daß sie es nicht tun sollten. Den Tod meiner Mutter sah ich als eindeutige Antwort auf diese Gebete an.

Kurz nach ihrem Tod nahm ich stark ab. Ich wollte nichts mehr essen oder trinken. Schließlich verbrachte ich einige Wochen im Krankenhaus, wo ich mit Glukose und Flüssigkeit vollgepumpt wurde, weil ich dehydriert war. Als ich aus dem Krankenhaus kam, zählte ich jeden Tag, wenn ich zur Schule ging, jeden Schritt, den ich tat. Und wenn ich ging und zählte, betete ich. »Lieber Gott«, sagte ich, manchmal laut und manchmal nur zu mir, »schütze Mommy und Daddy und Carol und Jet und Tippy und Onkel Tom und Tante Lib, und bitte, bitte, bitte, Gott, bitte behüte Daddy und laß ihn immer gesund bleiben.«

Bisher hatte ich mich beim Lernen hervorgetan, doch nun verlor ich das Interesse an allem, was im Klassenzimmer passierte. »Davis träumt immer«, schrieb mir Mrs. McClure, meine Lehrerin in der 5. Klasse, ins Zeugnis.

Was Mrs. McClure nicht wußte, war, daß ich die Stubenfliegen, die auf meinem Pult landeten, für Engel hielt. Ich sprach mit den Fliegen, fragte sie, wie es meiner Mutter gehe. Die Engel antworteten nicht.

Ich ließ Bücher in der Schule liegen, warf sie in den Schmutz. Wenn Daddy fragte, ob ich Hausaufgaben zu machen hätte, sagte ich ihm, sie seien schon fertig, oder wir hätten keine bekommen. Ich hatte wenig Freunde, und die, die ich hatte, waren Jungen. Ich hörte auf, mit Mädchen zu sprechen. Obgleich ich mich zu ihnen hingezogen fühlte, befürchtete ich, wenn ich einer näher käme, würde sie mich bald verlassen.

Unmittelbar vor Thanksgiving Day ließ Mrs. McClure eine Klassenarbeit mit dem Thema »Aus dem Fenster Schauen« schreiben.

»Draußen vor meinem Fenster«, schrieb ich, »ist es stockdunkel. Ich sehe gar nichts.«

Dann, etwa vier Monate nach dem Tod meiner Mutter, begann ich mein zweites Leben, das geheime Leben, das ich den Helden in billigen Comic-Heften verdankte: Superman, dem Blitz, dem Mächtigen Thor, der Grünen Laterne. Unverwundbare Helden, mit Kräften ausgestattet, von denen sie wußten, daß sie sie vor den gewöhnlichen Leuten ihrer Umgebung zu verstecken hatten. Helden, die immerfort Frauen wollten, sie aber nie berührten, die ihrem persönlichen Vergnügen und dem Glück entsagten, um gegen die Kräfte des Bösen ins Feld zu ziehen. Ich kaufte jedes Comic-Heft, dessen ich habhaft werden konnte.

Insbesondere Superman, »der Mensch von morgen«. Der Bursche mit enormen Kräften und langen drahtigen Muskeln; mit einem Körper, nicht so gewaltig, wie die von einigen der anderen Superhelden. Das Origi-

23

nal, das Modell für alle anderen. Selbst das Outfit Supermans war klassisch für dieses Genre: ein ins Auge fallender roter Umhang und rote Stiefel und Insignien, in schillernd gelbem Dekor, abgesetzt von einem leuchtend blauen Hintergrund. Das Blau die Farbe des Himmels im März und April. Oh, ein Geschöpf des Himmels zu sein, zu fliegen, frei zu sein. Wenn ich das nur könnte.

Wenn ich nicht gerade in der Schule war oder Comics las, verbrachte ich nahezu jeden bewußten Moment damit, unglücklich in den Fernseher zu starren. Gelegentlich sprach ich mit meinem Vater, seltener mit meiner Schwester, aber meistens war ich still. Den größten Teil der Zeit genügte es mir, die Filme zu sehen, die vor meinem geistigen Auge abliefen. Was ich sah, waren fantastische Abenteuer, magische Action-Filme, die ich erfand. In ihnen war ich stark und geradlinig und aufrecht und tapfer. Alle Frauen sehnten sich nach mir. Alle Männer senkten in meiner Gegenwart den Blick. Ich war alles, was ein jeder von mir erwartete. Ich konnte von Telefonmast zu Telefonmast hüpfen, mit Impalas* über goldene Ebenen jagen, mit Delphinen durch im Sonnenlicht glitzerndes Wasser schwimmen, Häuser aus ihren Fundamenten heben, alle Gegner mit eindrucksvollen, wohlplazierten Schlägen besiegen.

Das war die Zeit, in der ich Ali (den schwarzen Superman) sah, als er noch Cassius Clay war. Clay war gerade 22 geworden, und Ungestüm ging von seinem glatten, harten Körper aus, als er sich auf den Kampf gegen Sonny Liston um die Weltmeisterschaft im Schwergewicht vorbereitete. Ich erinnere mich daran, wie ich hypnotisiert vor Daddys kleinem Schwarz-Weiß-Fernseher saß, als Clays Stimme aus der großen Welt da draußen und aus dem ratternden Drei-Zoll-Fernsehlautsprecher

* Impalas – Antilopenart.

24

röhrte und prasselte. »Ich bin jung und schön und schnell und flott und kann unmöglich geschlagen werden«, verkündete die Stimme. Das Lied, das sie sang, klang bedrohlich und zugleich anmutig. Und, obwohl ich es nicht hätte ausdrücken können, erzeugte die Stimme in mir die Empfindung einer kosmischen Dimension.

Seit dieser Zeit sind viele der Ereignisse, die mein Leben bestimmt haben, mit Ali verbunden.

Mit 17 Jahren war ich der kleinste Bursche an der R.-J.-Reynolds-High-School in Winston-Salem: Ich war 1,47m groß, wog 29Kilo und wirkte ungefähr wie elf. Der Hausarzt sagte zu meinem Vater, daß ich nie viel größer werden würde. Die Mitschüler gaben mir den Spitznamen »Fötus«. Ich wurde dauernd in den Bauch geboxt, in die Mädchentoilette gestoßen, angezogen unter die Dusche geschubst, in Spinde gestopft, die Mitschüler hoben mich hoch, ließen mich über ihren Köpfen kreisen, bis sie mich runter ließen, und mir standen die Haare zu Berge, während der Rest von mir am Boden lag.

Ich hatte weiterhin kein Interesse an der Schule. Ich war in Spanisch I dreimal, in Sport zweimal und in Englisch in der 9., 10. und der 11. Klasse der High-School jeweils einmal durchgefallen. Ich war in der 11. Klasse sitzengeblieben und hätte die Schule frühestens mit neunzehn abschließen können. Drei- bis viermal im Monat wurde ich beim Schuleschwänzen erwischt. Gewöhnlich wußte ich, wenn ich die Schule schwänzte, nicht, wohin ich gehen sollte, und blieb im Schulgebäude, schlich durch die Korridore – von einer Toilette zur anderen (der beste Weg, nicht erwischt zu werden, war, so lange wie möglich im Klo zu bleiben), wo ich mir vor den Spiegeln über den Becken die Haare kämmte. Wenn ich im Unterricht war, legte ich meinen Kopf auf das Pult und schlief.

Aber ich hatte Ali.

Und die Musik in seiner Stimme, die in großen, vielversprechenden Wellen aus der Tiefe seines Bauches emporstieg.

Die 6oer Jahre hindurch verfolgte ich Alis Siege über zahlreiche unbedeutendere Sterbliche. Ein Teil der offensichtlichen Anziehungskraft, die von Ali im Ring ausging, war seine spürbare Zerbrechlichkeit, das Empfinden, daß dieser schöne Mensch die ganze Zeit in tödlicher Gefahr zu sein schien. Ali selbst, Ali der kosmische Sproß, kultivierte diese Meinung. Hatte jemals ein Krieger so verletzlich ausgesehen wie der junge Ali – mit seinem erhobenen schimmernden und zarten Kinn, den lockeren, kantigen Poetenkörper voll aufgerichtet, die Hände hängen lassend, die Augen rund und groß und scheinbar ängstlich – die ganze Zeit über, die er im Ring war –, selbst wenn er seine Gegner völlig überraschte und ihre Gesichtszüge mit einer (brennenden) Serie von Schlägen von allen Seiten her in einem Tempo verunstaltete, das sie und wir uns kaum vorstellen, geschweige denn wahrnehmen konnten?

In seinem Kampf gegen Brian London, am Anfang der dritten Runde, startete und landete Ali in nur zwei Sekunden – ein Mississippi, zwei Mississippi – im Nu eine betäubende Folge von 17 Schlägen. London ging in die Knie, fiel hin, lag ausgestreckt auf der Matte. Der Grund, warum London volle zwei Sekunden brauchte, um umzufallen, war der, daß Alis Schlagfolge in einem solchen Tempo gekommen war, daß er durch sie aufrechtgehalten wurde. Als Ali mit seinen Schlägen aufhörte, trat er einen Schritt zurück und warf seine Arme hoch – wie ein Gott. Alis (bewiesene) These war: Der »Schönste« ist auch der »Tüchtigste«. Welch größere Rechtfertigung könnte es für Kunst geben?

Vor Daddys Fernseher sitzend, schüttelte ich meinen Kopf immer wieder. Wie konnte jemand, noch dazu ein

Mann so gewaltig wie Ali, ein Riese von 1,87m mit einem Gewicht von 95kg, mehr als acht vernichtende Schläge in einer einzigen Sekunde knallen lassen? Ganz zu schweigen davon, daß all die Schläge ein bewegliches Ziel getroffen hatten. Doch ich hatte es Ali tun sehen. Zumindest hatte ich die Spuren gesehen, die seine Handschuhe hinterließen.

Ich kaufte ein Exemplar von Alis Biographie *Sting Like a Bee* von José Torres. In ihr entdeckte ich, daß mein Geburtstag zwei Tage vor Alis lag – er war am 17. Januar, ich am 15. geboren – und daß seine Frau Belinda Karate bei einem Lehrer namens George Dillman studiert hatte. Ich begann, Unterricht in *Kyokushinkai*-Karate zu nehmen, da es in der Stadt kein Boxen gab und ich unbedingt ein Künstler der Fäuste wie Ali werden wollte. Ich kaufte ein *Gi* (japanisch für »Uniform«), nahm gewissenhaft an den Stunden teil und arbeitete so hart, wie ein kleiner Kerl von 29kg es eben konnte – unter Neonlicht trat ich an vier Abenden in der Woche anderthalb Stunden lang gegen Wände, boxte aberhunderte Male in die Luft, schwitzte und ertrug Schmerzen. Nach anderthalb Jahren Unterricht bekam ich den braunen Gürtel, den zweithöchsten Grad. Ich las alles, was ich kriegen konnte, über Kampfsport und über Boxen und natürlich über Ali. Zusätzlich zu den *Kyokushinkai*-Übungen stellte ich mich vor den großen Spiegel in der Halle und stieß meinen spacken linken Arm in Richtung Spiegelbild in dem schwachen Versuch, Alis linken Kobra-Jab zu imitieren.

Alle diese Übungen stimulierten sowohl meinen Appetit als auch mein Selbstvertrauen; ich nahm etwa vier Pfund zu, was wiederum dazu führte, daß ich mich wohler fühlte. Ich kroch allmählich aus meinem Schnekkenhaus heraus und begann ein wenig zu sprechen, gelegentlich sogar einen Witz zu reißen. Einige Mädchen interessierten sich für mich, doch ich hatte noch Angst vor ihnen. »Kid Karate« und »Billy Jack« nannten mich die Mädchen in meinem Junior-High-School-Yearbook*.

He, Vogel-Fötus, gehst du dieses Wochenende zur Versammlung der Föten auf dem Friedhof? Haha!

Watts

Davis,
Warum sind all die Jungs so gemein zu dir? Du bist doch kein schlechter Kerl. Und deine Karate-Bewegungen sind so niedlich.
Wiedersehen im Herbst.
Tschüß,

Debbie

Fötus,
Ich sage dir, warum. Du machst mehr Mist als irgendein anderer kleiner Dreckskerl, der mir je begegnet ist. Warum versuchst du nicht, verdammt noch mal, aus der RJR rauszukommen, eh' du alt und grau bist. Du kannst zehn Jahre Karate machen und dir dann einen runterholen. Wahrscheinlich sehe ich dich diesen Sommer bei der Taverne, falls du nicht schon von zwei Halben besoffen bist.

Shore

Daddy schrieb mich bei Miss Winnie Cederick's School of Dance Arts (Fräulein Winnie Cedericks Schule der Tanzkünste) ein in der Hoffnung, wie er mir später erzählte, daß ein Anfänger-Tanzkurs mir helfen würde, weniger Hemmungen zu haben.

---

* High school yearbook – jährlich erscheinendes Erinnerungsbuch, in dem Schulaktivitäten und andere für die Betreffenden interessante Ereignisse festgehalten werden; es dient gleichzeitig als Poesiealbum.

Winnie Cederick war beim Sender Radio City Rockette gewesen. In Winston-Salem verschaffte ihr das einen gewissen Ruhm. Wenn Miss Cederick jemals mädchenhaft gewesen war, so deutete inzwischen wenig darauf hin. Daddy nannte Miss Cederick eine bemerkenswerte Frau, was seine Art war auszudrücken, daß er sie nicht gerade attraktiv fand. Sie war groß, trug ihr mülltonnenfarbenes Stahlhaar zu einem Bienenkorb hochgetürmt und rauchte Lucky Strikes in Kette, während sie unterrichtete.

Die Tanzstunden bei Miss Cederick fanden mittwochs um halb vier statt. Die ersten zwei Stunden verliefen gut. Ich hatte sogar so etwas wie Spaß daran und freute mich auf die Stunde, als Miss Cederick beschloß, uns in Paare einzuteilen. Zum ersten Mal in meinem Leben sollte ich mit einem Mädchen aus Fleisch und Blut tanzen. An diesem Mittwochvormittag zog ich meine beste Sonntagskleidung zur Schule an, und in den Pausen ging ich in die Toilette, um mir die Haare zu kämmen.

Nach der Schule mußte ich vier Häuserblocks weiter zu Miss Cederick gehen und hatte nur 15 Minuten Zeit bis zum Tanzunterricht; ich mußte mich beeilen. Auf dem Wege nach draußen überprüfte ich meine Frisur und steckte mein Hemd in die Hosen. Ich mußte pinkeln, dachte aber, ich hätte keine Zeit dazu. Ich rannte den ganzen Weg zu Miss Cederick und stürzte durch die Tür, als gerade mein Name aufgerufen wurde.

»Davis Miller«, kündigte Miss Cederick an, ihre Zigarette fest im Mund. Mein Name hallte über den glatten Holzfußboden der Tanzfläche. »Und Cindi Dollar«, fuhr sie fort.

Mein Kinn klappte herunter wie die Ladeklappe eines Kippers. Cindi Dollar, der bestaussehende Cheerleader der ganzen Schule – und wahrscheinlich der ganzen westlichen Hemisphäre. Jeder Bursche war scharf auf

Cindi. Sie war nicht nur schön, sie war auch reich. Ihr Vater war Vize-Präsident der R.J. Reynolds Tobacco Company. Ich starrte Cindi über die Tanzfläche hinweg an. Ihr leuchtend blondes Haar wallte über ihre Schultern ihren langen schönen Nacken hinunter. Licht brach sich auf ihrer tiefbraunen Haut. Sie lächelte mich an, während wir zur Raummitte schritten. Ungefähr auf halbem Wege zu der süßen Cindi versetzte mich der Gedanke, sie zu berühren, dermaßen in Panik, daß ich mir in die Hose pinkelte.

Ich versuchte trotzdem, mit ihr zu tanzen.

Ich nahm ihre Hand. Sie fuhr fort zu lächeln, doch dann hielt sie sich ihre winzige Nase zu und runzelte die Stirn. »Was ist das für ein Geruch?« sagte sie.

»Ich weiß nicht«, sagte ich, und der Urin rann meine Beine herunter und in meine Schuhe. Ich weiß nicht, ob Cindi es sah. Ich drehte mich um und rannte geduckt und benommen davon.

Für den Rest des Jahres spielte ich, während die anderen ihre Bewegungen auf dem Tanzboden verfeinerten, alleine unter der Eisenbahnbrücke auf der anderen Seite der Schule und tat so, als wäre ich Muhammad Ali. Ich habe Daddy nie gesagt, daß ich nicht mehr in Miss Cedericks Tanzschule ging.

In meiner gesamten Jugendzeit waren die Wände in meinem Schlafzimmer voll mit Zeitungsausschnitten von Alis Siegen; doch als er in seinem ersten Kampf gegen Joe Frazier verlor, fühlte ich mich ihm besonders nahe. Hatte mich nicht alles in allem das Leben regelrecht mißhandelt? Und machte mich das Ali nicht zumindest ein kleines bißchen ähnlich?

Mir gefiel besonders ein Zeitungsartikel, welcher ein kurzes Interview mit Arthur Mercante enthielt, der den Kampf mit Frazier kommentiert hatte. Mercante sagte, Ali hätte Frazier schlagen können, wenn er es nicht vorgezogen hätte, so viel herumzuspielen. Zu dem Artikel gab es ein Ganzkörperfoto von Ali, auf dem er Frazier mit einer langen rechten Geraden sozusagen durchbohrt und auf dem die übergroßen rot-weißen Quasten von Alis Schuhen die Schönheit seiner Bewegung unterstreichen. Ich liebte Ali wegen seiner Spielereien. Schließlich war es auch meine Art, selten das zu tun, was man von mir erwartete.

Jahre zuvor hatte ich Ali der Welt sagen hören, »Kein Vietkong hat mich je Nigger genannt«, und »Ich muß nicht der sein, den Sie sich wünschen.« Ich hatte gelesen, wie er 1960 seine olympische Goldmedaille in den Ohio geworfen hatte, nachdem ihm nicht erlaubt worden war, in Louisville in einem Restaurant für Weiße zu speisen.

Ich glaubte etwas davon zu verstehen, wie das für Ali gewesen sein mußte. Ich war im Süden, in Winston-Salem, aufgewachsen, wo Rassentrennung eine akzeptierte Lebensart war. Man verlangte, daß »Farbige« in den Bussen hinten saßen, aus Brunnen für »Farbige« tranken, Toiletten für »Farbige« benutzten; jeden Herbst fand im Kreis ein Jahrmarkt für die weiße Bürgerschaft und dann eine Woche später für die »Farbigen« statt. Bis zu meinem letzten High-School-Jahr ging ich nur mit weißen Kindern in die Schule.

Durch Ali kam ich dazu, Mitleid zu empfinden, aber auch die Musik der Bewegung und die Musik der Sprache zu entdecken. Wie bei meinem Idol wurde meine Sprache clever, lernte ich, Spitzen zu verteilen, wenn ich redete:»Ich werde dich so zurichten, daß dich deine eigene Mutter nicht wiedererkennt.« Zunächst sagte ich das nur vor dem Spiegel, später aber, halb im Scherz, zu Kindern in der Schule.

Ich stand mitten im Spanischunterricht, beim Einkaufen oder beim Sport auf und demonstrierte, wie Ali Frazier beim nächsten Titelkampf vernichten würde.

31

Auf meinen Rollschuhen sprang ich aufrecht und stolz vor allen Crackers* von Mount Tabor herum, fuhr im Kreis nach links, dann nach rechts; schlug blitzschnell in die Luft und zeigte, wie Ali Frazier im Clinch umklammern würde. »Überrumpeln und festhalten!« schrie ich bei meiner Vorführung. Und es machte mir nicht nur nichts aus, daß die Kids und die Lehrer mich auslachten, ich wurde durch ihre Reaktionen regelrecht angespornt – wie Ali.

Und ich begann tatsächlich zu glauben, daß ich vielleicht einfach Arschtritte verteilen könnte.

Dabei fällt mir der erste Nachmittag ein, an dem ich wegen einer Auseinandersetzung im Büro des Direktors gelandet war. Ein Junge, nicht sehr viel größer als ich, hatte sich direkt vor meiner Schwester Carol und mir aufgebaut und Ali als »einen Scheckfälscher und unverschämten Nigger« bezeichnet. Er grinste höhnisch und lachte, und ich schlug ihn – nicht nur, um Ali und seine Ideen zu verteidigen, sondern zur Verteidigung meiner Familienehre.

»Ihr Jungs bekommt drei Hiebe für eure Prügelei«, sagte Mr. Marion, ein vierschrötiger früherer Golden-Gloves-Boxer, und zog aus der Schublade seines Schreibtisches eine kurze, flache Holzklatsche mit pfenniggroßen Löchern.

»Mich nicht. Mich werden Sie nicht schlagen«, sagte ich zu ihm. »Schon gar nicht mit diesem Ding.« Ich zeigte auf die Klatsche und fragte mich dabei, ob sie zur Standardausrüstung einer Schule gehörte oder ob er sie selbst gefertigt hatte, was mir angesichts ihrer Häßlichkeit wahrscheinlicher erschien.

Mr. Marion schickte meinen Widersacher ins Vorzimmer. Nachdem die Tür zum Büro geschlossen war,

---

* cracker – umgangsspr., verächtl.: verarmter Weißer auf dem Lande, bes. in den Südstaaten der USA.

fragte er nach der Telefonnummer meines Vaters auf dessen Arbeitsstelle und gab seiner Sekretärin über die Wechselsprechanlage den Auftrag, ihn anzurufen. Binnen 15 Minuten klopfte es an die Tür. Die Sekretärin führte meinen Vater herein.

Mr. Marion erhob sich hinter seinem Schreibtisch. Daddys Mundpartie wirkte angespannt, aber als der ewige Optimist, der er war, lächelte er, als sie sich die Hand gaben. Daddy zog ein weiches Baumwolltaschentuch aus seiner Hosentasche und forderte mich auf, das getrocknete Blut von meinem Mund abzuwischen. »Hast du angefangen?« fragte er, während er sich neben mich auf das kleine grüne Sofa setzte.

Ich sagte ihm wahrheitsgemäß, daß ich es nicht gewesen sei.

Ich starrte auf meine wenig beanspruchten Hände, die Handflächen weich – wie bei einem Kind, die Finger kurz und dünn, makellose Nägel, und dann auf die Hände meines Vaters: Seine Nägel gepflegt wie meine, seine Handflächen hatten genau die gleiche Form wie meine, sie waren nur etwas rauh von alten Schwielen; unsere Finger hatten nahezu die gleiche Länge und Form, doch seine waren dicker; sein rechter Handrücken war von Narbengewebe durchzogen, seit seine Hand in der Fabrik von einer Maschine erfaßt worden war. Und dann sah ich in sein Gesicht. Sah sein glattes, rabenschwarzes Haar (im Gegensatz zu den hellbraunen Locken, die meinen Kopf bedeckten); roch das Aftershave Old Spice, das ich ihm zu Weihnachten geschenkt hatte, sah die tiefen Furchen auf der Stirn über seinen Augenbrauen, die seine braunen Augen beschatteten und fast schwarz aussehen ließen, sah seine hohen, dunklen Backenknochen, um die herum die Haut schlaff zu werden begann. Durch das Alter? Nein, Daddy war noch ein junger Mann; sie wurde schlaff durch die Arbeit und die Sorgen. Bis zu diesem Moment hatte ich meinen Vater eigentlich noch nie wirklich angesehen.

Daddy wandte sich zu Mr. Marion. »Er hat nicht angefangen«, sagte mein Vater.

»Prügeln ist gefährlich«, antwortete der ehemalige Boxer. »Die Regel besagt, daß er drei Hiebe bekommt.«

»Niemand außer mir entscheidet, ob mein Sohn geschlagen wird«, sagte mein Vater. »Und ich schlage ihn nicht.«

Daddy sagte zu Mr. Marion, daß er mich mit nach Hause nähme. Als wir das Büro verließen, wirkte der Direktor frustriert.

Zu Hause nähte Daddy die Löcher in meinen Hosenbeinen zu und gab mir einen Eisbeutel, damit ich meine aufgesprungene Lippe und meine geschwollene Kinnlade verarzten konnte. Er ging nicht zurück zur Arbeit und bereitete mir zu Hause mein Lieblingsessen: gefleckte Feldbohnen, geschmorten Kürbis, gebratene Gumboschoten und Maisbrot. Er tunkte sein Maisbrot in ein hohes Glas mit süßer Milch und aß es mit dem Löffel. Ich machte es genauso.

Bald darauf fing ich an zu versuchen, mich wie Ali zu kleiden, häufig trug ich nur weiße oder nur schwarze Kleidung. Jeden Tag duschte ich zwei- bis dreimal, wusch mir allabendlich das Haar und wusch mir immer, wenn ich am Waschbecken vorbeikam, die Hände. Ich empfand das Bedürfnis, makellos zu bleiben. Ohne Flecken. Immer sauber.

Ich kaufte Kleidung von jedem Penny, den Daddy mir gab. Alle meine Hosen mußten professionell gereinigt sein, bevor ich sie anzog. Ich lehnte Jeans und T-Shirts ab (obwohl sie in der Schule in Mode waren), und ich hätte nie ein Hemd getragen, das nicht gestärkt war – je steifer das Hemd, die äußere Hülle, desto stattlicher der Mann.

34

In meinem letzten Schuljahr wurden schwarze Kinder von der High-School der Schwarzen auf der Ostseite der Stadt mit Bussen zu unserer Schule gebracht. Viele der schwarzen Jungen kleideten sich ziemlich genauso wie ich. Einige von ihnen nannten mich *Little Big Man* und *Mr. Clean*. Ich mochte Mr. Clean. Und ich mochte die Art, wie sie manchmal lachten, wenn sie mich so nannten.»Mr. Clean«, sagten sie, und das Lachen kullerte so heraus, von ganz alleine: langsam und kräftig, aus voller Kehle und auch etwas wohlwollend. Für einen naiven, verwegenen, romantischen Jungen lag etwas Warmes und Verständiges in dem Ton.

Ich begann, Zigarren zu rauchen, dicke, lange Zigarren, fast doppelt so dick wie mein Daumen. Die Zigarre im Mundwinkel hängend, sog ich den Rauch ein und blies ihn aus; meinen linken Arm aus dem offenen Wagenfenster hängend, versuchte ich, während ich auf einem Sitzkissen thronte, das ich benötigte, um über das Lenkrad hinwegsehen zu können, cool auszusehen, selbst wenn mir der Rauch in den Augen brannte. Ich kaufte Zigarren in großen Zehn-Cent-Packungen, die kaum in die gestärkten Taschen meiner Hemden paßten. Und ich komplettierte mein Äußeres mit Ben-Hogan-Golfmützen, die ich im modernen, coolen Südstaaten-Look trug, die Krempe hoch und leicht, um 15 Grad, nach links gekippt.

Ab Mitte 1971 und während des Jahres 1972 absolvierte Ali, der sich wieder in Form brachte, um von Frazier den Titel zurückzugewinnen, etwa alle sechs Wochen einen Kampf. Die meisten seiner Kämpfe wurden in den Sendungen *Wide World of Sports* von ABC übertragen. Mein ganzer Wochenablauf war auf die Sonnabende ausgerichtet, an denen Ali kämpfte. Jeden Tag las ich die Morgen- und die Abendzeitungen. Die Informationen über Ali waren das einzige, was mich an den Zeitungen interessierte. Ich kriegte sogar

Daddy herum, daß er *Sports Illustrated* abonnierte, damit ich die Geschichten über Ali studieren konnte. Ich war überrascht, wie wenig die Berichterstatter in den Zeitungen und Zeitschriften von Ali zu verstehen schienen. Obwohl ich es nicht schaffte, durch die Englischprüfungen zu kommen, war ich der Auffassung, daß ich besser über Ali schreiben könnte als diese Burschen.

Die größte Aussagekraft hatten für mich gewöhnlich nicht die Texte der Artikel, sondern die dazugehörigen Fotos, auf denen Ali gleichermaßen in Aktion erstrahlte. Die besten Bilder von Ali schnitt ich aus und klebte sie auf ein Stück schwarzen Karton, den ich gegenüber meinem Bett an die Wand hängte, wo ich sie jeden Abend, ehe ich zu Bett ging, und jeden Morgen, wenn ich erwachte, sehen konnte.

Sonnabends vor einem Kampf von Ali wurde ich so nervös, daß ich kaum etwas essen konnte. Einen großen Teil des Nachmittags verbrachte ich damit, die Räume des Hauses zu durchschreiten, mit langen eleganten Schritten wie Ali tänzelnd, mich auf den Fußballen rechtsherum im Kreis zu drehen, an jedem Spiegel stehenbleibend, um davor einen Wirbel von Schlägen zu vollführen und dann weiter in einen anderen Raum zu tänzeln, wobei ich hin und wieder mein Tempo verlangsamte, um den Kühlschrank zu öffnen und einen Schluck Cola gleich aus der Flasche zu schlürfen. Ungefähr eine Stunde vor Beginn des Kampfes wurde ich so nervös, daß mein vorher steif gestärktes Hemd schlaff und vom Schweiß dunkel wurde. Es kam häufig vor, daß ich an den Nachmittagen, an denen Ali boxte, mehrmals duschte und die Kleidung wechselte.

Da *Wide World* um fünf gesendet wurde, interviewte Howard Cosell Ali gewöhnlich in der Garderobe: »Nur ein Tag in der Halle wie jeder andere«, pflegte Ali zu sagen, während er es sichtlich genoß, Muhammad Ali

zu sein, vollkommen entspannt wirkte, wenn er mit Cosell scherzte und an dem Haarteil des Sportreporters
zog: »Bevor ich abtrete«, sagte er, »will ich mir diesen
Bettvorleger verdienen.« Ich war hingegen überhaupt
nicht entspannt, mein Magen krampfte sich zusammen,
bis er – wie Daddy gesagt hätte – die Größe einer aus-
gewachsenen Männerfaust hatte. Aber ich genoß jeden
Augenblick, auch den Schmerz.

Sobald die erste Runde eingeläutet war und Ali zur
Ringmitte und auf seinen Gegner zutänzelte, wurde
mein Kopf klar. Ungefähr die einzige Zeit, die ich in
der Gegenwart lebte, genau in dem betreffenden Moment, war die Zeit, wenn ich Ali kämpfen sah. Unmit-
telbarkeit spürte ich nur während dieser Ali-Erfahrung.
Ich befand mich *inmitten* der Eleganz seines Rhythmus'.
Es trat eine Zeitverzerrung ein – Sekunden erschienen
wie Minuten, Minuten wurden zur Ewigkeit.

Montags in der Schule hörte ich die schwarzen Schüler
sagen, wie gut Ali gegenüber Jimmy Ellis oder George
Chuvalo – oder wem auch immer – ausgesehen hatte.
Wenn ich ihnen zuhörte, fühlte ich, daß ich Teil einer
wirklichen (und doch geheimnisvollen) Gemeinschaft,
daß ich immer noch inmitten von Alis Rhythmus war.

»Mein Mann war ein langes tanzendes Rasiermes-
ser«, hörte ich einen Ali-Fan sagen; seine Stimme hallte
von den Wänden wider, als ich auf dem Weg in ein
längst vergessenes Klassenzimmer an ihm vorbeiging.
Daß ich mich gerade an diesen Fan und an diese Situation erinnere, lag an der Art, in der er sich einmal während des Hygieneunterrichts für mich eingesetzt hatte.

Am Hygieneunterricht nahm ich teil, weil ich diesen
gegen eine Bewertung im Sport eintauschen konnte
(ich hätte mich nicht vor anderen an- oder ausgezogen,
nicht mal vor Jungen), und weil es ein so leichtes Fach
war. Ich glaube, die meisten anderen Drückeberger haben dieses Fach aus letzterem Grund gewählt.

Die Hygienelehrerin hieß Miss Crabb. Man muß sich das einmal vorstellen, Miss Crabb versuchte, einer achtzehnjährigen Jungfrau, die dreimal am Tag duschte, Hygiene beizubringen.

Ich hatte die dritte Stunde Hygiene bei Miss Crabb und saß, wie auch in den anderen Fächern, hinten bei den Quertreibern. King Mobely saß direkt vor mir.

Kings Vater war ein Südstaaten-Baptistenprediger, Bischof Jimmie Lee Mobely, der in den vierziger Jahren Kapitän der RJR-Football-Mannschaft war. King setzte diese Tradition fort. Er war einer der Co-Kapitäne für das Schuljahr 1971/72. Und King hatte offensichtlich auch die Redeweise seines Vaters übernommen. King redete nicht, er hielt Reden.

King war klein, nur ein paar Zentimeter größer als ich, aber er wog knapp 83 Kilo. Er hatte ein hartes, quadratisches, flaches Gesicht und trug sein Haar angeklatscht, in Nachahmung der neuesten Mode, wie man sie etwa von einem Fernseh-Wettermann kannte. Und er ging immer so, als wäre er gerade vom Pferd gestiegen. Er schlurfte dahin, steif wie Pappe, die Schultern hochgezogen, die Arme um zehn Grad vom Körper abgespreizt.

Ich bewunderte King und beneidete ihn wegen seiner Muskeln, und ich respektierte den Aufwand, der erforderlich war, um all diese sichtbare Kraft in sie hineinzupacken. Ich hätte nichts dagegen gehabt, mit King befreundet zu sein, wenn er nur nicht mit allen Mitteln versucht hätte, ein gemeiner Arsch zu sein. Wenn man ihn ansah, wußte man gleich, daß er glaubte, er müsse die Rolle spielen, die man von einem Football-Kapitän und Südstaaten-Baptisten erwartete. Er mußte halbe Portionen wie mich hassen – und Neger und Methodisten und Agnostiker und jeden anderen, der nicht so war wie er und sein Vater.

Links neben King saß Orpheus Jones, mein Lieblings-

Ali-Fan. Oder O.J., wie seine Freunde ihn nannten. Sie konnten ihn O.J. nennen, soviel sie wollten, ich fand, daß Orpheus besser klang. Ich mochte diesen Namen, seit Miss Crabb ihn das erste Mal aufgerufen hatte.

King schrie mit gellender Stimme durch den ganzen Raum, er hielt eine Predigt für seinen Kumpel Skip Archley, der behauptete, am Abend zuvor 36 Biere in sich hineingekippt zu haben, und der zusammengesackt in der äußersten Ecke saß, seinen Kopf auf die Unterarme gestützt, und aus dem Fenster starrte.

»Keiner braucht auf Sozialhilfe angewiesen zu sein«, erklärte King, »Wallace würde dem mit Sicherheit ein Ende machen, wenn man ihn nur ließe.«

Ich tippte King auf die Schulter. Als er sich umdrehte, hörte ich mich deutlich die Worte sagen: »George Wallace ist ein Arsch.«

King reckte sein Kinn vor und legte seinen Kopf zur Seite. »Waaas?« sagte er.

»Ich sagte: ›Wallace ist ein Arsch.‹«

Es wurde still. Keiner folgte mehr Miss Crabbs Unterricht. Kings Kinnlade klappte herunter, er hatte einen starren Blick, und mir wurde klar, daß ich mich wahrscheinlich übernommen hatte. Aber ich konnte mich nicht bremsen.

»Du hast mich verstanden«, hörte ich mich sagen.

King knallte seine Stuhllehne gegen meinen Tisch und griff im Sitzen nach mir, um mich irgendwie am Kragen zu packen. Doch ich war schon nicht mehr da. Ich hatte meinen Stuhl von ihm weg, an die Wand gerückt, meine zitternden Beine übereinandergeschlagen, mir die Golfmütze über die Augen gezogen und versucht, ein lässiges Lächeln à la Ali aufzusetzen – nach dem Motto *Na und?*

»Und weißt du was, King?« brachte ich mit bebender Stimme unter meiner Mütze hervor, »du bist auch ein Arsch.«

Als ich das sagte, passierte eine Menge gleichzeitig –
King lief rot an und stand auf, stellte sich breitbeinig
über seinen Stuhl, der Rest der Klasse drehte sich um,
lachte und glotzte, Miss Crabb stürzte aus der Tür und
lief zum Büro des Direktors, King ballte die Fäuste, begann vor Wut zu zittern, und Orpheus langte herüber,
packte King lässig von hinten an dessen lindgrünem
Ban-Lon-Hemd und setzte ihn zurück auf den Stuhl.

King schrie heiser: »Ich werde dich kaltmachen, du
kleiner Dreckskerl.«

Aber Orpheus lächelte weise und sagte mit Bestimmt-
heit: »Leg dich nicht mit unserem kleinen Freund an,
Junge. Er ist ein guter Mann, unser Mr. Clean. Wenn
du was mit ihm anstellst, werden wir Nigger dich in
Würfel und Streifen schneiden und Hackfleisch aus dir
machen.« »Wow«, sagte ich.

Ich war nicht nur dankbar, ich war beeindruckt. Da
war ein echter Rhythmus in der Art, wie Orpheus King
abgekanzelt hatte. Er hatte mir endlich das Gefühl gegeben, für jemanden einen gewissen Wert zu besitzen.
Wir, hatte er gesagt, und *unser* und *kleiner Freund* und
Mann und *Mr. Clean*. Vielleicht stand ich kurz davor, zu
einer Art von Gemeinschaft zu gehören, die von Ali an-
geführt wurde. Vielleicht war ich auf halbem Wege
dazu, mehr als bloß ein Knirps zu sein. Ich war froh,
daß ich das getan hatte, obwohl ich mich vor King immer noch halb zu Tode fürchtete.

Das Beste an dem Zwischenfall im Hygieneunterricht
war, daß Orpheus und ich uns näherkamen. Wir fingen
an, uns nach dem Unterricht zu unterhalten, über Ali
und Kleidung, er sprach auch über Frauen, und er lud
mich ein in seine »Bude«, die er sich mit seinem älteren
Bruder teilte. Ich konnte kaum glauben, daß jemand in
meinem Alter schon eine eigene Wohnung hatte. Und
ich werde nie vergessen, daß es dort so roch, wie ich
dachte, daß Erde riechen würde, wenn man sie kocht.

Der Geruch kam mir schwer, geheimnisvoll und schön vor. Doch obwohl es mir dort gut gefallen hatte, ging ich nicht wieder hin. An die Wohnung erinnere ich mich gut und daran, wie besonders mir alles vorgekommen war – die leuchtenden, vollendeten Farben, die nach Weihrauch riechende Luft, die »Klänge« vom Stereo, die Poster von Martin Luther King, den Kennedys und Ali – aber ich weiß nicht mehr, wie Orpheus aussah. Doch das macht vielleicht nichts, da ich mich an die Poesie seiner Stimme erinnere.

Ich kaufte ein achtspuriges Tonbandgerät für mein Auto und fuhr zu Junior's Plattenladen in der North Trade Street – HOME OF THE *BLACKEST* VINYL stand auf dem Schild –, und von dem Geld, das Daddy auf mein Sparkonto fürs College eingezahlt hatte, kaufte ich zwanzig Soul- und Jazzbänder: Isaac Hayes und James Brown (die ich bei O. J. gehört hatte), die Four Tops und die Temptations, Aretha und Marvin Gaye, Stevie Wonder und die Isleys, Cannonball Adderley und Miles Davis, Curtis Mayfield und die Impressions, die Stylistics, die Delfonics, die Whispers – für Falsett-Rock-and-Roll konnte ich mich nie erwärmen.

Musik, die gleichzeitig roh und verfeinert, grob und sanft, raffiniert, aber ehrlich war. Schlangen am Flußufer und süße Wasser direkt aus dem Strom.

***

Nachdem ich ein viertes Mal in Englisch durchgerauscht war und das Versäumte in der Sommerschule nachgeholt hatte, wurde mir die Ehre zuteil, als Drittletzter von 1473 Schülern in der bisher größten Klasse aller Schulen von Winston-Salem/Forsyth abzuschließen. In fünf Jahren High-School hatte ich nur 16,5 Scheine gemacht. Für den Abschluß brauchte man 17. Der halbe fehlte mir in Körpererziehung. Aber irgendwer im Büro hatte das wohl übersehen, oder vielleicht wollten sie mich einfach los sein.

Ich sagte Daddy, ich würde erst im zweiten Semester ans College gehen. Ich wolle lieber ein paar Monate arbeiten und etwas Geld sparen; ich log. Ich bemühte mich in jenem Herbst überhaupt nicht um einen Job, weil ich nicht das Gefühl hatte, für etwas gut genug zu sein, um dafür bezahlt zu werden. Ich war deprimierter als je zuvor. Monatelang verbrachte ich meine Zeit damit, apathisch im Haus herumzuliegen und zu schlafen, und ich fragte mich, ob es überhaupt etwas gäbe, womit ich aus meinem Leben etwas machen könnte.

Das änderte sich alles am Sonnabend, den 31. März 1973. Um vier Uhr nachmittags hieß es in einer Sonder-Live-Sendung von *Wide World of Sports*, Ali solle gegen einen Angehörigen des ehemals in North Carolina stationierten Marine Corps, einen gewissen Kenny soundso, in Kennys Heimatstadt kämpfen. In einem zuvor aufgezeichneten Interview versprach Ali Cosell (der, wie ich gelesen hatte, in Winston-Salem geboren war), daß er etwas echt Kolossales vorhabe, obwohl er nicht einen einzigen Tag trainiert habe und obwohl die rechte Seite seiner Kinnlade noch vom Ziehen zweier Backenzähne entzündet sei.

Ali betrat den Ring in einem weißen, mit Bergkristallknöpfen geschmückten Bademantel, den er von Elvis Presley geschenkt bekommen hatte. Auf dem Rücken war die Aufschrift PEOPLE'S CHAMPION eingestickt. Die Steine auf dem Mantel warfen Silbermünzen aus Licht über die Zuschauer auf den Sitzen am Ring und in die Linsen der Fernsehkameras. Doch von Alis Körper ging kein Leuchten aus. Seine Haut war fleckig und hatte eine grünliche Tönung. Zuerst dachte ich, daß die Farben von Daddys neuem japanischen Fernsehgerät erst richtig eingestellt werden müßten, bis ich beim Umschalten auf andere Sender feststellte, daß alle anderen überall gut aussahen; da wußte ich, daß Ali verlieren würde.

Während er schläfrig seinen Mantel ablegte, wurde sein Gewicht mit 200 Pfund bekanntgegeben, das zweithöchste in seiner Karriere. Er sah aufgedunsen aus wie ein Kugelfisch. Der Gong läutete die erste Runde ein. Der Mann, der nie einen Schlag verpatzt hatte, verpatzte plötzlich alle Schläge. Der Mann, der immer so energiegeladen war, war plötzlich leer. Nach der zweiten Runde konnte ich nicht mehr hinsehen. Ich bat Daddy, mir zu erzählen, was passierte, und verließ den Raum.

Ich rannte nach unten, tanzte um den zementierten Eingang herum und schrie: »Du mußt wieder gewinnen, Champ, du mußt.« Meine Stimme hallte hohl von den Betonwänden wider. Ich zerschnitt die Luft mit schnellen, fliegenden Fausthieben und empfand eine starke Verbindung zu Ali, als gäbe es ein langes, unsichtbares Rohr zwischen uns. Ich wünschte mir, die durch meine Arme und Beine fließenden, kraftspendenden Säfte durch dieses Rohr in ihn hineinpumpen zu können. Die Ärmel meines Hemdes machten scharfe, spitze, sich gut anfühlende, schneidende Geräusche. Ich tanzte und flitzte hin und her und schwitzte gewaltig. Es ging nicht, daß ich den Kampf verpaßte, ich rannte hinauf, drei Stufen auf einmal nehmend, um herauszukriegen, was Ali machte. Es war die vierte Runde. Daddy sagte mir, was ich nicht hören wollte. Ich stürzte nach unten, schwitzte, legte wieder los, ich sprang in Runde fünf wieder die Treppen hoch, ebenso acht, neun, elf und zwölf, und beim letzten Mal stand ich da, die Haut mit kaltem Schweiß bedeckt, und sah Ali alle vier Seile entlangtaumeln, die ganze rechte Gesichtshälfte geschwollen, grünlich unter den Fernsehscheinwerfern schimmernd. Ich dachte oder sagte, *Nein, das gibt's doch nicht, er tut wieder nur so*, doch plötzlich war die Runde vorbei und damit der Kampf. Ken Norton hatte durch Mehrheitsentscheidung gewonnen. So etwas Ähnliches sagte der Ansager. Ich wußte, daß nicht Norton gewonnen, sondern Ali verloren hatte: Der Unterschied bestand darin, daß Ali weniger durch seinen Gegner als vielmehr durch das, was er selbst unterlassen hatte, besiegt worden war. Alis langjähriger Ringbetreuer, der mondgesichtige Drew »Bundini« Brown, weinte, als Ali den Ring verließ. Ali weinte nicht. Er trug seinen Kopf hoch und nach links geneigt. Er verbarg seine aufgeblasene Kröte von Wange nicht. Ich schritt langsam und bedächtig zurück nach unten, Wange aufgeblasen, Kopf nach links.

Eine ganze halbe Stunde lang stieß ich jede Viertelsekunde einen Schlag nach vorn in die Luft, die härtesten Schläge, die ich je abgegeben hatte, und zwang meine Arme, weiterzupumpen, als sie zitterten und aufgeben wollten. Über diese halbe Stunde hinweg war ich ein von Amphetaminen angetriebenes Metronom. Ich wollte mechanisch, seelenlos werden. Ich wollte nicht an Ali oder mich oder überhaupt an irgendeinen verdammten Mist denken.

Als ich am Morgen darauf erwachte, fühlte ich mich ruhig, geläutert. Alis Fehlbarkeit hatte sich gezeigt, Ken Nortons Fäuste hatten ihm den Kiefer gebrochen. Vielleicht war das nicht so schlimm. Für mich war es in der Tat nichts weniger als eine Entdeckung. Muhammad Ali war doch nicht eine Art Mutant, er war ein Mensch, genau wie ich oder das Ich, das ich in meinem Innern fühlte.

Wenn Ali – mit 31 und angesichts eines leichten Abwärtstrends – seine Überlegenheit, die er immer über seine Gegner gehabt hatte, und auch die Gewalt über seinen Körper zurückgewinnen wollte, dann mußte er sicher einiges ändern. Das sagte er selbst – mit zusammengebissenen Zähnen und mit Draht fixierten Kiefer-

44

knochen – in einem Interview am Ende der darauffolgenden Woche. Es war das erste Mal, daß ich einen lässig aussehenden Ali über Training reden hörte.

»Ich danke Kenny Norton«, sagte er. »Ich habe eine sehr wichtige Lektion von ihm erhalten. Ab jetzt werde ich brav sein. Wie Archie Moore. Ich werde das Richtige essen, zehn harte Meilen am Tag laufen, tausende Sit-ups machen, hunderte Sparringrunden und Sandsackarbeit. Und ihr weißen Leute werdet sehen, was dieser alte Neger noch draufhat.«

Das sollten wir wohl! Ali würde nicht zusammenbrechen. Er würde nicht aufgeben. Und wenn er das nicht tut, dann tue ich das auch nicht.

Ich bat Daddy, mir die Schlüssel zu dem alten Angelwohnwagen zu geben, den wir auf Emerald Isle stehen hatten. Ich fuhr allein zur Küste. Ich saß zwei Tage am Wasser, und abends ging ich auf den Anlegesteg. »Beißt was heute?« fragte ich die Angler mit den ausdruckslosen, stoppligen Gesichtern. Manchmal bissen die Fische, oft bissen sie nicht.

»Diese Gewässer sind fast leergefischt«, sagte ein alter Bursche. Links von mir stand ein betrunkener Bengel, ungefähr in meinem Alter, er war groß und fett und umklammerte mit seiner großen roten Hand einen Sandhai von zwanzig Zentimetern. »Das wird dir eine Lehre sein«, sagte er zu dem Hai und schlug dessen blutenden Kopf gegen das Geländer, dann warf er ihn auf den Anlegesteg.

Bevor ich am dritten Tag nach Hause fuhr, hatte ich beschlossen, auf dieser Welt etwas zu *tun*, etwas Wichtiges – wenn auch nicht wichtig für alle anderen, so doch zumindest für mich.

II

»*Das* willst du wirklich machen?« fragte Daddy, als ich ihm meinen Plan erklärte.

»Alles, was ich brauche, ist ein Jahr, Dad, um das herauszufinden.«

»Dad?« wiederholte er und hob verwundert seine Stimme. Ich nannte meinen Vater immer »Daddy«, doch in letzter Zeit war ich mir richtig erwachsen vorgekommen. Und die Situation verdiente die reifere Ausdrucksweise.

»Ich muß mir darüber klar werden, was das Richtige für mich ist. Ich bin fast 21. Ich kann es mir nicht leisten, noch mehr Zeit zu vergeuden.«

Mein Vater lachte versöhnlich. »Ich kann dir nicht sagen, was du tun sollst, mein Sohn«, sagte er, »du bist ein erwachsener Mann.«

»Nein, bin ich nicht«, sagte ich, »aber ich will einer werden.«

»Und am College kannst du nicht erwachsen werden?«

»Ich glaube nicht. Einige können das vielleicht. Ich vermute, einige werden es. Ich aber nicht.«

Es war Sonntag nachmittag. Carol, Daddy und ich saßen am Eßtisch, nachdem wir uns mit Truthahn, gedünsteten Möhren und gekochten Kartoffeln vollgestopft hatten. »Davis«, sagte mein Vater, und ich verstummte. Daddy nannte mich immer »Dave«. Das letzte Mal war er davon abgewichen, als ich ihm sagte, daß ich nicht zu den Abschlußfeiern der High-School gehen würde.

Carol nahm die Teller vom Tisch und brachte sie zur Spüle. »Sohn«, sagte mein Dad, »ich habe deiner Mutter vor ihrem Tod versprochen, daß ich dich aufs College schicken würde. Jetzt weiß ich nicht, was ich sagen soll.

Ich glaube, ich kann dir sagen, daß ich deine Mutter verehrt habe. Mehr als geliebt, ich vergötterte sie. Und bevor du sagst, das hätte nichts mit dem zu tun, worüber wir jetzt sprechen, laß mich zu Ende reden. Ich würde es nicht ertragen, dich die meiste Zeit deines Lebens eine unbedeutende Schichtarbeit machen zu sehen. Ich mußte das tun, nur weil ich dieses Stück Papier nicht hatte, das besagt, ich hätte das Recht, etwas zu wissen. Ich möchte dich nur warnen, Sohn – die Geschäftswelt ist voll von Leuten, die wie Maschinen handeln. Sie machen ein Evangelium aus der Firma, und sie saugen dir das Blut aus, wenn du sie läßt, und sie dörren dich aus.«

Ich erinnerte mich an Geschichten, die mir einst mein Großvater erzählt hatte: Geschichten über die elf Brüder und Schwestern, von Waisenhäusern, wie er seinen Weg aus dem Kinderheim als Preisboxer erstritt und Jahre als Matrose bei der Handelsmarine verbrachte, Geschichten von diesen Zeiten, groß wie ein Mythos, von Gold, Orangen und Zimt, von Stürmen, von Schiffbruch, von Spukgestalten, wobei ich die Vorstellung von großem Abenteuer hatte, als ich sie als Kind hörte, und nicht die damit verbundene Knochenarbeit und das Leiden sah. Ich erinnerte mich auch an andere Geschichten von Großvater, an solche über die Baseballzeit seines Sohnes und darüber, daß Daddy als Spieler so talentiert war, daß ihm ein Vollstipendium am College angeboten wurde. Und daß Daddy statt dessen meine Mutter heiratete.

Im tiefsten Inneren *wußte* ich, wie es Daddy ergangen war, nachdem er geheiratet hatte. Ich wußte von den dreihundert Zeitungen, die Daddy jeden Tag um vier Uhr morgens austrug, bevor er für zehn Stunden zur Arbeit in eine Kartonfabrik ging. Ich erinnerte mich, daß Daddy, wenn er mich umarmte, fast immer eine sandfarbene Khaki-Uniform mit Firmenabzeichen an-

47

hatte. Und ich erinnerte mich daran, sehr jung zu sein und den Gesichtsausdruck des Bosses nicht zu verstehen, als Daddy nach seiner Beförderung zum Vorarbeiter dem Boß an einem Sonnabendnachmittag, an dem er mir das Werk zeigte und mit mir im Lastenaufzug und auf dem Gabelstapler fuhr, sagte: »Ich werde sie nicht wie die Wellpappemaschinen behandeln, Mr. Sloan.« Damit meinte er die Männer.

Ich wußte von besseren Jobs, die Daddy in Texas und in anderen Teilen North Carolinas angeboten worden waren, Stellen, die er nicht annahm, weil, wie Großvater erklärte, »ihr Kinder hättet umziehen müssen«.

Und vielleicht klingt es unsinnig, aber an einem Sonntagnachmittag im April 1973 nahm ich Daddy zum ersten Mal in meinem Leben auf eine andere Weise wahr als die vier Wände, die Decke und den Fußboden um mich herum, als meine Umgebung. Ich verstand ein bißchen, wer Daddy war und was er für mich getan hatte.

Er brauchte mir nicht zu sagen, daß ich in seinem Haus ein Zuhause hatte, solange ich wollte; er hatte es mir bereits ohne Worte gesagt. Er brauchte mir nicht zu sagen, daß er meine Entscheidung unterstützte; ich wußte, daß er das tat.

Daddy würde nie Muhammad Ali sein oder Johnny Unitas oder Mickey Mantle oder irgendein anderer, den die Leute zum Idol machen und sich Bücher über ihn kaufen. Er würde nicht die Sonne auf ihrem Weg über den Himmel begleiten, würde nicht nur dorthin gehen, wo er auch hinwollte. Doch er würde mir die Möglichkeit geben, die er nicht hatte – die Chance, etwas aus dem Leben zu machen, außer in einem blöden Job zu arbeiten.

»Ich werde es schaffen, Dad«, sagte ich. Und als ich es sagte, hatte ich das Gefühl, daß die Erinnerungen sich lösten wie Treibsand in einem Frühlingsregen, der die Ufer herabrinnt in das Schlammwasser des Flüßchens hinter dem Haus meines Vaters.

III

Ich hatte beschlossen, der größte Kampfsportkünstler zu werden, den die Welt je gesehen hatte.

Im Mai 1973 begann ich mit dem Training. In den folgenden Monaten machte ich zehntausende Liegestütze, Rumpfbeugen und ähnliche Bauchmuskelübungen, Rumpfkreisen, Streckübungen und dergleichen. Ich sprang mindestens eine halbe Stunde Seil und lief mindestens fünf Meilen pro Tag, jeden Tag. Indem ich innerhalb von 16 Stunden vier vollständige Mahlzeiten aß und jeden Nachmittag ein paar Getränke aus Vollmilch, Eis, Bananen und Bob Hoffmans Pulver zum Zunehmen trank, brachte ich mein Gewicht auf insgesamt 65 Kilo.

Ich fing mit Kickboxen an, einer Kombination aus der Beinarbeit des Karate und den Schlägen und Bewegungen des Boxens. Meinen Kampfstil nach dem Muster von Alis Boxkünsten gestaltend, fand ich bald zu einem Rhythmus und einer Geschmeidigkeit, die offenbar schon in mir geschlummert hatten. Ich legte Stevie Wonders *Innervisions* und *Fullfillingness' First Finale* auf, und als mich die Musik durchdrang, übte ich den *Sansen-tsuki*, den »Kampfschlag«, den ersten Schlag, den die *Kyokushinkai*-Anfänger lernen.

Beim traditionellen *Kyokushinkai* wird der *Sansen-tsuki* aus der vollen frontalen *Hachijy-dachi*-Position geschlagen, die Fäuste auf Taillenhöhe einwärts gedreht, die Beine so weit auseinander, daß es aussieht, als versuche man, mit gespreizten Beinen auf zwei Eisenbahnschienen zu stehen. Aber ich hielt dabei meine Hände auf Schulterhöhe und, statt meine Fäuste fest geschlossen zu halten, wie mein Karate-*Sensei* mich gelehrt hatte, hielt ich meine Hände locker und offen, ein bißchen wie Ali. Ich drehte mich nach links, um eine schmalere

Angriffsfläche zu bieten, zog das Kinn zur Schulter hin ein, hob die rechte Hand in Augenhöhe, ließ die linke an der Seite baumeln (Jabs können lockerer und schneller von der Hüfte aus abgefeuert werden), stellte die Beine einige Fuß auseinander und beugte sie ein wenig an den Knien.

Nach meinem Jab à la Ali versuchte ich, so viele angeschnittene *Sansen-tsuki* in zwei Sekunden zu schleudern, wie ich konnte, und konzentrierte mich darauf, die Schläge in unberechenbarem Muster zu landen. Ich kaufte mir einen mannshohen Spiegel, den ich im Kellergeschoß gegen eine Wand lehnte, und verbrachte täglich über eine Stunde davor mit Schattenboxen: Ich tanzte nach rechts, die Hände an den Seiten und mit offenen Handflächen, dann hielt ich an und bewegte mich gleitend zurück nach links, warf dann einen Jab, während ich wieder nach rechts wechselte. Wie Ali blies ich bei jedem Schlag, den ich austeilte, die Luft mit einem kurzen, scharfen *fuuh*-Laut aus der Lunge.

Durch das Studium des Boxstils von Ali entwickelte ich eine präzise und dabei aalglatte Schlagtechnik, die Schläge folgten schnell in einem entspannten, synkopischen Rhythmus. Täglich verbrachte ich viele Stunden tanzend, schlagend, stoßend und sprechend vor dem Spiegel, wobei ich versuchte, die berühmte Melodie nachzuahmen, die einzigartig für Ali war: »Kein Kampf, kein Kampf«, rief ich, und »Ist das alles, was du kannst?« fragte ich den Spiegel, wobei ich nicht das Gefühl hatte, daß das Gesicht im Spiegel und der Körper mir gehörten, sondern zum Beispiel Joe Frazier oder der US-Einberufungsbehörde, durch die Ali seinen Titel verlor, oder den exotischen, schwarzgewandeten japanischen Ninja-Attentätern, von denen ich in der Bücherei gelesen hatte. »Die ganze Nacht lang«, schrie ich, und »Gib ihm Saures« feuerte ich mich selbst an, und »Steck den Schlüssel ins Schloß«; dabei versuchte ich, meine Stimme so gewaltig klingen zu lassen wie die Bundinis. Egal, wie schwierig eine neue Technik oder ein Manöver war, ob mit den Händen, den Füßen oder dem Mund ausgeführt, immer konzentrierte ich mich darauf, daß alles mühelos und elegant aussah.

Während ich zunahm, verlor Ali an Gewicht. Als er Norton im September in einem Revanchekampf nach Punkten besiegte, wog er 96 Kilo, genauso viel wie 1964, als er gegen Sonny Liston antrat. Im Januar 1974, als er zum zweiten Mal gegen Frazier boxte, wog er wiederum 96 Kilo. Das war bei einem Abonnements-TV-Kampf, und weil ich dieses Ereignis nicht live miterleben konnte, fuhr ich durch schlammige Straßen voller Schlaglöcher und hörte die Übertragung der einzelnen Runden durch einen New Yorker Rundfunksender an. Ich weinte und jubelte und schlug mit den Handflächen gegen das Lenkrad, als sein überlegener Sieg verkündet wurde. Ein unbestimmter und doch realer Glaube, so tief, daß er wie angeboren schien, wurde mir durch Alis Triumph bestätigt.

Im Oktober desselben Jahres trat er gegen George Foreman an und schlug den 8-zu-1-Favoriten und angeblich unbesiegbaren Boxer überlegen k. o., wodurch er sich den Weltmeistertitel im Schwergewicht zurückholte; so wurde er faktisch über Nacht zum populärsten Menschen auf unserem Planeten. Von Alis Erfolg inspiriert, hatte ich im Dezember meinen ersten Kampf als Profi. Hunderte Millionen Menschen hatten Ali bei seinem Sieg über das Alter und über Foreman zugejubelt; fünfzig Zuschauer verfolgten, wie ich meinen Gegner nach Punkten besiegte, einen steifen, traditionellen Karateka, der offenbar noch keinen anderen linken Haken gesehen hatte als die, die ich in seinem Gesicht landete. Dieser Mensch war so leicht zu treffen, daß mich nach weniger als zwei Runden die Langeweile überkam und schließlich, Mitte der dritten Runde, Mitleid mit ihm. Trotzdem fehlte mir die Gemeinheit oder die Fertigkeit, ihn zusammenzuschlagen.

Während der nächsten zwei Jahre absolvierte ich sechs weitere Kämpfe. Mir gefiel die tägliche Disziplin, die von einem Profisportler verlangt wird, ich liebte den Ablauf des Kampfes (die Verzückung des Rings). Während des Sparrings fühlte ich mich zum ersten Mal in meinem Leben richtig wohl. Ich habe den Kampf ohne Waffen nie als destruktiv oder trennend empfunden. Für mich hatte Sparring einen verbindenden Aspekt: Es war wie eine Heirat mit einem anderen Menschen, es war gleichzeitig Zusammenkommen und Auseinanderstreben; das Tao selbst. Wenn ich kämpfte, erschien mir der Rest der Welt weniger real als das, was sich auf der beleuchteten Matte abspielte. Wie mein Idol liebte ich die Kunst der auffallend wirkungsvollen Bewegung und den Sinn für durchtriebenes Spiel. Mir gefiel es, meine Gegner auszutricksen und zu überlisten und sie dumm und unbeholfen erscheinen zu lassen (vielleicht ein Versuch der Kompensation dafür, daß ich mich als Kind und Jugendlicher blöd und linkisch fand), ich mochte es jedoch nicht, jemanden zu verletzen oder selbst verletzt zu werden.

Wenn mich ein Gegner unter Druck setzte und ich mein Letztes geben mußte, brauchte ich im Unterschied zu Ali nicht so dringend den Schmerz dafür. Immer wieder zum Brunnen zu gehen, in dem festen Glauben, daß man nach dem Heraufziehen eines oder zweier leerer Eimer einen Eimer mit klarem, lebensrettendem Wasser heraufziehen werde – das war nicht mein Ding. Während meiner gesamten Laufbahn als Kickboxer war der einzige Mensch oder das einzige Ding, dem ich die Seele aus dem Leib schlug, mein eigenes Ego. Aber das war Sieg genug. Während der tausenden von Stunden (Millionen von Minuten, Milliarden von Sekunden), die ich damit verbrachte, das Boxen und die Kampfkunst zu erlernen, begann ich zu erwachen und zum ersten Mal zu fühlen, daß ich in jedem Augenblick lebte. Vor mir eröffneten sich alle Möglichkeiten und Mysterien. Ich bemühte mich, wie Ali hart und sanft, schnell und doch präzise und vorsichtig, stark und elegant zu werden. Schneewolken, Nebel, Wind, Donner, blauer Himmel im Februar und im August, Nieselregen, Orkane. Für mich lagen Kraft und Schönheit in jedem Wetter.

Bis 1976 hatte ich begriffen, daß ich nicht das Format hatte, Weltmeister oder auch nur ein besonders guter Kämpfer zu werden. Aber meine doch ziemlich exklusiven Erfahrungen in der Kampfkunst hatten mich verdorben – ich wußte, daß ich es nicht aushalten würde, tagein tagaus von neun bis fünf einem Job nachzugehen. Oder überhaupt einem Job. Ich wollte Künstler werden, ein Künstlerleben führen. So beschloß ich, noch einmal die Schulbank zu drücken und kreatives Schreiben zu studieren.

Erst durch das Beobachten von Ali hatte ich begonnen, auf Schönheit, Präzision und Würde Wert zu legen, und ich hoffte, einige dieser Ideale dichterisch umsetzen zu können. Ali lehrte eine ganze Generation eine neue Art zu sehen, nicht nur das Boxen, sondern die ganze Welt. Ich wollte dieser Welt von meinen Erfahrungen in den Kampfsportarten erzählen.

Die erste Arbeit, die ich für den Kursus Sachbuch einreichte, kommentierte der Dozent: »Sie schreiben ziemlich gut, aber Sie werden lesbarer sein, wenn Sie eine Zeitlang die Finger vom Samurai-Training lassen.«

Diese Bemerkung veranlaßte mich, aus seinem Kursus auszusteigen, aber im folgenden Semester kam ich zurück. In der Zwischenzeit war mein Ego etwas weniger empfindlich gegenüber Kritik geworden; um jeden Preis wollte ich herausholen, was an Schreibtalent in mir steckte. Mit der Disziplin, Selbstbeherrschung und Kraft, die ich durch den Kampfsport und von Ali gelernt hatte, arbeitete ich besessen auf dieses Ziel hin. Die Stimme der Straße und des Himmels, der Erde und der Sinne würde in meinem Werk sein.

Während der Schulzeit verkaufte ich eine Geschichte über meine Sparring-Erfahrungen mit dem Champ 1975 an das Sportmagazin *Sports Illustrated*. Ich war so naiv zu glauben, daß dieser kleine Erfolg bedeutete, ich könnte das College verlassen (um meinen Geist und Verstand zu entwickeln), in sechs Monaten einen Roman schreiben, in der Tonight-Show im Fernsehen auftreten und bald den Lauf der westlichen Literatur verändern. Wie mein Idol schätzte ich Untertreibungen überhaupt nicht. »Ich werde der größte Schriftsteller aller Zeiten«, sagte ich mir immer wieder mit meiner besten Ali-Stimme, während ich im Bad vor dem Spiegel stand.

Ich hatte Teilzeitjobs in Musikalien- und Buchläden, während ich mir die Kunst des literarischen Schreibens beibrachte. Und wenn alle anderen meinen einmaligen Verkauf an den Olymp der Sportmagazine vergaßen – ich erinnerte sie daran. Ich schickte Kapitel für Kapitel meines Romans an die Zeitschriften in der Hoffnung und dem Glauben, daß irgendein Redakteur sie irgendwo als Auszüge veröffentlichen würde; niemand kaufte meine Geschichten. Schließlich übernahm ich einen Job als Leiter eines Video-Ladens, was jedoch nicht bedeutete, daß ich meinen Traum aufgegeben hätte; ich ließ ihn nur ruhen. »Ich komm' auch noch dahin, ich schaff' das schon«, sagte ich mir jede Nacht im Bett, wenn ich die Bücher anderer Leute las.

Ich bin wieder auf der Reynolds-High-School. Im Flur vor der Tür mit der Aufschrift DIREKTOR. Im mittleren Alter jetzt, aber ich bin hier als Schüler. Ich mußte zurückkommen und die Zeit nachholen, die ich nutzlos vertan hatte.

King Mobely steht direkt vor mir und bläst mir den Rauch einer Winston ins Gesicht. Und Mike Stone lümmelt sich ge-

gen eine Wand neben Lenny Lawson, dem vielleicht schlechtesten Schüler der Schule. Lenny Lawson, der beste Ringer der RJR-Mannschaft, der jedes zweite Wochenende im Gefängnis verbrachte, weil er beim Fahren ohne Führerschein erwischt wurde, nachdem dieser eingezogen worden war; der Reynolds mit »i« statt mit »e« schrieb und der mich immer als dumm hinstellte.

»Seht euch das blöde Negerhaar an«, stieß er unter Lachkrämpfen hervor, oder: »Diese blöde Judennase«; dabei lachte er, stieß zwei seiner kurzen, fetten Finger in mein Gesicht und drehte den Nasenknorpel, nicht gerade ein Scherz.

Sie sind alle hier, und sie sind immer noch 17. Ich bin in der Mitte eines Kreises, den sie um mich gebildet haben. Sie gehen wie ein Mann auf mich zu.

Ich gleite zuerst auf Lawson zu und stoße mit einem Sidekick seinen dicken, langsamen Körper gegen die etwa drei Meter entfernte Wand. Der Kick kommt aus dem Zentrum meines Bauches, ist explosiv, und der Moment des Kontaktes steigt gut und warm vom Fuß hoch bis in die Hüfte. Ich trete aus ihrem Kreis heraus, bereit, sie alle zu vertrimmen. Aber aus dem Büro des Direktors kommt – Ali! Anzug mit schwarz-weißen Nadelstreifen, roter Seidenschlips. Captain Clean, wie immer. Seine Hand ist groß wie ein Paddel. Er schlägt alle meine Feinde für mich.

»Danke, Champ«, sage ich. Er lächelt sein leichtes Ali-Lächeln und tritt zurück durch die Bürotür. Ich kenne den perfekten Weg, mich für seine Freundlichkeit erkenntlich zu zeigen.

»Ich versohle ole Smokin' Joe für dich, Champ«, sage ich, absolut sicher, daß ich mein Geprahle ausführen kann.

Jeden Morgen, wenn ich aus meinen Träumen erwachte, kehrte ich in den Laden und zu meiner Rolle als Video-Guru zurück; mir begann es Spaß zu machen, Kunden dabei zu helfen, die Bänder, die sie wollten, herauszusuchen, auch wenn die Filme gewöhnlich nicht nach meinem Geschmack waren. Charles Bronson und Burt Reynolds waren in meinem Laden stark vertreten, wie auch solche Titel wie *Frauen im Zellenblock 9*, *Ich zerstückle Mama* und *Invasion der Samurai-Nutten aus der Hölle*. Mir gefielen europäische Filme, besonders französische Romanzen und englische Komödien und auch einige amerikanische Dramen. Mehrmals in der Woche kam jemand in den Laden, dessen Geschmack, was Filme anbelangt, meinem sehr nahe kam. Mir gefiel es, diesen Kunden Video-Bänder zu empfehlen; die Leute kamen häufig wieder und baten mich, ihnen Filme auszusuchen. Obwohl ich nur zu gut wußte, daß mein geheimes Selbst (dasjenige, an dem mir am meisten lag) losgelöst, weit entfernt und vor all dem geschützt war, gestatteten mir die Beziehungen zu meinen Kunden, mir selbst einzureden, daß ich etwas Wichtiges tat, daß ich doch einen gewissen Beitrag (wie klein er auch sein mochte) zur Gegenwartskultur leistete. Ich sagte mir, daß es nicht so übel sei, in einem Geschäft zu sein, so jung, vibrierend und lebendig. Ich fand Gefallen an den kleinen Schöpfungsakten, die der Job mir erlaubte.

Es dauerte nicht lange, bis ich die sauberen, geraden Linien und Winkel des Ladens liebgewann – die einfachen himmelblauen Ladentische, die Regalwände aus Plastikspiegeln, den kolossal kleinen CD-Spieler und die riesigen TV-Monitore, die Schwung in den Laden brachten. Ich fand, unserer Handelskette gehörten die bestaussehenden, bestklingenden und gemütlichsten Läden im Video-Geschäft. Dann ließ ich eine Lautsprecheranlage installieren. Jeden Freitag- und Samstagabend erzählte ich Witze und machte Quizrunden. Eine meiner Lieblingsfragen war etwa: »Im Februar 1964 besiegte Cassius Marcellus Clay Sonny Liston durch k. o. und wurde damit Weltmeister im Schwergewicht. Am nächsten Tag verkündete der neue Weltmeister, daß er Moslem sei und seinen Namen geändert habe. Der erste Kunde, der an den Ladentisch kommt und mir diesen Namen sagt, gewinnt einen Gutschein für fünf freie Ausleihen … von Video Village, dem größten Filmladen aller Zeiten.«

Die Leute drängelten zum Ladentisch und dachten, sie wüßten die Antwort. Nur einmal kam jemand, der wußte, daß Clay seinen Namen zuerst nicht in Muhammad Ali, sondern in Cassius X geändert hatte – und auch nur, weil er ein paar Wochen zuvor gehört hatte, wie ich die Frage gestellt und schließlich selbst beantwortet hatte, als niemand die richtige Antwort wußte.

Meine Ladenwerbung war so erfolgreich, daß ich zweimal zum Ladenmanager des Jahres ernannt wurde; ich sah den Laden jetzt als meine Kunst, als meinen Sport an. Ich hörte mit meinem Fitneßprogramm auf und begann Sachen zu essen, die ich als Athlet nie gegessen hatte, und ich nahm 26 Pfund zu, die ich nicht brauchte. Zum ersten Mal, seit ich ein Teenager war, gefiel mir mein Körper nicht, so wie er aussah. Was für ein schlimmes Gefühl es war, unter der Dusche zu stehen, herunterzugucken und nicht sofort die sichtbare Bestätigung meiner Männlichkeit zu erhalten. Ich bekam Schmerzen in der Brust und im Unterbauch und gab hunderte von Dollars für diagnostische Untersuchungen aus. Beim Aushändigen der Befunde kicherten die Ärzte und sagten etwas wie: »Es sieht so aus, als würdest du noch einige Jahre leben, mein Sohn.«

Nach einer Weile brachte ich es fast fertig zu vergessen, daß mir Filme, Videos, Fernsehen, die »neue Technik« eigentlich keinen Pfifferling wert waren – daß ich sie sogar als Feinde der Dinge betrachtete, die ich am meisten schätzte: Bücher, Schreiben, die Natur und die Zeit, die man ohne Druck mit denen verbringt, die einem am nächsten stehen.

Im Herbst 1987 beförderte mich das Unternehmen zum Regionalmanager und versetzte mich nach Louisville, Kentucky, wo Ali geboren und aufgewachsen war. Ich war 35 Jahre alt, verheiratet und Vater von zwei kleinen Kindern. Ich dachte nur gelegentlich an Ali; er war eine fixe Idee meiner Kindheit gewesen. Als ich nach Louisville übersiedelte, fuhr der Besitzer mit mir die Läden ab, die ich beaufsichtigen sollte. Auf dem Weg zu einem Ort im Süden der Stadt zeigte er über die Straße auf eine kleine Ranch aus roten Ziegeln und sagte:»Muhammad Alis Mutter lebt dort.« Von dieser Zeit an richtete ich meinen Blick wie einen Radar auf dieses Haus, wann immer ich daran vorbeikam.

Kurz nachdem wir North Carolina verlassen hatten, kratzten wir all unser Geld zusammen, um auf Raten einen neuen Volvo-Kombiwagen und ein Haus in einem Uferbezirk des Ohio zu kaufen; es war ein Ort von außergewöhnlicher ländlicher Schönheit am Rande der Wildnis – in unserer parkähnlichen Umgebung herrschte eine Atmosphäre der Sicherheit, Verspieltheit und Unschuld. In unserem Bezirk gab es zweihundert Morgen Gemeindewiesen, Wald, Wild, amerikanische Singdrosseln, Anlegestellen, Fischteiche, einen Swimmingpool, Tenniscourts und Pferdeställe. Das Gras war selbst im Winter so grün, wie ich es nirgendwo sonst gesehen hatte.

Unser Haus war, im wahrsten Sinne des Wortes, organisch gebaut – ein Wohnhaus, das sich in seine Umgebung einfügte, sich nicht davon abhob. Wie die Wiesen um uns herum waren die Zimmer geräumig, leer und zu allen Tageszeiten von Sonnenlicht durchflutet. Der kleine Kamin aus Stein im großen Zimmer schien ein natürlicher Ausläufer der sonnenbeschienenen, bemoosten, feuchten Sandsteinklippen östlich des Hauses zu sein. Nachts betrachteten Lyn und ich den Mond und die Sterne durch das Oberlicht in unserem Schlafzimmer. Jeden Morgen, wenn wir erwachten, blickten wir aus dem wandgroßen Fenster neben dem Bett und schauten durch die Zweige der Uferbirken auf den tiefen, langsam fließenden, etwa vierhundert Meter breiten Ohio.

Wir waren total begeistert von dem Haus, den gestreiften Eichhörnchen in unseren Abflußrohren, den Felsen, den Waschbären auf unserem Flachdach, den Schneegänsen im Frühling und im Herbst, sogar von dem Schwarm Truthahngeier, die in den aufragenden Platanen unten am Fluß ihre Nester gebaut hatten, furchterregend und häßlich am Boden, doch leuchtend und überaus majestätisch im Flug. Selbst die Geräusche in unserer Wohngegend hatten etwas Abgehobenes. Die Stille um uns schien eine wundersame Isolation von dem, was in unseren Augen der Wahnsinn des späten 20. Jahrhunderts ist, ein Refugium vor einer Kultur, die immer regelmäßiger das Grelle, Banale, Schamlose honoriert – einer Gesellschaft wie eine Harley-Davidson, die umgestürzt auf der Seite liegt und weiter mit Vollgas läuft.

An Sonntagen – dem einzigen Tag, an dem ich nicht mehr als ein paar Stunden arbeiten mußte – ging ich gewöhnlich hinunter zum Ufer, stand und sog den einmaligen Duft des Flusses ein und stellte mir vor, ich sei Mark Twain. Das Haus und das ganze Gebiet gaben mir das Gefühl, mit der Welt auf eine Weise verbunden zu sein, die altertümlich, innerlich, angestammt schien: Es war der einzige der Orte, an denen ich gelebt habe, den ich als Zuhause empfand.

Der Job selbst war nicht gerade eine Quelle der Freude. Ich leitete neun Läden, fünf davon in Lexington und vier in Louisville. Die Läden in Kentucky waren jahrelang schlecht geleitet worden; sie waren die einzigen der Kette, die rote Zahlen schrieben. Es war meine Aufgabe, sie wieder in die schwarzen Zahlen zu bringen. Der Besitzer dachte, ich könne die Wiederbelebung schaffen, weil ich in meinem Laden in North Carolina so erfolgreich gewesen war. Meine Rolle als

Video-Messias erforderte, daß ich mehr als achtzig zermürbende Stunden in der Woche arbeitete. Ich stand unter dem ständigen Druck, die Läden zum Leben erwecken zu müssen – ich trug ein elektronisches Personenrufgerät an meiner Hüfte, das ununterbrochen zu piepen schien, egal, wo ich gerade war oder was ich tat. In diesen Läden aus blauem Plastik hätte ich mich selbst nicht unnatürlicher fühlen können; ich fühlte mich so unterworfen, so zerquetscht wie ein Rodeo-Kalb, auf das ein Cowboy gesprungen ist, um es zu fesseln.

In der letzten Märzwoche 1989 bat mich der Besitzer, ins Stammbüro nach Cincinnati zu fahren, wo man mir mitteilte, daß die Gesellschaft all ihre Läden in Zentral-Kentucky im folgenden Jahr schließen werde. »Sie hätten wissen müssen, daß es so kommt«, sagte er, aber ich hatte es nicht geahnt. Ich dachte, daß die Läden an bessere Orte verlegt werden, aber nicht, daß sie zumachen würden. Ich hatte sogar mit einer Gehaltserhöhung gerechnet, die es mir erleichtern würde, meine Rechnungen zu bezahlen, und ich hatte mich schon auf den Tag gefreut, an dem ich wieder zur 40-Stunden-Woche zurückkehren und die alltäglichen Wunder meiner Nachbarschaft tagsüber sehen könnte.

Statt dessen würde ich bald ohne Job dastehen. Lyn und ich hatten eine sechsjährige Tochter, einen dreijährigen Sohn, die Monatsraten für den Volvo und eine saftige Hypothek auf das Paradies, die nur bei Vollbeschäftigung abgezahlt werden konnte. Bei dem Geld, das ich verdiente, mußten wir immer knapsen, um auszukommen. Wir hatten niemanden in Louisville, den wir um Unterstützung bitten konnten; wir waren achthundert Kilometer von unseren Freunden und unserer Familie entfernt. Ich hatte Angst, und als ich es Lyn sagte, fürchtete sie sich auch. Fast immer fühlte ich beim Aufwachen eine Flamme der Verantwortung und einen Eiszapfen der Furcht in meiner Magengrube.

Am 1. April, Karfreitag, zwei Tage vor Ostern, war ich auf dem Weg zu meinem Laden im Süden Louisvilles. Wie immer sah ich nach links, als ich an dem Haus von Alis Mutter vorbeikam. Ein hauslanges weißes Winnebago-Wohnmobil mit einem Nummernschild aus Virginia war auf dem Rasen geparkt. Ich wußte, daß es sein Wagen war.

Seit 1962 fuhr er immer, wenn er ohne Eile reiste, Busse oder Wohnmobile. Und ihm gehörte Ackerland in Virginia. Die Zusammenhänge waren offensichtlich. Ich fuhr an dem Haus vorbei, nahm all meinen Mut zusammen, drehte um und kam zurück. Ich parkte den Volvo hinter dem Winnebago und griff mir ein paar alte Zeitschriften, die ich unter dem Vordersitz aufbewahrte, seit ich nach Louisville umgezogen war, immer auf das Zusammentreffen mit Ali wartend, sicher, daß es kommen würde.

Als ich an Ali dachte, erinnerte ich mich daran, wie ich ihn all die Jahre zuvor in seinem Trainingscamp gesehen hatte. Ja, damals glänzte er von Schweiß und Anmaßung. Seine Hände und Füße schienen sich ständig in fast unmöglichen wundersamen Mustern zu bewegen, und seine Augen leuchteten wie elektrische Brombeeren. Aber in allen aktuellen Berichten sprach man von Ali wie von einer auf den Rücken gefallenen Schildkröte, die mit den Beinen in der Luft herumrudert.

Mir war klar, daß er sich nicht an mich erinnern würde; er hatte fast die halbe Bevölkerung der Welt kennengelernt und mit ihr gesparrt. Aber ich glaubte fest daran, wenn sich nur die Gelegenheit ergäbe, mit ihm zusammenzusitzen und sich längere Zeit mit ihm zu unterhalten, würden wir Freunde werden.

Als ich läutete, öffnete sein jüngerer Bruder Rahaman die Tür. Er sah den Stapel Zeitschriften unter meinem Arm, setzte ein wissendes Lächeln auf und sagte: »Er ist draußen im Winnebago. Klopfen Sie nur an die Tür. Er wird Ihnen sicher gern Autogramme geben.«

Rahaman war genau so, wie ich ihn aus dem Fernsehen der 70er Jahre in Erinnerung hatte: groß wie sein Bruder, mahagonifarbene Haut und einen Schnurrbart, der ihn aussehen ließ wie eine Kreuzung zwischen dem Football-Spieler Jim Brown und einem schwarzen, alternden Errol Flynn. Seine Stimme und sein Gesicht enthielten keinen Hinweis darauf, daß ich seinen Bruder nicht ganz gesund antreffen würde.

Ich ging über den Hof zurück, stieg die paar Stufen an der Seite des Winnebago hoch und bereitete mich vor zu klopfen. Ali öffnete die Tür, bevor ich dazu Gelegenheit hatte. Ich hatte vergessen, wie verdammt groß er ist. Seine Gegenwart füllte den ganzen Zugang. Er lehnte am Türrahmen, um mich zu empfangen.

Ich war kein bißchen nervös. Alis Gesicht ist mir in vieler Hinsicht so vertraut wie das meines Vaters. Seine Haut zeigt keine Spuren des Alters, sein Gesicht hat eine fast perfekte Symmetrie. Und doch ist etwas anders: Er ist nicht mehr der schönste Mann der Welt. Er bleibt schön, aber in der Art eines ziemlich jungen Großvaters, der gern Geschichten darüber erzählt, wie er ein Filmstar hätte werden können, wenn er nur gewollt hätte. Und er bewegt sich mit der Weisheit, die Großväter in Filmen haben. Seine Schönheit war früher eine Herausforderung für uns; jetzt sieht er etwas mehr wie wir aus und weniger wie eine von Allah geschickte göttliche Inkarnation.

»Treten Sie ein«, sagt er und winkt mich vorbei. Seine Stimme hat ein Kratzen, als ob er sich räuspern müßte. Er bietet mir seine massige Hand. Es ist nicht so sehr ein Händeschütteln, als daß er seine Hand in meine legt. Sein Griff ist fast überhaupt kein Griff – seine Berührung ist fast so sanft wie die eines Mädchens. Seine Handfläche ist kühl und ohne Schwielen; seine Finger

sind die langen, spitz zulaufenden Finger eines Hypno-
tiseurs; seine Fingernägel sehen professionell manikürt
aus. Seine Knöchel sind groß und etwas angeschwollen,
als ob er kürzlich gegen den Sandsack geboxt hätte.
Er ist weiß gekleidet, ganz in Weiß. Neue Tennis-
schuhe aus Leder, dünne Baumwollsocken, die über die
Waden reichen, maßgeschneiderte Leinenhose und ein
dickes kurzärmliges Safarihemd, das steif von Stärke ist.
Ich sage ihm, daß Weiß ihm besser stehe als das Schwarz,
das er jetzt gewöhnlich trägt.
Er bedeutet mir, mich zu setzen, spricht aber nicht.
Sein Mund ist in den Winkeln etwas zusammengepreßt; er sieht aus wie der eines Kindes, dem ein El-
ternteil oder Lehrer befohlen hat, den Mund zu halten.
Langsam läßt er sich in einen Stuhl am Fenster nieder.
Ich nehme ihm gegenüber Platz und lege die Zeitschriften zwischen uns auf den Tisch. Er nimmt sie
hoch, zückt einen Kugelschreiber und fängt an zu signieren. Er fragt »Wie heißen Sie?«, und ich sage es
ihm. Ohne hochzugucken schreibt er weiter. Seine Augen sind nicht glasig geworden, wie ich gelesen habe,
aber sie blicken müde. Ein feuchter Husten rasselt in
seiner Kehle. Seine linke Hand zittert fast ununterbrochen. Inmitten der Stille, die uns umgibt, fühle ich den
Drang, ihm all das zu erzählen, was ich ihm schon jahrelang habe sagen wollen.
»Champ, Sie haben mein Leben verändert«, sage ich.
»Als Kind war ich verklemmt, konnte nicht einmal mit
anderen sprechen. Das war kein Leben.«
Er hebt seine Augen von einem Abbild seiner selbst
aus der Jugend auf einem Zeitschriftenumschlag.
»Sie gaben mir den Glauben, daß ich alles könnte«,
sage ich.
Er betrachtet mich beim Sprechen, nicht urteilend,
einfach nur beobachtend. Ich nehme eine Zeitschrift
von dem Stapel vor ihm. »Diese Geschichte schrieb ich

einmal für *Sports Illustrated*, als ich noch auf dem College war«, sage ich. »Sie beschreibt, wie Sie mein Leben beeinflußt haben.«

»Wie heißen Sie?« fragt er noch einmal, und diesmal sieht er mich voll an. Ich sage es ihm. Er nickt. »Ich signiere diese nachher weiter«, sagt er und legt den Kugelschreiber auf den Tisch. »Lesen Sie mir Ihre Geschichte vor.«

»Sie haben ein gutes Gesicht«, sagt er, als ich geendet habe. »Ich mag Ihr Gesicht.«

Er hatte ernsthaft zugehört, als ich las, er lachte bei den lustigen Stellen und als ich versuchte, seine Stimme zu imitieren. Er sah nicht gelangweilt aus. Das ist viel mehr, als ich erwarten konnte – Muhammad Ali, der sich oft nur noch für kurze Zeit auf etwas konzentrieren kann, hat sich meine Geschichte über ihn angehört, und sie schien ihm zu gefallen.

»Haben Sie mal Zauberei gesehen? Mögen Sie Zaubern?« fragt er.

»Schon jahrelang nicht mehr«, sage ich.

Er steht auf und geht bis ans Ende des Winnebago, sich mechanisch bewegend. Es ist der Gang meines Urgroßvaters. Er winkt mir nachzukommen. Es liegt etwas Trauriges, aber auch Reizvolles, Edles und Vertrauliches in seinen Bewegungen.

Er führt ungefähr zehn Tricks aus. Der Trick, der mich am meisten interessiert, erfordert keine Requisiten. Es ist eine einfache Täuschung. »Beobachten Sie meine Füße«, sagt er, etwa zweieinhalb Meter von mir entfernt stehend, mit dem Rücken zu mir, die Arme senkrecht an den Seiten. Dann, obwohl er gerade noch wirklich Mühe mit dem Gehen hatte, scheint er sieben bis acht Zentimeter über dem Boden zu schweben. Er dreht sich zu mir um und sagt mit seiner starken, langsamen Stimme: »Ich bin ein bööööser Niggah.«

Ich lache und bitte ihn, das noch mal zu machen; der ist wirklich gut. Ich denke, ich würde es selbst mal gern versuchen, so wie ich vor 15 Jahren einen großen leinenen Wäschesack genommen, ihn mit Lumpen gefüllt und an einen Deckenbalken im Kellergeschoß gehängt habe. Ich zog damals ein Paar von Daddys alten braunen Arbeitshandschuhen an und stieß meine Fäuste täglich hundert, fünfhundert, tausend Mal in diesen zwanzig Pfund schweren Sack, auf die Geschwindigkeit konzentriert: eine blendende, knisternde Geschwindigkeit, im Streben nach einer überirdischen, wobei ich versuchte, die Schläge so schnell auszuteilen, daß sie für meine Gegner unsichtbar würden. Ich kam so weit, daß ich sechs bis acht saubere Hiebe in der Sekunde feuern konnte – »Schuheputzen«, wie Ali das nannte –, und ich bemühte mich, daß meine Fäuste sich schneller bewegten als Gedanken, so wie Alis; ich sprang auf die Zehenspitzen, wie ich es bei Ali gesehen hatte; ich tänzelte um meinen Sack herum und nach links und versuchte zu fliegen wie Ali.

Nach dem Schwebetrick ergreift Ali einen leeren Milchkrug aus Plastik auf seinem Arbeitstisch neben dem Ausguß. Er bittet mich, ihn zu untersuchen. »Was sagen Sie, wenn ich den dazu bringe, sich etwa so hoch zu erheben und sich dort wieder hinzustellen? Glauben Sie das?«

»Ich bin kein großer Gläubiger, Champ«, sage ich und denke dabei nicht nur an den Lauf meines eigenen Lebens, sondern auch daran, wie Muhammad Alis Leiden lehrt, daß niemand der Schwerkraft trotzen kann.

»Nun, wie wäre es, wenn ich ihn sich erheben, so hoch über dem Boden abstellen und dann einen Kreis beschreiben ließe?«

»Mich kann man nur schwer überzeugen«, sage ich.

»Nun, wenn ich ihn aber aufsteigen, hier auf die andere Seite des Raumes schweben, dann wieder zum

Ausguß zurück und sich dort wieder abstellen ließe, was dann? Werden Sie dann an mich glauben?«

Ich lache und sage:»Dann glaube ich.«

»Schauen Sie zu«, sagt er, zeigt dann auf den Plastikbehälter und tritt vier Schritte zurück. Ich versuche, sowohl den Milchkrug als auch Ali im Auge zu behalten. Er schwenkt einige Male die Hand vor seinem Körper. Der Krug bewegt sich nicht von der Arbeitsplatte weg.

»April, April«, sagt Ali. Wir kichern beide, und er kommt auf mich zu und legt seinen Arm um meine Schultern.

Er schreibt Autogramme auf die Zeitschriften und eine Notiz auf eine Seite meines Artikels für *Sports Illustrated*.»Für Davis, den größten Fan aller Zeiten«, schreibt er,»von Muhammad Ali, 4/1/89.« Ich fühle, daß meine Geschichte endlich komplett ist, jetzt, da er ihre Existenz bestätigt hat. Er reicht mir die Zeitschriften und bittet mich in das Haus seiner Mutter. Wir verlassen den Winnebago.

Ich schließe den Volvo auf, beuge mich über den Vordersitz und lege die Zeitschriften auf den Beifahrersitz, damit ich sie ja nicht beschädigen oder hier vergessen kann. Plötzlich ist an meinem Ohr ein Geräusch wie das Zirpen einer Grille. Ich springe zurück, schlage in die Luft und drehe mich um. Es ist Alis Hand. Er steht direkt hinter mir. Immer zu Streichen aufgelegt.

»Wie machen Sie das?« sage ich. Es ist eine Frage, die ich Ali schon immer stellen wollte.

Er antwortet nicht. Statt dessen hebt er seine Fäuste in Schulterhöhe und bedeutet mir, auf den Hof hinauszugehen. Wir gehen etwa fünf Schritte, ich nehme meine Hände hoch, und er schlägt langsam nach mir. Ich wehre ab und kontere. Kämpfer und frühere Kämpfer boxen immer gegeneinander oder in die Luft oder gegen Bäume oder was auch immer gerade in ihrer Nähe ist. Das ist eine Art Spiel für uns. Selbst jetzt, da ich fast die ganze Zeit arbeite und absolut außer Form bin, stoße ich über hundert Jabs am Tag. Sicher macht Ali das ebenso. Beide haben wir unsere Schläge dreißig oder vierzig Zentimeter vom anderen entfernt abgebremst, aber mein Adrenalinspiegel ist durch das Zusammensein mit Ali hoch, und meine Gerade war schnell gekommen – sie brachte die Luft zum Klingen. Er gleitet einen halben Schritt zurück und sieht mich ernsthaft an. Unwillkürlich denke ich zurück an unsere erste Begegnung vor vielen Jahren; ich erwarte, daß ich jetzt gleich einen abbekomme. Ein paar Kinder kommen auf dem Fahrrad vorbei. Sie erkennen Ali und halten an.

»Er versteht nicht, daß ich der Größte aller Zeiten bin«, ruft er den Kindern zu. Er zieht sich die Uhr vom Arm und steckt sie in die Hosentasche. Ich streife meine ebenfalls ab. Er kommt jetzt zur Sache. Er stellt sich auf die Zehenspitzen und tanzt ein wenig nach rechts, lockert seine Beine. Nur ein paar Minuten vorher, als er die Stufen seines Winnebagos runterkletterte, hat er sich so ungeschickt bewegt, daß er beinahe gestrauchelt wäre. Ich wollte ihm eigentlich helfen, wußte aber, daß ich das nicht machen durfte, schließlich hatte ich gesehen, wie Joe Louis auf diese Weise »eskortiert« wurde; ich konnte Muhammad Ali das nicht antun. Jetzt aber, wo er auf den Zehenspitzen steht und boxt, bewegt er sich ziemlich flüssig.

Er stößt einen weiteren Jab in meine Richtung, einen zweiten, einen dritten. Er ist nicht einmal ein Viertel so schnell wie 1975, aber seine Augen blitzen, sie leuchten wie schwarzer Marmor, und er ist wirklich entspannt und sieht alles. Das ist einer der Hauptgründe, warum alte Kämpfer Comebacks feiern: Beim Boxen sind wir lebendiger als bei jeder anderen Gelegenheit. Das Gras um Ali und mich ist grün und wächst hoch; es muß bald zum ersten Mal gemäht werden. Die frischen Blätter sehen feucht aus in der Sonne. Ein Krähenvogel krächzt links auf einer Eiche; sechs Rotkehlchen laufen auf dem Hof umher. Bei allen dreien von Alis Stößen blocke ich instinktiv ab und/oder gleite auf die Seite und fühle mich deswegen sofort schuldig – gerade, als ob ich vierzehn Jahre alt wäre und mir zum ersten Mal klar wird, daß ich meinen Dad im Pingpong schlagen kann. Ich wünschte, ich wäre Alis Stößen nicht ausgewichen, aber die Trainingsreflexe laufen schneller und tiefer ab als die Gedanken. Ich stoße eine linke Gerade in Richtung seines Körpers, eine gegen seine Nase und eine gerade Rechte gegen sein Kinn und bin todsicher, daß alle drei mir Punkte gebracht hätten. Einige Wagen halten vor dem Haus. Das Auto seiner Mutter parkt an der Ecke. Drei weitere parken an der Seite.

»Versuch die Linke«, höre ich eine junge Stimme sagen. Ich weiß, der, dem die Stimme gehört, spricht zu mir, nicht zu Ali.

»Er läßt sich mit dem Dreifachbesten aller Zeiten ein«, ruft Ali. »Soll er sich müde arbeiten. Er hat bald genug.«

Habe ich nicht, aber ich gebe es zumindest vor. »Sie haben recht, Champ«, sage ich zu ihm und nehme die Fäuste herunter. »Ich bin 37. Kann nicht mehr so wie früher.« In Wahrheit könnte ich drei oder vier harte Runden durchstehen. Ich kann meine Kraft ziemlich gut einteilen.

Ich fasse mir mit der Hand an die Brust, als wäre ich außer Atem. Ich sehe Ali an; seine Hand ist in genau der gleichen Position. Wir lächeln beide, aber er schätzt mich ein bißchen ab.

»Er hat Angst«, ruft Ali.

Die Zuschauer lachen auf ihren Fahrrädern und aus den Autofenstern. Einer hupt und ruft: »Hey, Champ!«

»Los, komm ins Haus«, sagt mir Ali leise ins Ohr.

Wir gehen auf die Tür zu, Ali vorneweg, hölzern durch

das frische Gras stelzend, während hinter und um uns die Leute ihre Fenster hochkurbeln und die Motoren anlassen.

IV

»Mußte zurück nach Loovul*, nur mal so zwischendurch.«
Die Melodie aus dem tiefen Süden schwingt schläfrig in Alis Stimme. Seine Worte klingen kaum lauter als ein Flüstern, und gleich danach folgt ein Hustenanfall.
Zurück nach Loovul. Zurück zu den dunstigen orangefarbenen Sonnenuntergängen und den namenlosen Gräbern der Vorfahren; zurück zur alten, sich gemächlich bewegenden Familie (der ursprünglichen und der dazuerworbenen), den leeren Bürgersteigen, der fast äquatorialen Luftfeuchtigkeit und dem Pfirsich-Cobbler**, den dicke, vollbusige Tanten in Blümchenkleidern gemacht haben; zurück zu den kleinen, dünnen Onkeln und ihren Strohhüten, weißen Hemden mit Sportkragen, schwarzen blankgescheuerten Hosen und blankgewienerten schwarzen Stiefeln; zurück in ein Leben, das nicht mehr Alis Leben war, seit er 18 war.
Wir stehen im »Wohnzimmer«, einem Raum, der so dunkel ist, daß ich mir kaum vorstellen kann, daß die Vorhänge jemals aufgezogen waren, mit zerbeulten goldbemalten Möbeln, er riecht nach gekochtem Fleisch und ist erfüllt von einem Licht wie von einem Kaminfeuer.
Ali hat mich kurz seiner Mutter, Mrs. Odessa Clay, und seinem Bruder Rahaman vorgestellt, dann ist er plötzlich verschwunden.

---

* Loovul – dial. für Louisville.
** cobbler – Eisgetränk mit Wein, Früchten und Zucker.

Alis Familie akzeptiert mich ohne weiteres. Sie sind nicht überrascht, Besuch zu haben, und behandeln mich mit ritueller Höflichkeit und mit Charme. Rahaman bittet mich, es mir gemütlich zu machen, bietet mir Limonade an und geht sie holen. Ich setze mich aufs Sofa neben Alis Mutter.

Odessa Clay ist in den Siebzigern, aber ihr Gesicht hat nur wenig Falten. Sie ist klein, ihr Haar ist fast so orange wie die Sonnenuntergänge von Louisville; sie hat Sommersprossen und ist hübsch und so zartgliedrig wie meine Mutter auf dem Bild bei ihrem Einzug. Alis Gesicht ist fast so geschnitten wie das seiner Mutter. Als er noch boxte, war sie ziemlich schwer, aber während der letzten zehn Jahre hat sie ungefähr siebzig Pfund abgenommen.

Sie sieht eine Oprah-Winfrey-Show auf einem alten Standfernseher an. Ich frage mich, wohin Ali gegangen ist. Rahaman bringt das Getränk und eine Papierserviette sowie einen Untersetzer. Mrs. Clay streichelt meine Hand. »Machen Sie sich keine Sorgen«, sagt sie. »Ali hat Sie nicht sitzen gelassen. Ich bin sicher, er ist nur schnell nach oben gegangen, um zu beten.«

Es war mir nicht bewußt, daß man mir meine Sorge ansah. Aber Alis Mutter hat ihn während der 47 Jahre seines Lebens wahrscheinlich hunderte Male Fans mit nach Hause bringen sehen. »Er war schon immer ruhelos, wie sein Vater«, sagt sie. »Er kann einfach nicht stillsitzen.«

Sie spricht sehr bedächtig, mit der typischen freundlichen Traurigkeit einer Mutter. Die Art, wie sie bestimmte Laute verschluckt, muß früher einmal affektiert geklungen haben, aber nachdem sie mit Ali kometenhaft um den Erdball gezogen ist, klingt ihr Akzent echt Britisch mit einem Virginia-Einschlag.

»Haben Sie Lonnie, seine neue Frau, kennengelernt?« fragt sie. »Ali kennt sie, seit sie ein Baby war. Ich freue mich so für ihn. Sie ist die Tochter meiner besten Freundin, wir sind immer alle zusammen zu seinen Wettkämpfen gefahren. Sie wollte ihn schon immer heiraten, seit sie sechs Jahre alt war. Sie ist ein gutes Mädchen, hat einen Wirtschaftsabschluß. Sie ist so gut zu ihm, nutzt ihn nicht aus. Er hat mir gesagt: ›Mutter, Lonnie ist besser als die drei anderen zusammen.‹ Sie behandelt ihn so gut. Er braucht jemanden, der sich um ihn kümmert.«

In diesem Moment kommt Ali zurück ins Zimmer, er geht aufrecht und würdevoll, obwohl er doch ein wenig wacklig auf den Beinen ist. Er läßt sich schwer auf einen Stuhl auf der anderen Seite des Zimmers fallen.

»Müde, mein Kleiner?« fragt Mrs. Clay.

»Müde, ich bin immer müde«, sagt er, dann reibt er mehrmals sein Gesicht und schließt die Augen.

Er muß merken, daß ich ihn beobachte, oder ist sich einfach bewußt, daß noch jemand im Zimmer ist, der nicht zur Familie gehört. Seine Augen sind nicht einmal zehn Sekunden geschlossen, da schüttelt er sich selbst wach, ballt seine Hände wieder zu Fäusten und beginnt, typische Ali-Gesichter und Geräusche in meine Richtung zu machen – er streckt seine Zähne über die Unterlippe vor, damit er gemein oder brummig wie aus einem Zeichentrickfilm aussieht. Nach einigen Sekunden fragt er: »B-bist du o. k.?« Er ist durch das ganze Zimmer hindurch so schwer zu verstehen, daß ich nicht so sehr höre als eher mutmaße, was er sagt. »B-brauchst du etwas? Sind sie nett zu dir?« Ich versichere ihm, daß es mir gutgeht.

Er macht ein lautes schnalzendes Geräusch mit der Zunge. Rahaman kommt schnell aus der Küche. Ali winkt ihn zu sich und flüstert ihm kurz etwas ins Ohr. Rahaman geht in die Küche zurück. Ali dreht sich zu mir um. »Komm, setz dich zu mir«, sagt er und zieht einen Barhocker an seine rechte Seite. Er wartet, bis ich

Platz genommen habe, und sagt dann: »Hast du schon zu Abend gegessen? Bleib zum Essen.«

»Kann ich mal telefonieren? Ich will nur zu Hause anrufen und meiner Frau Bescheid geben.«

»Hast du Kinder?« fragt er. Ich sage ihm, daß ich zwei habe. Er fragt, wie alt sie sind. Ich nenne ihm ihr Alter.

»Kennen sie mich?« fragt er.

»Sogar der Dreijährige. Er boxt immer gegen den Fernseher, wenn ich deine Wettkämpfe einlege.«

Er nickt erfreut. »Bring sie Sonntag her«, sagt er. »Ich zaubere für sie. Hier ist die Nummer von meiner Mutter. Ruf vorher an.«

Ich rufe Lyn an und erzähle ihr, wo ich bin und was ich mache. Sie scheint überhaupt nicht erstaunt. Sie bittet mich, auf dem Nachhauseweg vier Liter Milch mitzubringen. Ich weiß, daß sie mit mir aufgeregt ist, aber wir haben schon einiges hinter uns, auch rauhe Zeiten. 1981, sechs Wochen nach der Geburt unserer Tochter, zog Lyn zu ihren Eltern zurück und ließ sich scheiden, weil ich keinen Vollzeitjob fand; das war, als ich anfing zu lernen, wie man schreibt, als ich dachte, der Erfolg stehe kurz bevor, und mich für begnadet, ja sogar heilig hielt. Die meiste Zeit hindurch schwebte ich einen Meter über dem Boden – ich glaubte, mit Lyn und mir könnte überhaupt nichts schiefgehen; was *Wir* hatten, sei so selten, daß das Universum uns sicher behüten würde.

Sie hatte mir seit Monaten gesagt, daß ich einen richtigen Job brauchte, etwas, was uns mehr Geld einbringen würde als die sechzig Dollar in der Woche, die ich durch die paar Stunden Arbeit im Buchladen mit nach Hause brachte. Aber ich war davon besessen, mir selbst das Schreiben beizubringen, und ich arbeitete Tag und Nacht, nutzte jeden Augenblick, den ich konnte, um auf der alten Schreibmaschine, die meine Mutter auf der Sekretärinnenschule benutzt hatte, mit der Zwei-

Finger-Methode herumzuhämmern. Und ich verleugnete mich selbst, verleugnete Lyn und verleugnete unser Baby. (Wir wohnten in einem Haus, in dem nichts, was wir taten, nicht einmal das Aufstellen von Untertassen voller Wasser unter alle vier Füße des gebraucht erstandenen Kinderbettchens, die Kakerlaken davon abhielt, zu unserer Tochter ins Bett zu kriechen.) Ich hörte nicht auf Lyn, bis es zu spät war und sie mich verließ.

Ihr Weggehen war der Grund dafür, daß ich den Job im Videoladen annahm; ich glaubte immer noch, ich würde als Schriftsteller Erfolg haben, wünschte Lyn aber sehnsüchtig zurück und mußte ihr zeigen, daß ich Verantwortung tragen konnte. Wir heirateten zum zweiten Mal, kurz bevor wir nach Louisville zogen. Obwohl unsere erneute Heirat wie eine Art Bestätigung ist, wird Lyn angesichts meiner gegenwärtigen Arbeitslage nicht gerade wie ein Schulmädchen schwärmen, daß ich Zeit mit Muhammad Ali verbringe.

Als ich aufgehängt habe, fragt mich Ali nach meiner Frau. Ich erzähle ihm von unserer qualvollen Liebesgeschichte und wie wir 1977 versuchten zu heiraten, als wir in New York waren, um uns seinen Kampf gegen Earnie Shavers anzusehen. Ich erzähle ihm, wie ich Lyn nach einem meiner Wettkämpfe auf einer Party kennengelernt hatte. Was ich ihm nicht erzählen kann (woran ich aber denke, während ich spreche), ist, daß Lyn 17 und ich gerade 24 war; sie wurde meine erste große Liebe.

Es war während der Weihnachtsfeiertage 1976, und es schneite in großen Flocken, so groß wie Silberdollars. Als ich aus dem Schnee hereinkam, streckten sich mir Hände entgegen und Gesichter, lächelnde, strahlende Gesichter, die mir gratulierten. Ich nahm auf dem Sofa Platz, einem jener weichgepolsterten Monster, bei denen man das Gefühl hat, sie wollten einen verschlucken. Und Hände berührten mich, und Gesichter waren mir zugewandt voller mitempfundenem Stolz. Die Geräusche, die aus diesen Gesichtern kamen, waren so unverständlich wie eine Sitzung der Vereinten Nationen während eines Streiks der Dolmetscher. Dann war alles Musik in mir, und ich sank noch tiefer in meinen Sitz.

»Ich heiße Lyn«, sagte sie und strich mir schmelzenden Schnee aus dem Haar. Ich starrte sie an und konnte an gar nichts denken. Sie hatte große braune Rehaugen, hohe Backenknochen, mähnendickes, lockiges kastanienbraunes Haar, das ihr bis über die Hälfte des Rückens herabhing, und die langgezogene Muskulatur einer Tänzerin. Sie hatte kein Make-up aufgelegt, und sie brauchte auch gar keins. Sie trug Jeans mit Löchern am Knie und ein rotes Männerflanellhemd, dessen oberste drei Knöpfe offenstanden. Ich kann dieses Hemd immer noch so deutlich vor mir sehen wie meine Hände. Darunter trug sie ein langärmliges warmes T-Shirt. Sie sah sehr frisch aus, als ob sie gerade auf Bäume geklettert wäre, Holz gehackt hätte oder nackt durch einen Bach gelaufen wäre, bevor sie herkam. Die anderen Mädchen im Raum sahen neben Lyn albern aus; sie waren zu sehr herausgeputzt in feinen Kleidern oder Hosen und mit viel Modeschmuck behängt; ihre Gesichter sahen aus, als ob sie ihr Make-up in der Konditorei an der Ecke geholt hätten, wie gedeckter Apfelkuchen mit zu viel Mehl auf der Kruste.

»Bringst du mir das bei?« sagte sie. Ihre Augen waren weit und sanft, und ich begriff, sie wollte die Kampfkunst von mir lernen, aber gleichzeitig hörte ich noch etwas anderes aus dieser Frage heraus. Es war der Moment in meinem Leben, in dem ich zum ersten Mal feststellte, daß ich reif war für die Liebe. Dies war das Mädchen, von dem ich schon immer wußte, ich würde es treffen, die eine, die wissen würde, was ich weiß, die auf die gleiche Art lieben würde wie ich, die alles verstehen würde, von dem ich wußte, daß andere Männer das nicht verstanden, Frauen aber ja. Die einzige, die meine Sprache sprach, die alles in Ordnung bringen würde, die eine, die meinem Leben Sinn geben würde, weil ich bei ihr war.

Ehe ich Lyn traf, dachte ich, ich wolle allein in der Sonne stehen, nur mit mir selbst, vollkommen. Jetzt aber wollte ich mich hingeben. Ich wollte in sie hineinkriechen, die Luft atmen, die sie atmete, die Welt sehen, die sie sah.

Als Lyn und ich miteinander zu gehen begannen, hörte ich fast sofort mit der Kampfkunst auf; Ambitionen, die so wesentlich schienen, verschwanden im Schatten (obwohl sie mich in meinen Träumen noch manchmal verfolgten). Ich konnte fast nichts mehr essen, so sehr sehnte ich mich nach ihr. Stärker als die Sehnsucht spürte ich, daß ich einfach jeden Augenblick im Wachen und im Schlafen mit Lyn verbringen *mußte*. Die Zeit mit ihr war so real mit Herz und Leib, daß Phantasien immer farbloser wurden und fast verblichen. Wir brannten so lichterloh, daß wir beide abnahmen; ihr Gewicht sank von 48 auf 42 Kilo und meins auf 54 Kilo, obwohl ich nie vorher hungriger oder gesünder oder glücklicher gewesen war als zu dieser Zeit. Ich schrieb ihr jeden Tag lange Briefe. »Wenn ich nicht bei dir bin«, schrieb ich, »tut mir das Atmen weh.« Lyn plante, ans College zu gehen, Kunst als Hauptfach zu belegen und Malerin zu werden; ich beschloß, mit ihr zu gehen und kreatives Schreiben zu studieren.

Im September 1977, zu Beginn unseres ersten Semesters an der Universität von East Carolina, packte ich Kleidung für Lyn und mich ins Auto, holte sie von ihrem Mittagskurs ab und fuhr geradewegs zur Bank, wo wir alles Geld abhoben, das unsere Eltern uns für das Semester gegeben hatten. »Terry, entschuldige, daß ich heute nicht zum Kurs komme«, begann die Notiz, die ich an der Bürotür meines Literaturlehrers zurückließ. »Ich fahre mit meiner Freundin nach New York, um den Kampf Muhammad Ali gegen Earnie Shavers anzugucken. Übrigens, wir wollen auch heiraten, während wir dort sind. Bis nächste Woche. Davis.«

Ich hatte mir immer gewünscht, einen Wettkampf von Ali persönlich anzusehen. Und die Zeit dafür wurde knapp. In den späten 70er Jahren konnte Ali nur noch selten Schönheit aus seinem Knochenmark in seine Glieder schütteln. Oft lehnte er gegen die Seile und ließ weniger talentierte Boxer auf das Große Heiligtum einhämmern, uns allen zeigend, daß er der Größte Punching Bag of All Times war, daß wir Sterbliche das Kind Allahs unmöglich verletzen konnten.

In seinen letzten Jahren im Ring sagte er immer wieder: »Von jetzt an mach' ich nur noch so viel, wie ich muß, damit's reicht. Brauch' nicht zu trainieren, um ein paar Sekunden in jeder Runde zu kämpfen. Und mehr brauch' ich nicht, um die meisten zu schlagen.«

Mir schien das ein fast bewußter Todeswunsch zu sein. Das letzte Mal, daß wir solche Worte von einem Menschen des öffentlichen Lebens hörten, war in Gethsemane: »Soll ich den Kelch nicht trinken, den mir mein Vater gab?«

Lyn und ich fuhren die ganze Nacht hindurch und kamen am Morgen vor dem Wettkampf in Manhattan an. Als wir in unserem Motel eincheckten, steckte Lyn den Ehering an, den ich Monate vorher gekauft hatte. In einem Laden im Waldorf Astoria Hotel kaufte sie einen einfachen Jadering für mich. Als wir aus dem Hotel kamen, sahen wir Ali auf der Straße. Mehr als zehntausend Menschen folgten ihm, wie er zum Wiegen in den Madison Square Garden ging. Der Verkehr stoppte in alle Richtungen. Obwohl mehrere Leute in Alis Nähe größer und schwerer waren als er, sah er größer aus als alle, die ich in meinem Leben bis dahin gesehen hatte. Um ihn herum herrschte Stille. Es gab Geschiebe und

Gedränge am Rand des Menschenkreises um Ali. Lyn und ich standen auf einer Zementmauer abseits vom Getöse und sahen auf ihn herunter. Im Zentrum des Kreises herrschte Gelassenheit und Ruhe; diejenigen, die Ali am nächsten standen, waren freundlich und respektvoll.

In dieser Nacht im Garden sah ich zum ersten Mal, wie sich zwanzigtausend Menschen wie ein Organismus bewegten. Die Luft war geschwängert vom Geruch von Brezeln und Hot Dogs, Bier und Marihuana. Es war Alis letzter guter Kampf. Er wurde immer wieder von Shavers verletzt und sagte später, daß Shavers ihn schwerer getroffen habe als irgend jemand sonst. Die Schläge, mit denen Shavers Ali zeichnete, hallten so wider, daß Lyn und ich sie hörten, wobei das Geräusch fast eine volle Sekunde nach den Schlägen bei uns ankam, da wir über vierhundert Meter weit vom Ring auf dem »Olymp« der Billigplätze saßen. In Runde 15 standen wir alle, ohne uns dessen bewußt zu sein. Ich zitterte, Lyn hielt meine Hand, und tausende von uns riefen anfeuernd *Aaa-liii, Aaa-liii*, seinen Namen, wie eine magische Formel, als seine Boxhandschuhe zu zinnoberroten Linien von Leuchtspurgeschossen verschmolzen und der herausfordernd grinsende Irrlicht-Gegner sich ihm schließlich beugte.

Am nächsten Morgen, nachdem wir uns noch Alis Auslassungen in der *Today Show* im Fernsehen angesehen und aus dem Motel ausgecheckt hatten, gingen Lyn und ich, um die Eheschließung zu vollziehen. Da erst entdeckten wir, daß man darauf drei Tage warten mußte. Wir hatten unser ganzes Geld bis auf vierzig Dollar für den Wettkampf, das Motel und meinen Ehering ausgegeben. Wir konnten es uns nicht leisten zu bleiben; sie war sehr enttäuscht. Während der ganzen Fahrt zurück nach North Carolina war sie still und ließ den Kopf hängen. Als wir mit dem College begannen, wußte ich, daß dies das erste Mal war, daß sie länger als übers Wochenende von zu Hause weg war. Was ich nicht erkannt hatte, war, wie unfertig, wie jung und emotional sie noch war. Sie schien so stark – es überraschte mich, daß sie noch mehr von mir abhängig war als ich von ihr. Es war das erstemal, daß sie erlebte, wie ich versagte; ich bin sicher, sie ist darüber bis heute nicht hinweggekommen. Auch ich war enttäuscht, war mir aber gewiß, daß sie sich bald wieder fangen würde, der Schwerkraft zum Trotz; sie würde sich zu dem draufgängerischen, glücklicheren Urwaldgeschöpf entwickeln, das sie im Innersten eigentlich war.

Sie zog in meine Wohnung außerhalb des Campus, und für den Rest des Jahres konnte keiner von uns eine Anstellung finden. Wir mußten mit dem bißchen Geld auskommen, das ich durch Modellstehen für die Kunststudenten an der Universität bekam. Obwohl ich gewiß war, daß am Ende noch alles gut würde, war es für Lyn doch eine schreckliche Zeit. Ich kam oft von der Uni nach Hause und fand sie in Tränen aufgelöst, voller Sorge, was wohl ihre Eltern tun würden, wenn sie herausbekämen, daß sie ihr Geld verjubelt hatte und mit mir zusammenlebte. Am Ende ging sie von der Schule, weil sie sich das Material für die Kunstkurse nicht mehr kaufen konnte. Es verging fast ein Jahr, bis wir dachten, wir könnten es uns leisten zu heiraten. Um unsere Stromrechnung bezahlen zu können, sammelten wir an jedem Wochenende Leinen-Wäschesäcke voll mit Getränkeflaschen, die wir an den Rändern der Landstraßen zusammenklaubten. Aber nach all den Jahren denke ich, wir würden genau dasselbe wieder tun, nur um Ali in einem seiner letzten Kämpfe zu sehen.

Jetzt bringt Rahaman zwei große Schüsseln Chili und zwei enorme Scheiben Brot aus Mrs. Clays Küche. Ali und ich sitzen auf unseren Stühlen und nehmen die

Löffel zur Hand. Er beugt sein Gesicht dicht über die Schüssel, und das Essen ist weg. Keine drei Minuten hat es gedauert.

Ich esse weiter, und er plaudert locker mit mir. »Ich erinnere mich noch, wie es war, als ich zum ersten Mal auf Joe Louis und Rocky Marciano traf«, sagt er. »Sie waren meine Idole. Ich hatte ihre Kämpfe und Gesichter so oft gesehen, daß ich glaubte, sie zu kennen. Ich möchte, daß du dich wohl fühlst, und ich will dich nicht enttäuschen.

Weißt du, wie viele Millionen Menschen auf der Welt gern die Gelegenheit hätten, die du jetzt hast, wie viele Menschen gern in mein Haus kämen und den Tag gemeinsam mit mir verbrächten? Ich kämpfe seit sieben Jahren nicht mehr und bekomme doch noch über vierhundert Briefe jede Woche.«

Ich frage, woher die Menschen seine Adresse haben.

»Weiß ich nicht«, antwortet er, guckt verdutzt und schüttelt den Kopf. »Manchmal sind sie adressiert an ›Muhammad Ali, Los Angeles, California, USA‹. Ich habe überhaupt kein Haus mehr in L. A. Aber die Briefe erreichen mich doch. Wenn ich zurückzieh' nach Loovul, such' ich mir'n Ort, 'ne Kaffeestube, wo ich Kaffee und Krapfen frei verteile und die Leute einfach sitzen und quatschen, Leute aller Hautfarben, und ich geh' rum und sprech' mit ihnen. Überall habe ich meine alten Sachen und Boxerhosen und Handschuhe, zeige alte Wettkampffilme, nenn' es ›Alis Bleibe‹.«

»Ich würde es einfach ›Bei Ali‹ nennen«, sage ich, glaube zwar nicht, daß es einen solchen Fleck geben würde oder könnte, aber es macht mir Freude, seinen Traum zu teilen. »Nur ›Bei Ali‹, das reicht.«

»›Bei Ali‹?« wiederholt er, seinen Blick nach innen gerichtet.

»Die Leute wissen dann schon Bescheid«, sage ich.

Kurz darauf frage ich, ob er Videobänder seiner

Kämpfe hat. Er schüttelt den Kopf, nein. »Es ist nämlich so«, sage ich, »ich leite eine Reihe von Videoläden.«

»Du bist reich«, sagt er, zeigt auf mich und kichert, ist aber zugleich ernst.

»Nein, nein, das nicht. Ich komme gerade so aus. Was hältst du davon … wir gehen in einen meiner Läden und holen ein Band mit deinen Wettkämpfen, dann können wir es uns heute abend ansehen. Würde dir das gefallen? Kommst du mit mir mit?«

»Ich fahre«, sagt Ali.

In dem Winnebago hängt eine Monstermaske aus Gummi, und ich trage sie auf dem Weg in den Laden auf meiner Hand und drücke sie an Verkehrsampeln gegen die Scheibe. Einige Male sehen Leute die Maske und erkennen dann Ali, der beim Fahren eine Brille trägt. Wenn er sieht, daß jemand ihn anguckt, nimmt er vorsichtig die Brille ab, legt sie in den Schoß, ballt seine Hände zu Fäusten und hält sie neben seinen Kopf. Die Leute deuten auf ihn und hupen, sie winken und jubeln und schreien und lehnen sich aus den Fenstern.

Die Angestellten im Laden reagieren, als wären sie vom Schlag getroffen. Wenn ich einen Laden betrete, bitten sie gewöhnlich um Rat oder sprechen mit mir über ihre Probleme. Diesmal bleiben sie fern und starren Ali an. Wir leihen uns einen Godzilla*-Film aus, den Ali sehen will, und eine Dokumentation mit Wettkampfhöhepunkten und Interviews mit dem Titel *Ali: Fertigkeiten, Geist und Mumm*, geschrieben und unter der Regie von Jim Jacobs, dem internationalen Handballchampion und Kampfsporthistoriker. Jacobs starb kürzlich an einem degenerativen Leiden. Ali erfährt erst durch mich von seinem Tod.

* Godzilla – ein Riesenmonster aus einem japanischen Sience-fiction-Horrorfilm.

»Er war ein guter Mensch«, sagt Ali. »Wußtest du, daß Bundini tot ist?« fragt er in einem Ton, als spräche er zu einem langjährigen Freund. Ich fühle mich durch seine Vertrautheit sehr geehrt und erzähle ihm, daß ich davon gehört habe.

In dem Winnebago auf dem Weg zurück in das Haus seiner Mutter sagt er: »Du bist aufrichtig. Nach dreißig Jahren kann ich das beurteilen. Ich merk', ob so etwas aus dem Innern eines Menschen kommt.«

»Ich habe viel über Freundlichkeit von dir gelernt«, sage ich. Und: »Ich weiß, viele Leute haben versucht, dich auszunutzen.«

»Sie *haben* mich ausgenutzt. Aber das macht nix. Ich werd' dadurch nicht anders.«

Ich halte auf dem Weg in Mrs. Clays Haus wieder am Volvo an. Es gibt noch ein weiteres Bild, von dem ich hoffe, daß Ali es signiert, aber vorhin habe ich gedacht, ich könnte mich ihm zu sehr aufdrängen. Es ist ein Foto seines Kopfes in einer längst vergriffenen Biographie von Wilfrid Sheed, ein wunderbares Buch mit hunderten von Farbaufnahmen. Ich nehme die Biographie aus dem Wagen und folge Ali ins Haus.

Als wir uns gesetzt haben, gebe ich sie ihm, und er signiert das Foto auf der Titelseite. »Für Davis Miller von Muhammad Ali, dem König der Boxer«, schreibt er, »4/1/89«.

Ich will ihn schon fragen, ob es ihm etwas ausmacht, das Foto, das ich besonders mag, zu signieren, da blättert er um auf Seite zwei, signiert das Foto dort, dann das nächste und übernächste. Er signiert etwa fünfundvierzig Minuten lang weiter, schreibt Bemerkungen zu Gegnern (»Steh auf, Champ«, schreibt er neben ein klassisches Foto des geschlagenen Sonny Liston), Eltern, Elijah Muhammad (»Der Mann, der mir den Namen gab«), Howard Cosell, den Ehefrauen (»Sie machte mir das Leben zur Hölle«, kritzelt er über das Bild seiner ersten Frau), dann reicht er das Buch weiter an seine Mutter und seinen Bruder, damit sie ein Familienfoto unterschreiben. Er unterschreibt einige Fotos aus den frühen 6oer Jahren sogar mit »Cassius Clay«. Er blättert das Buch zweimal durch, schreibt Autogramme auf fast jedes Foto und macht beim Schreiben seine Bemerkungen dazu.

»Hab' das noch nie gemacht«, sagt er, »gewöhnlich signier' ich ein oder zwei Bilder.«

Wie er so Seite für Seite durchblättert, sieht er ein Foto besonders aufmerksam an und beschließt dann, dieses nicht zu signieren. Es ist ein Jugendbild von ihm gemeinsam mit der Sponsorengruppe Louisville, einer Gruppe reicher weißer Geschäftsleute, die ihn unter Vertrag hatten (und dem Hörensagen nach auch etliche reinrassige Rennpferde), bis er Moslem wurde. Er zögert auch bei einem berühmten, in einem Bankgewölbe gestellten Foto für das *Life*-Magazin 1963. Auf diesem Foto sitzt ein großäugiger, strahlender Cassius Clay auf einem Stapel von einer Million 1-Dollar-Banknoten. Ali wendet sich mir zu und sagt: »Geld bedeutet gar nix«, und blättert weiter zu einem Bild mit Malcolm X, das er unterschreibt, dann hält er seine Feder über die Unterschrift, als wolle er noch eine Anmerkung machen. Aber plötzlich klappt er das Buch zu, sieht mir in die Augen und hält mir das Buch mit beiden Händen und ausgestreckten Armen entgegen. »Ich schenke dir etwas sehr Kostbares«, sagt er und übergibt mir die Biographie, als überschriebe er mir das *Buch des Lebens*.

Ich starre das Buch in meinen offenen Händen an und fühle, daß ich etwas sagen müßte, daß ich ihm irgendwie danken sollte. Ich lege es vorsichtig auf den Tisch, schüttle leicht den Kopf, räuspere mich, finde aber keine Worte.

V

Ich entschuldige mich, gehe ins Badezimmer und verschließe die Tür hinter mir. Neben der Toilette ein Paar von Alis großen schwarzen Schuhen. Die Spitze des einen ist zerdrückt, der andere liegt auf der Seite. Als ich die Tür aufriegle, um hinauszugehen, rührt sie sich nicht. Ich kann nicht einmal die Klinke herunterdrücken. Nachdem ich es mehrmals probiert habe, klopfe ich zögernd. Aus dem anderen Zimmer schallt Gelächter. Deutlich höre ich die Stimmen von Mrs. Clay und von Rahaman. Ich ziehe einige Male ziemlich kräftig an der Tür. Nichts. Gerade als ich anfange zu glauben, daß ich dauerhaft in Odessa Clays Badezimmer festsitze, läßt sich die Tür leicht öffnen. Ich erhasche gerade noch mit einem Blick, wie Ali rechts in einem Nebenraum verschwindet, lachend und auf Zehenspitzen wie ein übergroßer, aus der Form geratener nubischer Lemure.

Ich gucke verstohlen um die Ecke. Er steht mit seinem Rücken flach an der Wand. Er sieht mich, springt aus dem Zimmer und kitzelt mich, das Lächeln eines schuldbewußten kleinen Kindes auf dem Gesicht. Im nächsten Augenblick finde ich mich in Fötushaltung auf dem Fußboden wieder; die Tränen strömen über meine Wangen, und ich kann nicht aufhören zu lachen. Dann hört er auf, mich zu kitzeln und hilft mir wieder auf die Füße. Die anderen lachen weiter. Auch Mrs. Clay lacht über das ganze runde Gesicht. Sie sieht aus wie die Mutter eines keltischen Kobolds.

»Was dachtest du, was mit der Tür los war?« fragt Rahaman. Ich sage ihm, ich hätte schon geahnt, daß es Ali sei. »Warum bist du dann so rot geworden?« will er wissen.

»Es passiert nicht jeden Tag«, antworte ich, »daß ich in Muhammad Alis Haus komme, daß er mich in seinem Badezimmer einschließt und mich dann durchkitzelt, bis ich nicht mehr kann.« Alle lachen wieder. »Ali, du bist verrückt«, meint Rahaman.

Plötzlich wird mir das Offensichtliche bewußt, nämlich, daß ich mich wieder wie ein Verehrer im Teenager-Alter benommen habe. Aber auch, daß Ali seine vielleicht höchste Gabe nicht eingebüßt hat: die Fähigkeit, Menschen über die Welt der Gedanken und Worte hinaus in die Welt des Spiels zu versetzen. Jedesmal, wenn ich bei Ali bin, wenn ich ihn im Fernsehen sehe, fühle ich mich wie ein Kind. Heute berühren mich meine Probleme überhaupt nicht. Ich sehe mir seine Familie an: Sie strahlen alle. Auch sie stehen unter Alis Bann.

Er schleppt sich mühsam ins Badezimmer, nachdem er mir geholfen hat aufzustehen. Jetzt ist Rahaman dran, er schleicht sich an die Tür und versucht, sie festzuhalten, so daß Ali nicht herauskann. Die Brüder drücken und ziehen an der Tür, und als Ali dann rauskommt, lachen und balgen sie im Zimmer herum. Ali wirft einige federweiche Punches auf Rahaman und ein paar auch auf mich.

Endlich schieben wir die Ali-Kassette in den Rekorder. Rahaman bringt uns allen eine Root-Beer-Limonade, und wir machen es uns auf dem Sofa bequem; Rahaman zu meiner Linken, Ali zu meiner Rechten und Mrs. Clay neben Ali. Die Reaktionen der Familie sind nicht viel anders als die, die Sie oder ich bei der Betrachtung alter Familienfilme oder High-School-Jahrbücher zeigen würden. Alle seufzen mit zärtlichem Gesichtsausdruck. »Oh, seht euch mal Bundini an«, sagt Mrs. Clay, und: »Eh, da ist Otis«, ruft Rahaman.

Wenn ein Filmabschnitt kommt, in dem Ali Verse aufsagt, rezitieren alle mit. »Das waren Zeiten«, sagt Rahaman einige Male, wozu Mrs. Clay in singendem Tonfall voller Nostalgie bemerkt: »Ja, das kann man wohl sagen.«

Nach einer halben Stunde geht sie aus dem Zimmer. Rahaman guckt sich noch eine Weile den Videofilm an und liefert Kommentare zu verschiedenen Personen und Ereignissen, die auf dem Bildschirm zu sehen sind. Aber dann verabschiedet auch er sich und geht schlafen. Er bringt einen Kugelschreiber und ein Stück Papier. »Schreib deinen Namen und deine Telefonnummer auf«, sagt er lächelnd, »wir kommen mal bei dir vorbei.« Als er die Tür erreicht, dreht er sich um, lacht und sagt: »Übrigens, meine Freunde nennen mich Rock.«

Ali und ich sind nun allein im Zimmer. Auf dem Bildschirm laufen Aufnahmen aus dem Jahre 1964. Zu Alis Linken steht Jim Jacobs, zu seiner Rechten Drew »Bundini« Brown. »Beide schon tot«, sagt er, und in seiner Stimme klingt das Bewußtsein der eigenen Sterblichkeit deutlich mit.

Er sieht sich noch eine Weile lang den Ali auf dem Bildschirm an, aber dann verliert er das Interesse am Betrachten der fernen Berge seiner Jugend. »Ist meine Mutter schon nach oben gegangen? Hast du was gesehen?« fragt er, wobei seine Stimme nur so weit vernehmbar ist, als spräche er mit vorgehaltener Hand.

»Ja, ich glaube, sie ist schlafen gegangen.«

Er nickt, steht auf und geht aus dem Zimmer, vermutlich, um nach ihr zu sehen. Seine Bewegungen sind schwerfällig, als er wieder hereinkommt. Mit seiner Schulter stößt er gegen die Küchentür. Er geht in die Küche und kommt wieder raus, beide Hände voller Plätzchen. Sein Mund ist mit Krümeln bedeckt. Er setzt sich neben mich auf das Sofa. Unsere Knie berühren sich. Normalerweise rücke ich weg, wenn ein Mann so nahe an mich rankommt. Er bietet mir ein paar Plätzchen an. Nachdem er gegessen hat, gähnt er gewaltig, schließt die Augen und scheint auf der Stelle einzuschlafen.

»Champ, möchtest du, daß ich gehe?« frage ich, »Bleibst du meinetwegen auf?«

Er öffnet langsam die Augen und kommt zurück auf unsere Seite des Großen Geheimnisses. Plötzlich sehen die Poren auf seinem Gesicht sehr groß aus, seine Züge sind in die Länge gezogen, verzerrt, wie die der Menschen, die El Greco gemalt hat. Er reibt sein Gesicht so, wie ich das mache, wenn ich mich eine Woche lang nicht rasiert habe.

»Nein, bleib«, sagt er. Seine Stimme ist sehr zart.

»Du würdest mir sagen, wenn ich zu lang bliebe?«

Er zögert einen Augenblick, bevor er antwortet: »Ich geh' um elf zu Bett.«

Der Fernseher läuft so leise, daß man das ebenmäßige Surren des Videobandes hören kann. »Darf ich dir eine ernsthafte Frage stellen?« frage ich. Er nickt bejahend.

»Stört es dich, daß man dich als großen Mann nicht groß sein läßt?«

»W-w-wie meinst du das, ›man läßt mich nicht groß sein‹?« mit einer Stimme, die gerade noch so den Weg aus seinem Körper zu finden vermag.

»Ich meine … laß mich mal überlegen, wie ich das sagen kann … Was ich meine, ist, die Dinge, die dir scheinbar am meisten am Herzen liegen, die Dinge, die du am liebsten machst, die Dinge, die wir alle als das Sein von Muhammad Ali sehen, gerade diese Dinge sind es, die dir weggenommen wurden. Mir scheint, es ist einfach unfair.«

»Man stellt Gott keine Fragen«, sagt er, und seine Stimme rasselt in seiner Kehle.

»Ja, ich respektiere das, aber … Ach, was soll das, Mann, es geht mich eigentlich nichts an.«

»Nein, nein, mach weiter«, sagt er.

»Nur, daß es mir einfach keine Ruhe läßt«, sage ich ihm. Ich denke dabei an die offensichtliche Ironie, daran, daß Ali immer noch seine eigene Mythologie erfindet und von ihr erfunden wird. Und daran, daß er früher leichter, vielleicht besser als alle anderen auf dieser Welt, reden konnte. (Hat jemand in der Geschichte die süßen und stacheligen Melodien der eigenen Stimme so genossen?) Daran, wie er manchmal schnell und verblüffend denkt, daß es aber sehr anstrengend für ihn ist, sogar mit solchen Menschen zu kommunizieren, die ihm nahestehen. Daran, daß er möglicherweise der beste Sportler der Welt gewesen ist – als er sich noch mit der Anmut einer Katze bewegen konnte; und jetzt stolpert er im Haus herum. Daran, wie seine linke Hand fast unentwegt zittert, genau die Hand, die einst diesen großartigen schlangenzüngigen Ali-Jab schoß – das sichtbarste Phänomen des großen Boxers –, gerade diese Hand, mit der er über 230 Kämpfe gewann, es ist *seine linke Hand,* nicht seine rechte. Und ich denke dabei daran, daß seine »Schönheit«, die eine wichtige Quelle seines Stolzes war, fast unberührt geblieben ist. Wenn Ali knapp 20 Kilo abnehmen würde, würde er bei bestimmten Lichtverhältnissen immer noch klassisch griechisch aussehen wie damals. Die scheinbare Präzision, mit der gewisse Dinge aus Alis Leben getilgt wurden, kommt mir etwas unheimlich vor.

»Ich weiß, warum das so gekommen ist«, sagt Ali. »Gott zeigt mir und zeigt *dir«* – er zeigt mit dem zitternden Zeigefinger auf mich und reißt die Augen etwas auf –, »daß ich nur ein Mensch bin, wie jeder andere.«

Danach sitzen wir lange ganz still und betrachten sein flimmerndes Bild auf dem Fernsehschirm. Jetzt befinden wir uns im Jahr 1971, und wir sehen, wie er für den ersten Frazier-Kampf trainiert. Zu jener Zeit war unsere Most Public Figure* der Schönste Mann der Welt und der größte Sportler aller Zeiten, seine kupferfar-

* Most Public Figure – sinngemäß: die »Exponierteste Persönlichkeit des Öffentlichen Lebens«.

bene Haut glühte unter den Neonlichtern, aus seinen lockeren und doch festen Fingerspitzen schossen geheime Rhythmen.

»Champ, ich glaube, es ist Zeit, daß ich gehe«, sage ich noch mal und versuche aufzustehen.

»Nein, bleib, du bist mein Mann«, sagt er und tätschelt mein Bein. So war er schon immer. Er wollte immer unter Menschen sein. Und ich betrachte diese Akkolade als eines der größten Komplimente meines Lebens.

»Ich verrate dir ein Geheimnis«, sagt er und lehnt sich zu mir herüber. »Ich werde ein Comeback machen.«

»Wie bitte?« frage ich. Ich glaube, er scherzt, jedenfalls hoffe ich es, aber etwas in seinem Ton verunsichert mich. »Das ist doch nicht dein Ernst, oder?« frage ich.

Und plötzlich ist Kraft in seiner Stimme. »Ich werde ein Comeback machen«, wiederholt er lauter und entschlossener.

»Ist das dein Ernst?«

»Das Timing ist perfekt. Die würden denken, es ist ein Wunder, stimmt's?« Er spricht in einem deutlichen, vertrauten Ton; er ist leicht zu verstehen. Es ist fast die gleiche Stimme, die ich 1975 gehört habe, als ich ihn kennenlernte. Kurzum, Ali klingt wie Ali.

»Stimmt's?« fragt er noch mal.

»Es *wäre* ein Wunder«, sage ich.

»Zuerst wird mich keiner ernst nehmen. Aber dann werde ich mein Gewicht auf knapp 97 Kilo reduzieren und einen Schaukampf im Yankee-Stadion oder irgendwo anders veranstalten, dann werden sie's glauben. Ich werde um den Titel kämpfen. Es wird aufsehenerregender als die Auferstehung Christi sein.« Er steht auf und geht in die Mitte des Raumes.

»Es wäre gut, wenn du abnehmen würdest«, sage ich.

»Sieh dir das an«, sagt er und tänzelt nach links und beobachtet sich dabei im Spiegel, der über dem Fernseher hängt. Seine blankgewienerten weißen Schuhe bewegen sich federnd auf dem Teppich; ich bewundere die Leichtigkeit, mit der er sich bewegt. Seine weiße Kleidung hebt seine Bewegungen in dem dunklen Raum hervor; das Weiß verleiht ihm einen glühenden Farbton. Er fängt an, Punches zu feuern, nicht solche, wie vorhin auf mich, sondern echt sengende Schläge. Auf dem Hof hatte ich wirklich gedacht, daß das alles sei, was er noch übrig habe. Aber das ist nur Spielerei gewesen; er wollte mich nur etwas aufheitern.

»Schau mal auf den Bildschirm. Das ist 1971, und jetzt bin ich fast genauso schnell.« Eine Sekunde, zwei Sekunden, und es flitzen zwölf Schläge durch die Luft. Ich traue meinen Augen nicht. Aber sie scheinen mich nicht zu täuschen. Der alte Ali kann es tatsächlich noch: Er kann noch immer Feuer in die Luft zaubern. Als er vor mir steht, sieht er schneller aus als der eher einem Geist ähnelnde Ali auf dem Bildschirm. Ich wünschte, ich hätte eine Videokamera, um das hier festzuhalten. Keiner würde es glauben.

»Und ich werde noch schneller sein, wenn ich abgenommen hab'«, sagt er mir.

»Jetzt hast du auch mehr Wissen«, höre ich mich sagen. Was rede ich da? Und warum?

»Glaubst du?« fragt er.

»Nun …«, sage ich. Mein Gott, das Parkinson-Syndrom wirkt sich schon auf seinen Verstand aus. Sieh dir die grauen Strähnen an, die in seinem Haar schimmern. Der Mann kann kaum laufen, um Gottes willen. Nur weil er mein Kindheitsidol war, heißt das nicht, daß ich den Bezug zur Realität verloren habe.

Und Ali läßt noch drei Dutzend Hiebe auf die Götter der Sterblichkeit los – dann einen Jab, gefolgt von einem dreifachen Haken, wobei jeder Schlag so schnell ist, daß er eine Lichtspur hinterläßt –, wirft mehrfache gerade Rechte und explodiert in einer Folge von Uppercuts, die ineinander verschwimmen, daß die Luft pfeift, seine Fäuste und Füße schwirren. Das ist seine beste Arbeit. Seine höchste Kunst; die Kombinationen, die keiner so gut beherrscht wie er. Es war kennzeichnend für seine Kämpfe, daß er einiges in Reserve hielt; was er hier vorführt, ist etwas, das er selten einsetzte oder einsetzen mußte.

»Glaubst du?« fragt er, schwer atmend, jedoch nicht viel schwerer, als ich es tun würde, wenn ich so viele echte Punches geworfen hätte, wie er es soeben getan hat.

»Man würde es dir nicht erlauben, auch wenn du es könntest«, sage ich und denke, alle machen sich zu viele Sorgen über deine Gesundheit. Alle denken, sie sehen schon den alten Sensenmann auf dich warten.

»*Glaubst* du's«, fragt er erneut.

»Ich glaub' es«, höre ich mich sagen.

Er hört auf zu tänzeln und zeigt mit dem Finger wie mit einem Zauberstab auf mich. Dann wirft er mir den Blick zu, das Lächeln, das einhunderttausend Interviews beendete. »April, April«, sagt er und setzt sich wieder neben mich. Sein Mund steht offen, und er atmet schwer. Es riecht nach Schweiß.

Einige Minuten sitzen wir in Schweigen. Ich blicke auf meine Uhr. Es ist 23.18 Uhr. Ich hatte nicht bemerkt, daß es schon so spät war. Lyn hatte ich gesagt, ich würde bis acht zu Hause sein.

»Champ, es ist besser, ich gehe. Frau und Kinder warten auf mich.«

»Okay«, sagt er kaum hörbar und gähnt, ohne die Hand vor den Mund zu halten, eben so, wie man es normalerweise im Kreise der Familie tut.

Er ist hundemüde, ich auch, aber ich will zum Abschied etwas sagen, das für ihn Bedeutung haben wird, etwas, das mich von den anderen zwei Milliarden Menschen abheben wird, die ihm begegnet sind, etwas, das sich unauslöschlich in sein Gedächtnis einprägen und einen solchen Eindruck auf sein Leben hinterlassen wird, wie er auf das meinige. Ich will die Worte sprechen, die sein Parkinson-Syndrom heilen werden.

Statt dessen sage ich: »Auf Wiedersehen bis Ostern, Champ.«

Er hustet, gibt mir die Hand und sagt: »Bleib cool und hüte dich vor den Ladies.« Er spricht die Worte derart leise, daß ich sie erst verstehe, als ich aus der Tür gehe.

Ich kann mich nicht daran erinnern, das Buch, das er signiert hat, mitgenommen zu haben, aber ich muß es mitgenommen haben, denn es liegt jetzt neben meiner Schreibmaschine. Ich kann mich nicht daran erinnern, wie ich den Hof des Grundstücks seiner Mutter über-quert habe und auch nicht, wie ich den Volvo gestartet habe. Ich kann mich aber an die Musik aus der Stereo-anlage erinnern. Das Lied hieß »The Promise of Li-ving« aus der Orchestersuite »The Tender Land« von Aaron Coplands.

* * *

Ich vergesse nicht, die vier Liter Milch mitzubringen, die ich Lyn versprochen habe. Die Tür zum Lebens-mittelladen schwingt hinter mir zu. Trotz der späten Stunde sind ziemlich viele Kunden im Laden. Ihre Be-wegungen sehen schwebenden Schatten ähnlicher als Menschen.

Ich bin nicht mehr derselbe; ich habe mich verändert. Und ich weiß es. Eine alte Empfindung packt mich, die ich fast sofort erkenne. Sie ist mit dem Gefühl vergleich-bar, das man hat, wenn man nach der ersten Liebesbe-gegnung in die Alltagswelt hinausgeht. Es ist, als ob man auf ein niedrigeres Niveau der Wirklichkeit herabsinkt und als ob man ein Geheimnis hat, das die restliche Welt nicht sehen kann. Ich werde Lyn wecken müssen, um mit ihr dieses Gefühl zu teilen.

Ich lange nach den Milchflaschen, und mein Blick

fällt auf mein Spiegelbild auf der Chromstahltheke im Laden. Auf meinem Gesicht liegt ein angedeutetes Lächeln, dessen ich mir nicht bewußt bin.

VI

Am Sonntag nachmittag fahren Lyn, unsere Tochter Johanna und ich zu Mrs. Clays Haus; wir überlassen Isaac einem Babysitter, da wir nicht riskieren möchten, daß er etwas kaputtmacht oder Alis Mutter auf die Nerven geht.

»Sie hätten ihn mitbringen sollen«, sagt Mrs. Clay zu Lyn, als wir im Wohnzimmer der Familie Platz nehmen. »Er könnte nichts anrichten, was ich nicht schon gesehen hätte. Als Ali noch ein Baby war, beugte ich mich beim Windelnwechseln über ihn. Er versetzte mir einen Tritt ins Gesicht und schlug mir dabei zwei Zähne aus.«

Ali steht vom Sofa auf, geht zu Lyn und drückt sie (sie erwidert verlegen seine Umarmung), dann drückt er mich, greift nach Johanna, die sich flink hinter mir versteckt und sich an meine Hosenbeine klammert. Ich überrede sie vorzukommen, und Ali hebt sie hoch und drückt sie gegen seine Brust.

Seine Zwillingstöchter Rasheeda und Jamillah, die an der Universität von Illinois studieren, sind während der Feiertage in der Stadt. Ali führt Johanna Zauberkunststücke vor, aber sie nimmt jede Möglichkeit wahr, sich hinter mir zu verstecken. Er argumentiert mit seinen Töchtern über die Art, wie sie sich kleiden und schminken. »Christliche Männer werden euch ansehen«, sagt er und lehnt sich dabei nach vorn und hebt den Kopf, um seinen Worten Nachdruck zu verleihen. »Ihr bringt euch dadurch nur selbst in Schwierigkeiten.«

Ob seine Töchter ahnen, daß ihr Vater dabei auch über

den Muhammad Ali der 70er Jahre spricht, nicht nur über »christliche Männer«? Die Mädchen sind groß, geschmeidig, von klassischer Schönheit und von der Welt unberührt. Und sie sind jung genug, um sich unsterblich zu wähnen.

»Daddy, du bist so altmodisch«, sagen sie unisono. Jamillah schlägt nicht gerade zärtlich auf seinen linken Bizeps, und von der anderen Seite gibt Rasheeda ihm einen flüchtigen Kuß auf die Wange und betrachtet das Thema als erledigt.

Wir essen Sandkuchen und Vanilleeis und sehen fern. Lyn und Mrs. Clay sprechen über die Festtagszeit. Lyn verspricht Alis Mutter, eine Vase mit Veilchen, gelben Narzissen und Butterblumen für sie zu malen. Ich frage Ali, ob er immer noch viel reise. »Die ganze Zeit«, sagt er. »Bin gerade in Afghanistan gewesen. Ich war dort, als Bundini starb. Fliege am Donnerstag nach Kuwait. Werde einige Tage unterwegs sein.«

Als Lyn, Johanna und ich uns auf den Heimweg vorbereiten, bittet er Rahaman, mir die Telefonnummer seiner Farm in Michigan zu geben. »Ruf mich an«, sagt er, »du bist mein Mann.«

Am Mittwoch früh schalte ich auf der Fahrt nach Lexington den Nachrichtensender ein und höre, daß Flug 422 der Kuwait Airlines, der Flug, den Ali gebucht hatte, entführt worden ist. Zwei Menschen wurden ermordet, die übrigen Passagiere befinden sich in der Gewalt der Entführer. Ich parke das Auto und rufe bei Mrs. Clay an. Sie geht ans Telefon. Sie sagt, ich solle mir keine Sorgen um ihren (und Allahs) berühmten Sohn machen. »Er ist noch hier. Seine Reise wurde gestern früh abgesagt.«

VII

Als der Wecker am Donnerstag klingelt, drehe ich mich
auf die andere Seite und sehe Lyn an. »Heute wird ein
wunderschöner Tag«, sagt der Wettermann im Radio.
»Die Höchstwerte liegen voraussichtlich bei über 35
Grad.«
Die Schatten, die die ersten Fältchen seitlich von ihren
Augen werfen, sind schon zu sehen. Ich betrachte die
Blutäderchen an ihren Schläfen und auf ihren Augen-
lidern und streiche die Haarlocken nach hinten. In mir
kommt ein Gefühl der Zärtlichkeit auf. Ihr Haar fängt
das Licht nicht mehr so ein wie früher; es ist etwas dunk-
ler und stumpfer geworden. Ihre Nase und Backenknochen treten etwas deutlicher hervor. Die Jahre machen
sich bemerkbar.
Ich schlüpfe aus dem Bett, decke sie zu und ziehe ein
T-Shirt und eine Hose an, die ich schon gestern anhatte
und an der noch das Funkrufgerät hängt. Seitdem wir
in Louisville sind, habe ich so viel zugenommen, daß
ich die Hose kaum noch zuknöpfen kann. Ich gehe runter, öffne den Küchenschrank und hole eine Plastik-
schüssel für Zerealien heraus, auf der die Karikatur
eines Bären eingeprägt ist. Dann stell' ich sie wieder
weg, weil ich lieber doch nichts essen will. Ich setze
mich an den Küchentisch, und als ich auf die Uhr sehe,
fällt mir ein, daß ich bereits unterwegs nach Lexington
sein sollte.
An der Haustür ziehe ich die abgewetzten Sport-
schuhe an, die ich zum Rasenmähen trage, und gehe
raus, um mich etwas zu recken. Ich beobachte dabei
den Wind, der durch eine Robiniengruppe auf der anderen Straßenseite fegt und den ich auf meiner Haut
spüre. Ich hebe die Morgenzeitung auf, werfe einen
Blick auf die Schlagzeilen und habe das Gefühl, sie

wären für jemand anderen geschrieben worden. Ich werfe sie auf den Haufen ungelesener Zeitungen gleich hinter dem Eingang und wundere mich, wie es kommt, daß Leute jeden Tag diesen Mist lesen. Welchen Nutzen hat das? Wie kurz ist unser Leben, und wie langsam offenbaren sich uns die Geheimnisse.

Bevor ich Ali kennenlernte, sah ich die Welt immer enger werden, dabei ist sie so groß. Eine pfirsichpralle Sonne steigt über den von Kalkstein durchzogenen Bergen auf. Der Nebel über den Baumspitzen verbreitet ein fluoreszierendes Licht. Ein in der Nacht totgefahrenes Kaninchen liegt unmittelbar vor dem Haus. Sonnenlicht prallt vom offenen Körper des zerfetzten Tieres.

Ich stehe am Straßenrand und beobachte, wie die in ihren Blechbüchsen hinter dem Lenkrad sitzenden, zurückhaltend aussehenden Menschen mit flachen Gesichtern und leeren Augen zu ihrer Neun-bis-fünf-Arbeitsstelle strömen. Nach einer Weile kehre ich um und gehe zum Fluß. Dort beobachte ich den hochsteigenden Nebel, höre das Krächzen einer Krähe im Wald am anderen Ufer, nehme ein paar Frischwassermuscheln aus dem Sand auf und beobachte und lausche auf die gegen das Ufer plätschernden Wellen.

»Ich bin total auf dem falschen Dampfer«, sage ich laut und peile einen mit zusammengepreßten Autos beladenen Lastkahn an, der stromabwärts in Richtung Mississippi tuckert. »Das ist nicht das Leben, das ich führen will.«

Der Nebel wird von der Sonne aufgelöst. Ich starre auf den Fluß, den Nebel, den Lastkahn und die Bäume, bis ich von Lyn überrascht werde, die von hinten ihre Hände um meine Taille legt. Ich drehe mich um, um sie anzusehen. »Wir sind noch jung«, sage ich, »warum hab' ich mich in der letzten Zeit so alt gefühlt?«

Sie antwortet nicht. Eigentlich habe ich auch keine Antwort erwartet. Sie steht barfuß im nassen Gras und ist mit nichts als mit einer Decke bekleidet. Jetzt, da das Bewußtsein wieder in ihr Gesicht zurückgekehrt ist, sieht sie unnahbar schön aus.

»Sind deine Füße nicht kalt?« frage ich und weiß eigentlich, daß sie kalt sein müssen; ihr Körper, jedenfalls der Teil, den ich sehen kann, ist fest wie eine Forelle, ihre Haut ist gespannt und voller Gänsehaut, wie man sie nur bekommt, wenn es einen fröstelt.

»Schon, aber es ist auch ein schönes Gefühl«, sagt sie.

»Komm zurück ins Haus und mach dir eine Tasse Tee.«

»Du weißt, was ich machen werde, stimmt's?« frage ich. Sie nickt und macht ein besorgtes Gesicht.

»Und?« sage ich.

»Ich weiß nicht, wie wir's schaffen sollen«, sagt sie, »aber vielleicht irre ich mich. Such dir einfach einen Job, falls es nicht klappt.«

Sie dreht sich um und will gehen. »Komm wieder rein«, sagt sie, noch immer besorgt dreinschauend, »dein Tee wird fertig sein, wenn du kommst.«

Ich streife die Schuhe ab und spüre das Gras unter meinen Füßen. Es ist zwar kalt, aber Lyn hat recht, es ist auch ein angenehmes und befreiendes Gefühl. Ich ziehe die Luft tief durch Nase und Mund ein, und es wird mir zum erstenmal seit Jahren bewußt, daß es nicht weh tut zu atmen. Im gleichen Augenblick, da ich das erkenne, entspanne ich mich noch mehr. Etwas in mir, tiefer als Muskeln, das härter ist als eine Faust, das sich seit langer Zeit verkrampft hat, von dem ich sogar vergessen hatte, daß es sich verkrampft hatte … plötzlich löst es sich.

»Ich muß nicht so sein, wie ihr mich haben wollt«, sagte Ali einst, und ich habe ihn verstanden. Mir wurde damals bewußt, das dies auch für mich galt.

Ich bin jetzt 37 Jahre alt, und es ist Zeit, das zu beweisen.

Ich streife die Armbanduhr vom Handgelenk ab, und

Cassius Marcellus Clay wird 1960 in Rom mit 18 Jahren Olympiasieger im Halbschwergewicht.

Muhammad Ali nach seinem Sieg über Sonny Liston 1964 in Miami Beach, Florida.

Während eines Kampfes verwickelt Ali einen Kampfrichter in einen Disput.

Muhammad Ali 1963 in typischer Pose.

*Für den Kampf gegen Mildenberger trifft Muhammad Ali 1966
mit seiner Mutter auf dem Frankfurter Flughafen ein.*

Muhammad Ali 1965 zusammen mit Jack Dempsey.

1966 in Frankfurt begegnet Ali im Hotel Joe Louis.

Porträt, 1967.

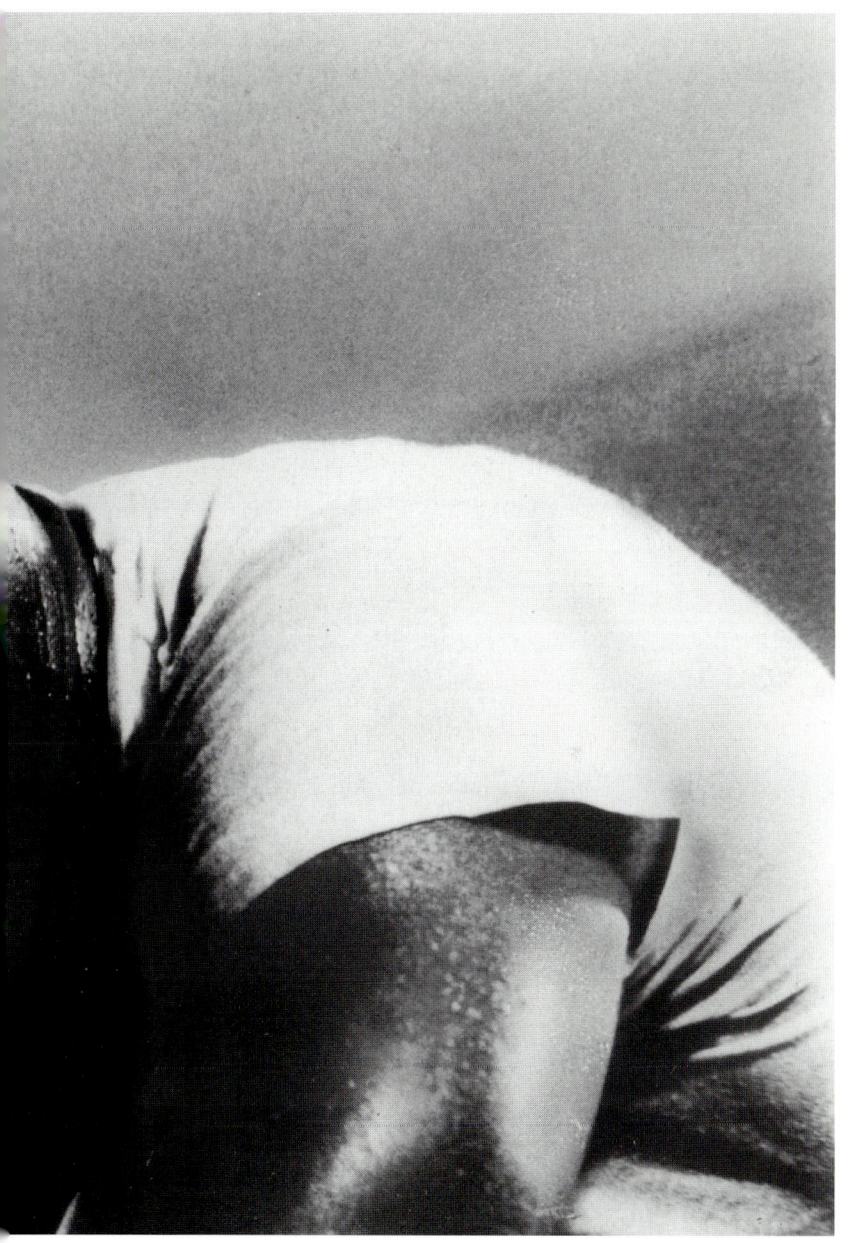

Muhammad Ali 1968 in seiner Wohnung in Chicago.

ohne sie anzusehen, werfe ich sie weit hinaus in den Fluß. Sie plumpst ins Wasser und verschwindet in zwanzig Metern Tiefe. Ich ziehe das Funkrufgerät vom Gürtel ab und werfe es so weit ich kann hinterher, ohne ihm die Chance zu geben, mich je wieder anzupiepsen. Ich stelle mir vor, wie es im Schlamm des alten, alten Flusses versinkt. Gleich neben Cassius Clays olympischer Goldmedaille, die er 1960 gewann.

VIII

Freitag früh rufe ich das Hauptbüro an und kündige. Sie bieten mir eine Abfindungssumme an, die dem Gehalt von vier Monaten entspricht (abzüglich der Kosten für das Funkrufgerät). Das gibt mir bei weitem mehr Zeit, als ich je hatte, ohne arbeiten zu müssen; ich bin ziemlich sicher, daß das genügen wird, um herauszufinden, ob ich schreiben kann.

Am Nachtkiosk hole ich eine aktuelle Ausgabe des *Esquire*, suche die Seite mit dem Impressum, wähle den Redakteur, dessen Name mich an meine Lieblingsschokolade aus der Kindheit erinnert, und rufe ihn von meinem Arbeitszimmer aus in New York an.

Der Redakteur ist am Apparat. Ich stelle mich vor, erzähle ihm meinen Werdegang, was ich schreiben möchte und warum. Nachdem wir ungefähr eine halbe Stunde gesprochen haben, sagt er: »Schreiben Sie sich Lees Durchwahl auf. Rufen Sie ihn in etwa fünfzehn Minuten an. Bis dahin habe ich mit ihm gesprochen.«

Als ich Lee anrufe, sage ich: »In Alis Leben gibt es nichts Mitleiderregendes. Er ist nicht derjenige, für den ihn die Menschen halten. Wenn man Geduld hat und ihn nicht drängt, tut und sagt er immer noch bemerkenswerte Dinge. Manchmal erweckt er sogar den Eindruck eines Sehers.«

Ich sage Lee, daß ich der Story den Titel »My Dinner with Ali« geben will. Er bietet mir 2500 Dollar für sechstausend Wörter. Das entspricht einem Gehalt von etwa fünf Wochen nach Abzug der Steuer. »Das ist eine große Chance«, sagt er. Er gibt mir zwei Monate Zeit zum Schreiben; mein Termin ist der 1. Juni.

IX

Um mich zu beruhigen und auf ernste Arbeit vorzubereiten, mache ich lange Spaziergänge im Wald und am Fluß oder schließe mich in meinem Arbeitszimmer ein, um mich der Muse zu öffnen. Obwohl ich mir vornehme, pro Tag eine Seite zu schreiben, bis die ganze Story fertig ist, fängt die Geschichte bald ihr eigenständiges Leben an. Jeden Tag, nachdem ich die Schreibmaschine ausgemacht habe, bin ich überrascht, wieviel ich geschrieben habe und wie gut es sich liest. So wie ich all die Jahre darauf gewartet habe, diese Geschichte zu schreiben, so scheint das Universum darauf gewartet zu haben, daß ich diese Geschichte schreibe.

Das Leben eines Schriftstellers gefällt mir ganz gut. Ich stehe vor Sonnenaufgang auf und arbeite ein paar Stunden, bis alle wach sind. Nach dem Frühstück fahre ich Johanna zur Schule und wieder zurück nach Hause. Es ist ein erlösendes Gefühl, sich nicht jeden Tag rasieren oder so kleiden zu müssen, wie es nach Meinung anderer angemessen ist. In der Regel trage ich beim Schreiben eine Turnhose und ein T-Shirt.

Zum erstenmal, seit ich mit dem Kickboxen aufgehört habe, bleibt mir genügend Zeit, mich auch um andere Dinge zu kümmern außer dem Job. Ich ernähre mich besser, esse ganze Berge frisches, nach asiatischer Art zubereitetes Gemüse: dicken, saftigen Brokkoli, hauchdünne Möhrenscheiben, Bambussprossen, Wasserkastanien, Chinakohl, Buchweizen. Lyn kocht auch Gerichte, die typisch sind für die Küche der Südstaaten: Gurken, Kürbis, Limabohnen, gefleckte Feldbohnen und andere Bohnenarten, Maisbrot usw., deren Düfte in die Luft steigen, das ganze Haus erfüllen und nach Himmel und Erde riechen.

Ich fange wieder an zu trainieren und betrachte Körperübungen, wie in meiner Jugend, als ein persönliches Reinigungsritual. Ich laufe jeden Tag ein paar Meilen auf einem Weg, der sich zwischen dem Wald und dem Fluß schlängelt. Während ich laufe, teile ich Fausthiebe und Fußtritte in Richtung der Zweige und Blätter aus. Nachts mache ich Liegestütze und Bauchmuskelübungen, und nach einigen Tagen beginne ich, systematisch zu Hause zu trainieren. Mein Arbeitszimmer dient zugleich als Übungsraum. Ich beginne mit drei Runden Schattenboxen und arbeite dann mit dem Springseil. Ich habe fast vergessen, wie schwer es sein kann, eine Zeitlang einen Strang Leder zu schwingen und auf und ab zu springen. Ich spüre das wabbelige Fettpolster an meinen Hüften und komme mir vor wie ein alternder Ochsenfrosch, der mit einer Feder im Maul zu fliegen versucht. Aber sehr bald schlägt das Seil nicht mehr gegen meine Waden, und ich springe im Doppelschritt mit einem Fuß vor dem anderen. Ich schwinge das Seil auch abwechselnd nach vorn und nach hinten; schreite mit gekreuzten Beinen durchs Zimmer und peitsche das Seil sogar zweimal pro Sprung unter den Füßen durch.Wenn ich springe, fühle ich mich, als ob ich nicht Kraft verausgabe, sondern Kraft gewinne. Zuerst bin ich stocksteif. Aber bald geht es los. Mein Körper wird locker, öffnet sich, entspannt sich und fängt an zu schwingen. Es ist ein gutes Gefühl, einfach zu trainieren

– lediglich um der Schönheit der Bewegung willen –, und nicht, um irgendjemand an Kopf oder Körper zu treffen oder Weltklasse-Sportler werden zu müssen. Innerhalb von zwei Wochen habe ich es auf fünf Runden Schattenboxen und vier mit dem Seil gebracht, meine Angst vor der Zukunft treibt mich an. Während ich als Kind zur Musik von Marvin Gaye, Stevie Wonder und James Brown trainiert habe, absolviere ich mein Übungsprogramm jetzt zu den Klängen von Pat Methenys Liedern aus seiner CD »First Circle«, verschiedener komplexer, bissiger und trotzdem lyrischer, unbändiger, geheimnisvoller keltischer Kampflieder, des ganzen Cosmic Cowboy Newgrass von Jerry Douglas und Bèla Fleck, den ich finden kann, zu Ausschnitten aus Aaron Coplands »Billy the Kid« und der Ouvertüre zu »Lincoln Portrait«, was beides fast so klingt, wie Copland es wahrscheinlich geschrieben hätte, wäre er mit einem Werk über Ali beauftragt worden. Zur Ausklingphase meines Trainings höre ich ziemlich wehmütige keltische Melodien und Vaughan Williams' Pastoralen. Das letzte Lied auf meiner Workout-Kassette ist *das* bekannte Lied aus alten Zeiten – Van Morrissons »Into the Mystic«.

Obwohl ich von all dem Laufen und Springen Schmerzen in den Schienbeinen bekomme (mein Gott, denke ich, das schmerzt viel zu sehr für Schienbeinmuskelkater, bis mir klar wird: Junge, ich bin 37 Jahre alt, es sind Altersbeschwerden), steigert sich mein Energiepegel – ich bin aufmerksamer und umsichtiger, bin ideenreicher, wenn ich auch sehr besorgt bin, wohin mein Lebensweg führt.

Etwa zwei Wochen nach Beginn meines Schreibens bockt meine Schreibmaschine. Wenn ich die Leertaste drücke, schlägt der nächste Buchstabe nicht an. Ich muß die Rücktaste drücken und dann den Buchstaben nochmals anschlagen. Das verlangsamt das Ganze nicht nur erheblich, sondern es unterbricht auch Denkmuster, lenkt mich ab und erstickt den Gedankenstrom. Vielleicht verhält es sich mit Alis Sprachproblem ähnlich. Für ihn muß ein Versuch, in normalen Sätzen zu sprechen, dasselbe bedeuten wie für mich eine Geschichte zu schreiben mit einem ausgedienten Farbband und Schreibmaschinentasten, die nicht mehr richtig funktionieren. Die Worte entschwinden, und das Tao ist blockiert. Es ist erstaunlich, daß ihn das scheinbar nicht frustriert.

Jeden Abend liest Lyn im Bett, was ich geschrieben habe. »Es ist gut«, sagt sie, »aber ich weiß nicht so recht … Ich habe kein gutes Gefühl – vielleicht wird es niemals veröffentlicht.«

Lyns Intuition hat sich schon oft bestätigt, und deshalb nehme ich es immer ernst, wenn sie mir sagt, was sie fühlt. Aber auch meinen Instinkt habe ich schon oft erfolgreich befragt (beziehungsweise mein Instinkt meldet sich bei mir …). Und dieses Mal muß ich tun, was ich für richtig halte.

Ich sage ihr, daß ich sie für verrückt halte; die Geschichte sei viel zu gut, als daß sie nicht gehen würde. »Ich werde mal der größte Schriftsteller aller Zeiten sein«, sage ich, aber das meine ich eher schwärmerisch als ernst; ich mache diese Bemerkung mit einem protzigen Grinsen und einem Augenzwinkern.

Einen groben Entwurf beende ich in drei Wochen und verbringe weitere vier Tage mit der Feinarbeit, dann bin ich sicher, daß ich alles gesagt habe, was ich wollte und daß ich es so gut ausgedrückt habe, wie es mir möglich ist.

1. Mai. Ich schwöre, meine Hände zittern beim Lesen der Geschichte – noch ein letztes Mal. Ich fahre mit dem Auto zur Post, stecke den Umschlag in den Postkasten und schicke damit alles einen ganzen Monat vorfristig nach New York.

X

In der Woche darauf, während ich auf die Antwort vom *Esquire* warte, formuliere ich meinen allerersten Lebenslauf (Studien über Ali, Kickboxen und Erfahrungen in Sachen Videothek helfen nicht viel in der Wirtschaftswelt Amerikas) und lese die Stellenanzeigen des Louisville *Courier-Journal*. Ich kreuze einige Verkaufs-Jobs an, von denen einer wie der andere so attraktiv zu sein scheint wie eine einfache Fahrt nach Riker's Island*.

Seit ich Ali vor einem Monat näher kennenlernte und er mir seine Telefonnummer gab, habe ich nicht angerufen, denn ich wollte ihn nicht belästigen; ich fühlte mich schon allein deshalb aufdringlich, weil ich seine Nummer hatte. Immerhin bin ich kein naher Freund, hunderttausende kennen Ali besser als ich. Und wie er selbst sagt, ist seine Freundlichkeit von unzähligen Menschen auf vielerlei Weise ausgenutzt worden. Es ist Mittwoch, und mein Redakteur hat sich immer noch nicht gemeldet, und ich bin so nervös, daß ich mir eine Beschäftigung suche. Ich gehe in den Keller, wühle mich durch das Zeug, das wir seit unserem Umzug von North Carolina hierher noch nicht ausgepackt haben, und finde zwei große Kisten mit Zeitungen und Illustrierten über Ali, die ich von Ort zu Ort mitgenommen habe, elfmal in zehn Jahren. Ich bringe die Kisten nach oben und nehme jedes vergilbte Stück in die Hand: hunderte von Artikeln seit Dezember 1963 bis zur Gegenwart. Ich gehe diese Geschichten durch und sehe mir die alten Fotos an, und ich muß unwillkürlich daran denken, daß die scheinbar endlose Energie des jungen Ali keinen daran denken ließ, daß er einmal alt werden

---

* Riker's Island – Inselgefängnis auf dem East River vor New York.

könnte. Und wie er jetzt in vielerlei Hinsicht viel älter wirkt als jeder andere in seinem Alter.

Und doch bemitleide ich ihn nicht. Muhammad Ali ist nicht der erste Prominente, der für oder wegen seines Berufs und Glaubens leiden muß. Das erste, was einem auffällt, wenn man mit ihm zusammen ist, ist die Tatsache, daß man sehr schnell vergißt, daß er krank ist. Ali benimmt sich in keiner Weise wie ein Behinderter, und man erkennt sehr schnell, daß er es auch nicht ist. Alis Leben ist immer noch interessanter als das Leben irgend eines anderen Menschen. Es erscheint uns nur unausgefüllt, wenn wir auf ihn herabsehen, und wenn wir nicht erkennen, daß sein Leiden und seine Ausstrahlung im Schweigen seine Legende vergrößern und sein Leben nur interessanter machen … Das meiste, das über Ali geschrieben (und gesprochen) wird – nicht nur heute (über seine Gesundheit), sondern all die Jahrzehnte lang –, hat dazu geführt, daß man ihn zu Unrecht eingegrenzt und ihn und sein Leben kleiner gemacht hat, als sie sind.

»Ich muß nicht so sein, wie ihr mich haben wollt.« Eines der Hauptthemen in Alis Leben ist die Tatsache, daß er nicht in die begrenzten Vorstellungen, die wir uns von ihm machen, paßt und nicht genau eingeordnet werden kann. Sein Leben und seine Haltung lassen sich nicht in eine feste Form pressen.

Während ich diese Kisten zerfallenden Materials durchgehe, lege ich mir nicht mehr als zehn Stücke beiseite, an denen ich hänge: das Programm und die Kontrollabschnitte der Eintrittskarte, als Lyn und ich nach dem Shavers-Kampf versucht hatten zu heiraten, einige Poster und Illustrierten und eine Aufnahme von dem klassischen Ken-Regan-Kopfschlag von 1970, bei dem perlender Schweiß über Alis Gesicht lief, als ob man kaltes Wasser auf eine heiße Kupferpfanne gösse.

Ich lege das kleine Bündel vorsichtig in das unterste

Fach meines Schreibtisches, schließe die Kisten wieder und rufe Rahaman an, um ihn zu fragen, ob ich auf einige Minuten bei ihm vorbeikommen könne.

Rock kommt aus Mrs. Clays Haus zum Auto heraus und hilft mir, die beiden schweren Kisten zum Haus hochzutragen. Wir sitzen auf dem Sofa, und ich zeige ihm einige Stücke: Zeitungs- und Magazin-Ausschnitte über die Liston-Kämpfe, Alis Bekehrung zum Islam, die Verhaftung wegen Wehrdienstverweigerung, den heldenhaften Kampf gegen Frazier und die Rücknahme der Strafe für Wehrdienstverweigerung durch das Oberste Bundesgericht, wie Ali in Zaire seinen Wudu-Zauber auf Foreman wirken läßt, den Thrilla in Manila, die Lektion im Boxen, die er Spinks in ihrem zweiten Kampf erteilt, und einen Bericht jüngeren Datums darüber, wie Ali einem Selbstmörder, der vom Fenstersims eines Hochhauses in Los Angeles springen wollte, das Leben rettete. »Spring! Spring!« rief die Menge im Sprechchor, als Ali in die Straße kam. Ali ging zu dem Mann hin, lehnte sich aus dem Fenster und brachte den Mann durch Reden zurück ins Zimmer, indem er ihm versprach, ihm zu helfen. Er kaufte dem Mann Kleidung, gab ihm Geld für eine Therapie und half ihm, eine Arbeit zu finden. Rahaman fragt, ob man von dem Foto in der *Newsweek* von Ali, ihm und ihrem Vater mit Gerald Ford im Weißen Haus eine Vergrößerung machen könne. Ich sage ihm, daß ich es versuchen würde.

»Hab' noch niemals eine solche Sammlung gesehen«, sagt Rock. »Nicht so eine große.«

Er steht vom Sofa auf und geht zu einem Schrank. Mit einer langen Papprolle kommt er zurück. »Hier sind meine Bilder«, sagt er, und zieht ein Metallsiegel vom Ende der Rolle ab. »Es sind Bilder meines Bruders.«

Er rollt eine Leinwand nach der anderen aus. Durch Alter und Abnutzung sind sie brüchig geworden; manche weisen Wasserschäden auf, einige aber sind gut erhalten. Er hat einen starken Sinn für Farbe und Form, und das sage ich ihm auch.

»Das ist gar nichts im Vergleich zu meinem Vater«, sagt er. Ich sage, daß ich gehört hätte, sein Vater sei ein richtiger Maler. »Oh, Mann, mein Vater malt wunderschööön«, sagt Rahaman und dehnt dabei den Laut »ö« wie ein Gummiband. »Schööön«, wiederholt er und richtet den Kopf himmelwärts, als ob er zu einem Publikum in den Wolken spräche. »Ich werde immer ein Nichts gegen Cash sein.« Ich sage Rock, daß ich nach Hause muß. »Ich helfe dir mit deinen Kisten«, sagt er. »Sie gehören jetzt dir«, sage ich. »Ich wollte sie jemandem geben, der sich darum kümmert. Es ist zu schade, daß es kein Museum gibt, dem man sie schenken könnte.«

»Vielleicht wird's mal eins geben«, sagt Rahaman. »Ein Kumpel versucht in Louisville ein Museum für den Boxsport ins Leben zu rufen. Ali kommt an diesem Wochenende in die Stadt, um zu helfen. Wir treffen uns alle in einer Turnhalle in der Innenstadt. Warum kommst Du nicht auch?«

***

Am Sonnabend nachmittag gegen ein Uhr dreißig fahre ich mit dem Auto – lediglich mit einer Straßen-Nummer und einer ungefähren Vorstellung von der Lage des Gebäudes im Kopf – ein paarmal vorbei. Zuerst überschaue ich alles, dann sage ich: »Na, das kann es nicht sein«, vielleicht die kleine Hütte da drüben, nahe am Fluß – aber außer einigen verlassenen Lagerhallen mit zerschlagenen Fenstern und einigen windzerfetzten Zwergkiefern – nichts; – oder der heruntergekommene Schuppen da drüben mit dem zerfurchten und schmutzigen Parkplatz und dem Fischmarkt dahinter, vielleicht ist das die Turnhalle? Ja, das ist sie! Bei meiner dritten Runde fährt eine schwarze Cadillac-Limousine auf den Parkplatz, und Alis Vater, Cassius Marcellus Clay, Senior, steigt aus.

An dem zerfallenen Betonkasten baumelt quietschend lediglich ein Werbeschild für Royal Crown Cola aus rostigem Metall, das einmal rot, weiß und blau war. Die Fenster sind mit Sperrholzplatten verdeckt. Links neben der Tür verkündet eine Aufschrift in neongrüner Sprayfarbe: »Buh! Hier spukt's gewaltig!« Wenn Ali das beim Betreten der Halle sieht, wird er sich sicher darüber amüsieren. Ich kann mir vorstellen, daß er eine Grimasse mit offenem Mund ziehen würde. »Spuk? Ich zeige euch, was richtiger Spuk ist!« würde er rufen.

Als ich die Tür öffne, fällt mir in dem langgestreckten, grell beleuchteten Raum als erstes der abgestandene Geruch auf – ölig und süßlich nach abgewetztem Leder, altem Schweiß und oft benutztem Einreibmittel. In der rechten Ecke befindet sich ein kleiner abgenutzter Ring mit blauen Seilen, dessen großporige Leinwand einmal gebleicht war, aber jetzt mit Körpersalzen, Blut und Balsampartikeln gefärbt ist. Fast am Ende des Raums hängt ein schwerer Sandsack, dessen dicker, schwarzer Lederbezug aufgeschlitzt und fast heruntergerissen ist. Sünder haben diesen Sandsack wahrhaftig »erleichtert« verlassen.

Heute ist dieses Gebäude jedoch kein Tempel für den Körper mehr; kein Aufenthaltsort für verrückte kriegerische Mönche in Gemeinschaft mit den Göttern der Gewalt; die jetzige Stimmung ist festlich und feierlich: An den Eckpfosten des Rings hängen rote, gelbe, blaue und orangefarbene Luftballons; in der ganzen Halle sind Krepp-Papier-Girlanden gespannt worden. Auf einem langen Klapptisch ungefähr in der Mitte der Halle befinden sich drei in Scheiben geschnittene Wassermelonen und ein Punsch-Gefäß, gefüllt mit einem dickflüssigen rosa Fruchtgetränk. Es sind zirka 75 laut redende Personen anwesend – Männer, Frauen, Kinder –, einige in ihren besten Sonntagssachen, andere in T-Shirts und Jeans. Ein 8-mm-Filmprojektor, links vom Ring plaziert, rotiert und klappert und wirft sepiabraunfarbene Bilder auf eine freie Fläche der bröckligen Gipswand: Filme von Cassius Clay als Teenager – wie er Seil springt und einen schweren Sandsack und eine schnelle Birne bearbeitet.

Zwei alte Boxtrainer sitzen neben dem Projektor auf Holzstühlen mit Korbgeflecht, jeder an einer Ecke, verwurzelt, gekrümmt, geheimnisvoll und verschlossen wie Bonsai-Bäume. Alis Freund aus der Kindheit und früherer Meister im Schwergewicht, Jimmy Ellis, steht rechter Hand vom Ring, neben einem der Trainer; er hat seine große Hand liebevoll auf die Schulter des alten Mannes gelegt. Ellis hat neuerdings eine Brille mit dunklen Gläsern auf, seit er nach dem letzten Kampf auf dem linken Auge erblindet ist. Alis Vater hat den Platz neben Ellis eingenommen. Mit einer Größe von etwa 1,78m sieht Cassius Clay wie eine Miniaturausgabe und viel weniger gefällige Version von Rahaman aus. In seiner Jugend hatte Cash eine geheimnisvolle, nette Spitzbübigkeit; in seinen Siebzigern ist er nun gebeugt und sehr dünn, und seine Augen sind trüb. Cash singt leise, auf Vegas-Art, mit einer Stimme, die nach Staub und abgebrannter Holzkohle klingt, für jeden, der es hören möchte, »For the Good Times« – im Augenblick für einen hochgewachsenen weißen Mann, der wie der Spielleiter einer Fernsehshow oder ein Politiker aussieht und mit einer Videokamera durch den Raum geht, beziehungsweise von einer Videokamera durch den Raum geführt wird …

Ali sitzt auf einem Metallklappstuhl neben Cash, scheint seinen Vater zu ignorieren und sieht so teilnahmslos drein wie ein Neuntklässler im Algebra-Unterricht einen Tag vor den Frühjahrsferien. Rahaman befindet sich rechts von Ali und hält einen durchsichtigen Plastikbecher mit Punsch in der Hand; auf seinem Gesicht ein Grinsen – so groß und albern wie das des Mannes mit der Videokamera, nur daß Rahamans Gesicht natürlich anders ist; denn es hat nichts von der funkelnden alten Südstaaten-Gehässigkeit dieses Crakkers, der zu sagen scheint: »Ist es zu glauben, was diese verrückten Nigger machen?«

»Das ist langweilig«, ruft Ali plötzlich und steht auf. Sofort gilt ihm die Aufmerksamkeit aller im Raum. Er ist wie eine Art Gesandter in geheimer Mission gekleidet, in einer Art, die in puncto Mode über den Dingen steht, von unauffälliger, fast zeitloser Eleganz: maßgeschneiderter blauer Nadelstreifen-Anzug, leicht gestärktes weißes Hemd, gemusterte Seidenkrawatte in Königsrot, blank geputzte schwarze Schuhe. In seinem ganzen öffentlichen Leben hat selbst Alis Frisur die Mode hinter sich gelassen; sein Haar ist weder kurz noch lang; es spiegelt perfekt seine Eigenschaften wider; solange es Frisuren geben wird, wird seine als stilvoll gelten.

Ali geht zu der Person, die ihm am nächsten ist, ein beleibter, rothaariger, forsch auftretender Herr vom Lande in einem Hawaii-Hemd. »Hast du mich ›Nigger‹ genannt?« schreit er ihn an.

Der Adressat der Beschuldigung springt verdutzt und eingeschüchtert zurück, dann lacht er verlegen. »Ich mach' nur Spaß«, sagt Ali und sieht linkisch und sehr jung aus. Er bietet dem Mann seine Hand, dann wirbelt er fort, um sich den nächsten zu suchen, den er so veralbern kann.

Schon nach ein paar Sekunden teilt er spielerisch und clownhaft Schläge nach verschiedenen Leuten aus, die in seiner Nähe sind. Obwohl er auf Spielen eingestellt ist, kommen seine Bewegungen recht locker und schnell genug.

»Hast du früher mal geboxt?« flüstert er respektvoll einem Zwerg mittleren Alters zu, der eine Sonnenbrille trägt und eine Baseball-Mütze mit der Aufschrift »ELVIS FOREVER« aufhat.

Dutzende Menschen warten darauf, mit Ali Schläge austauschen zu dürfen. Er tut so, als ob er von einem Mädchen, das knapp 75 Pfund wiegt und goldene, kissengroße Boxhandschuhe trägt, die er gerade für sie signiert hat, niedergeschlagen wird. Als er sich vom Boden erhebt, dreht er sich um und sieht mich, und nachdem er dem Mädchen einen Kuß auf die Wange gegeben hat, kommt er herüber und gibt mir die Hand. »Ich wußte nicht, daß du hier bist«, sagt er in einem bewußt unschuldigen Ton. »Du überraschst mich.« Dabei bin ich es, der überrascht ist. Angesichts Ellis', seines Vaters, Rahamans, der alten Trainer und der vielen Menschen im Raum, die seinen Weg schon lange begleiten, bin ich zutiefst erstaunt, weniger darüber, daß er mir Beachtung schenkt, als daß er überhaupt weiß, wer ich bin. »Ich wollte zu dir«, sage ich.

Wie auf seinem Grundstück an dem Tag, als wir uns trafen, richtet er seine Augen auf mich und legt seine Hand an seinen Kopf. Ich tänzele genauso nach links, wie ich es von ihm vor 25 Jahren gelernt habe.

»Da hast du ja einen Aufgeweckten gefunden«, wird Ali von jemandem zugerufen. »Ich könnte dein Daddy sein,« sagt Ali zu mir, »wenn ich ein Weißer wäre.«

Ali und ich gleiten und bewegen uns zirka 45 Sekunden lang über den alten Holzfußboden. Wie schon einmal scheint er von meiner Geschwindigkeit und von meinem Stil etwas überrascht. Als er versucht, auf mich loszugehen, fange ich den Schlag ab. »Du magst keine Schwarzen, stimmt's?« ruft er. Ich muß lächeln. Ich bin zufrieden.

Er zeigt auf einen großen blonden Jugendlichen, ein Schwergewicht, der ein grünes Polohemd trägt und wie ein Verbindungstyp aussieht. Der Junge kommt herüber und fragt ihn um Rat:»Wie kommt man am besten zu einem Manager?« sagt er. »Was muß ich tun, um Profi zu werden?«

Alis Antwort besteht darin, dem Jungen einen kurzen Schlag ans Kinn zu versetzen. Der Junge ist nur einen Augenblick lang außer Gefecht gesetzt. Ali versetzt ihm einen zweiten Schlag, dann winkt er den Jungen mit beiden Händen heran. Der Junge zögert einen Augenblick, dann setzt er langsame, vorsichtige Schläge an und weicht automatisch, jedoch gut aus, als Ali zurückschlägt.

»Mach den Shuffle*, Meister«, rufe ich. Für zwei Sekunden ist er wieder einmal ein Tänzer nach versteckten Rhythmen: Seine blankgewienerten Schuhe verwischen sich mit dem ihm eigenen Tanzschritt.

Nach zirka dreißig Sekunden Herumtänzeln mit dem College-Jungen geht Ali auf den Ring zu und zieht sein Jackett aus. Ich bin sicher, daß er Spaß macht, aber er nimmt ein Paar lakritzfarbene Everlast-Boxhandschuhe und geht damit zum Ringrand.

Als er durch die Seile klettert, entledigt er sich seiner Krawatte, und schnell sind die 16-Unzen-Lederbandagen über seine Handgelenke gestreift. »Ich mache fünf Runden«, ruft er den Leuten zu, die sich um den Ring versammeln. Die Lautstärke seiner Stimme hat sich gesteigert. Der Ton kommt nicht mehr aus der Kehle, die Wörter klingen abgerundet.

»Ich werde dir mal zeigen, worum es geht«, sagt er zu seinem lächelnden Gegner, dann dreht er sich herum und kann kaum selbst das Lachen unterdrücken. In seiner Ecke zieht der große grinsende Cracker mit der Videokamera Alis Hemd aus dessen Hose, der obere Knopf

---

* shuffle – mit schleifenden und schlurfenden Schritten tänzeln, sich hin- und herbewegen.

bleibt zu. Jemand ruft von irgendwoher »Gong«, und schon geht es tatsächlich los – wahrscheinlich ist es das allerletzte Mal überhaupt, daß der kranke und alte Muhammad Ali tatsächlich boxt.

Langsam kriecht eine riesengroße Schweißperle meinen Rücken hinunter. Obwohl ich einerseits nicht zusehen möchte und mich fast schäme, Zeuge des Kampfes zu sein, möchte ich doch gern wissen, ob er es immer noch schafft.

In den ersten dreißig Sekunden möchte ich am liebsten bei jedem Schlag zusammenzucken. Ali scheint nicht in Form zu kommen; sein Gleichgewicht sieht nicht gut aus. Er schleudert schnell erscheinende Schläge, aber jeder Schlag geht fehl. Ich denke, daß sich der Verbindungs-Junge zurückhält, um unsere kranke Legende nicht zu verletzen.

Plötzlich, zirka eine Minute nach Rundenbeginn, läßt der Meister seine Handschuhe sinken, gibt sein Kinn frei, und als sein Gegner versucht, ihn mit Schlägen zu treffen, nimmt er seinen Kopf zurück und dreht ihn weg, genauso wie der Ali, den wir in Erinnerung haben, so daß er den Gegner dazu bringt, ihn um weniger als zwei Zentimeter zu verfehlen. Ich höre, wie ich »Ooh« sage, und spüre, wie ich auf der Stelle erleichtert bin.

Zu Beginn der Runde zwei ist Alis Gesicht konzentriert, fixiert, ernst. »Keine Ausflüchte«, sagt er zu sich selbst.

Der Junge schlägt hart zu, er möchte wahrscheinlich einen richtigen Kampf daraus machen. Er hämmert mit harten Schlägen auf Alis Kinn und Brust. Ali deckt ab. »Immer weiter bewegen«, sagt er, »immer weiter schlagen.«

Der College-Junge macht einen Schritt vor, um einen weiteren Schlag anzusetzen, und Ali trifft ihn mit einem zeitlich perfekt berechneten Gegenschlag, der so süß wie ein Bissen vom letzten Herbstapfel ist. Der Kopf des

Jungen wird von der Wucht des Schlags um neunzig Grad herumgedreht. Es ist eine sehr ausgefeilte Technik. Der Schlag war nicht dazu gedacht, die Zuschauer zu beeindrucken; fast keiner im Raum sieht, daß der Junge benommen ist. 15 Sekunden später erschüttert Ali den Jungen mit einer rechten Geraden bis in die Beine. »Verletz' ihn nicht«, ruft Rahaman, aber es ist unnötig; der Champ hat schon damit aufgehört, sein Spiel mit ihm zu treiben.

Der Junge zieht sich zurück und hat dabei für kurze Zeit einen Gesichtsausdruck wie jemand, der gerade erfahren hat, daß er sterblich ist. Ali boxt bis zum Ende der Runde auf einem Niveau, das nur wenig über dem des Leistungsvermögens des Jungen liegt (obwohl der Junge dies wahrscheinlich nicht bemerkt). Als nur noch zwanzig Sekunden verbleiben, läßt er eine Serie von acht Schlägen auf seinen Gegner prasseln und eine scharfe Rechte. All das dient dazu, den Gegner nur oberflächlich zu berühren, sich selbst aber zu bestätigen, daß er noch immer Ali ist.

Der Altmeister kämpft noch drei weitere Runden mit weniger fähigen Studenten als dem Verbindungs-Jungen (er jagt einen rundlichen Jungen, der eine Brille trägt, im Ring herum und versohlt ihm den Hosenboden, statt ihm ins Gesicht oder auf seinen wabbeligen Körper zu schlagen), dann klettert er unbeholfen aus dem Ring und fällt sogleich wieder in seinen Urgroßvater-Gang.

Ich setze mich mit ihm auf den Ringrand. »W-w-was habe ich für ein Bild abgegeben?« fragt er. Er muß die Frage zweimal wiederholen, bevor ich ihn verstehe. Warum fragt er ausgerechnet mich? Ich kann mich nur wundern. Seine beiden Arme zittern, ebenso sein Kopf. »H-h-habe ich dich überrascht?«

Ich muß es ihm nochmals zugestehen. Er lacht sich ins Fäustchen und nickt, zufrieden mit sich, daß alles beim alten ist.

Mühsam schleppt er sich rüber zum Tisch, auf dem die Erfrischungen stehen, und sucht nach etwas zu trinken. Der Punsch ist alle. Er schneidet sich ein Stück Wassermelone ab – dabei tropft Saft durch seine Finger – und stopft sie in den Mund, er nimmt die ganze Melone, dreht sie um und läßt den Saft langsam in einen Becher tropfen, den er bis zur Neige leert.

Dann zieht er sich sein Jackett über und braucht vor einem großen Spiegel, der für das Schattenboxen gebraucht wird, ungefähr fünf Minuten, um seine Finger dazu zu bringen, seine Krawatte zu binden. Dabei verliert er nicht die Geduld. Als wir aus der Turnhalle kommen, ist es leicht neblig. Der Gehweg ist leer. An der Bordsteinkante steht ein nasser, glänzend blauer Chevy*-Kleinlaster mit einem Campingaufsatz auf der Ladefläche. Ein älterer schwarzer Herr steht an den Laster gelehnt. Er hat einen Strohhut auf und hält einen Regenschirm. Ali geht steif, ruhig und mit großer Würde zu dem Chevy. Es macht ihm ein bißchen Mühe, auf seinen Sitz auf der Beifahrerseite zu kommen. Ich schließe seine Tür. Er winkt mir zu.

»Bleib cool«, sagt er. Ich warte ab, bis er den Rest seines Schlagworts sagt. Aber er überrascht mich erneut. »Bleib so pfiffig«, sagt er.

Mit einer blauen Rauchfahne, die in der Luft flimmert, fährt der Kleinlaster ab. Das letzte, das ich bemerke, als er im Nieselregen verschwindet, ist der Markenname, der in großen weißen Buchstaben auf dem hinteren Fenster des Campingaufsatzes steht. Die Buchstaben lauten: BRAHMA.

---

* Chevy – Chevrolet.

TEIL 2

»Into the Mystic«

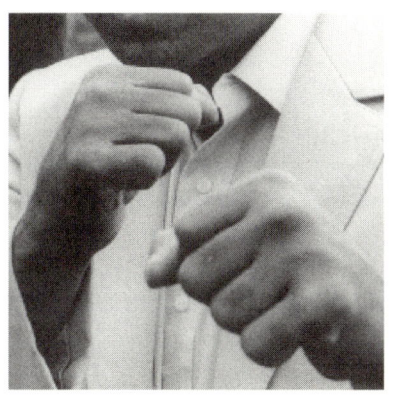

XI

16. Juli, Sonntagmorgen. Ein Nebelhorn reißt mich aus dem Schlaf, und ich höre, wie sich ein Schleppkahn stromaufwärts in Richtung Cincinnati kämpft. Lyn ist unten; der Kaffeegeruch ist stark, und ich höre Geschirr klappern. Ich liege in meinem Bett, spüre die Sonne auf meiner Haut, denke über meinen Lebenskreis nach und fühle mich enger eingebunden, als ich mich erinnern kann, es je gespürt zu haben, oder, genauer gesagt, ich bin mir der Verbundenheit bewußter. Als Kind wollte ich immer zu jemandem gehören. Und jetzt weiß ich, daß es so ist und daß ich alles habe. Wie könnte es auch anders sein, und wie könnte es je für irgendjemand anderen anders sein?

Einheit allen Seins. Wäre ich nicht in all den vergangenen Jahren überzeugt davon gewesen, daß Schreiben das Beste für mich ist, und wäre ich nicht fast verzweifelt in diesem Streben – dann würde ich einer Ganztagsbeschäftigung nachgehen, und Lyn hätte mich nicht verlassen, und ich wäre nicht zurück nach Winston-Salem gezogen und hätte einen Laden für die einzige Videotheken-Kette im Land geleitet, die mich von North Carolina nach Louisville bringen konnte – dann wäre ich natürlich auch nicht mit Ali zusammengetroffen, auf eine Weise, die so unausweichlich gewesen zu sein scheint (ganz zu schweigen von der ganzen Geschichte um den Tod meiner Mutter und meiner Wachstumshemmung und der Tatsache, daß ich das kleinste Kind in der Schule war und besessen vom Kämpfen und all das).

Unausweichlichkeit. Wenn Ali kein Boxer gewesen wäre, und wenn er nicht immer der Beste in allem, was er tat, gewesen wäre, wenn er nicht das Bedürfnis verspürt hätte, etwas zu tun, was von Dauer ist, was ihm einen Platz in der Geschichte einräumen würde, hätte seine Karriere nicht annähernd so lange gedauert – unglücklicherweise zuungunsten der besten Generation von Schwergewichtlern, die es je gab –, und seine Gesundheit und sein Leben wären jetzt … naja, Sie sehen schon, er wäre nicht Ali, der Geheimnisvolle, Ali, die flüsternde Muse. Die Verbindungen scheinen nicht minder wichtig als die Gabe, durch Zufall glückliche und unerwartete Entdeckungen zu machen.

Aber wer ist denn hier der Geheimnisvolle, Ali oder ich? Es gehört letztendlich zu der Reise eines Schriftstellers, sich in Träumen zu baden und im Wind und im Blitz. Zumindest ist es für mich, den strebenden Schriftsteller, ein großer Teil der Reise. Projiziere ich meine Vorstellung und das, was ich bin, auf Ali?

»Du kannst nur das sehen, was dich deine Augen sehen lassen«, hat Ali vor vielen Jahren zu Joe Frazier gesagt.

Aus seiner Bemerkung habe ich die Möglichkeit der Transzendenz herausgehört – eines Lebens über das Irdische hinaus – und auch den Hinweis, daß das scheinbar Alltägliche gar nicht so selbstverständlich ist, es kommt nur darauf an, von welchem Standpunkt aus man es betrachtet.

Vielleicht sind überall Geheimnisse. Viele Kinder der 60er und der 70er Jahre (Ali war eines davon, und ich auch) sind diesen Geheimnissen jahrelang auf der Spur gewesen. Tatsächlich machen Träumereien einen großen Teil dessen aus, was diese Jahrzehnte für viele von uns bedeutet haben. Seither verherrlichen wir das Mystische in der Musik, die wir hören, in der Kleidung, die wir tragen, in der Nahrung, die wir essen, in der Kunst, die wir bevorzugen, und in den Büchern, die wir lesen. So gesehen, ist unsere Generation eine Generation der Mystik. Es ist jedoch schwer, angesichts der Realitäten dieses Morgens solchem nachdenklichen Zauber nachzuhängen. Während ich im Bett entrückten Gedankengängen folge, schreit Isaac. Alle paar Minuten ebbte die Lautstärke seiner Stimme ab, und ich denke, er wird nun aufhören, aber dann dreht er wieder auf, daß die Luft erzittert, und es klingt ganz verzweifelt.

Vielleicht macht ihm die Hitze zu schaffen. Da kann man nichts machen. Dieser Sommer ist nachgewiesenermaßen der heißeste, den wir je hatten. Einen Monat lang waren es fast jeden Tag 35°C oder mehr. Seit Anfang Mai hatten wir keinen Tropfen Regen, und es sieht so aus, als ob wir niemals wieder Wolken zu sehen bekommen werden. Teiche und Seen trocknen langsam aus, und der Fluß hat den niedrigsten Stand seit fünfzig Jahren erreicht. Die Morgenluft, zu dieser Jahreszeit kühl und mild, wird mit jedem Tag schwerer und bedrohlicher.

Ich wünschte nur, ich könnte behaupten, daß das Wetter die einzige Belastung in unserem Leben sei. Am Dienstag nachmittag vor zwei Wochen hatte ich das zweite Vorstellungsgespräch für eine Stellung als Verkäufer bei einer großen pharmazeutischen Firma. Ich war an der Stelle sehr interessiert (das Gehalt war gut, und ich würde ein Firmenauto erhalten), bis mir der Bezirksleiter, ein großer blonder, sonst jedoch angenehmer Mann Mitte Vierzig, lächelnd sagte, daß ich, sollte ich die Stelle annehmen, nicht mehr schreiben dürfte *und* ich einen Vertrag unterschreiben müßte, in dem ich garantiere, daß mein sämtliches zukünftiges Einkommen als Schriftsteller der Firma zufallen würde. So sieht also die miese Realität aus! Und gleich, nachdem ich nach dieser Enttäuschung nach Hause kam,

rief einer der Vize-Präsidenten der Videotheken-Kette
an und sagte mir, daß mein nächster wöchentlicher
Teilscheck der letzte wäre. Ich sagte ihm, daß man mir
Bezahlung für vier Monate versprochen hatte.
»Wir haben entschieden, daß wir Sie nicht so lange
zahlen können«, sagte er. »Das Geld ist knapp.«
»Können Sie noch eine Woche dranhängen?« fragte
ich.
»Sie bekommen Bescheid.«
An diesem Donnerstag kam der Scheck termingemäß
mit der Post. In der darauffolgenden Woche kam nichts.
Am letzten Montag war das erste, was ich unternahm,
eine Fahrt in die Stadt, um mich arbeitslos zu melden,
und nachdem ich einen halben Tag lang angestanden
und Formulare ausgefüllt hatte, stellte ich fest, daß mir
neunzig Tage lang 167 Dollar pro Woche zustanden.
Und daß wir ungefähr drei Wochen warten mußten, bis
wir den ersten Scheck erhalten würden. Während ich
außer Haus war, hatte Daddy angerufen und eine Nachricht hinterlassen.
»Ich habe an einer Videothek angehalten, um mir
einen Film auszuleihen«, erklang seine Stimme auf
dem Anrufbeantworter. »Ich erzählte dem Mann an der
Kasse, daß mein Sohn auch für die Video Village in
Kentucky arbeite. Er fragte nach deinem Namen. Als
ich ihn nannte, sagte er, daß du nicht mehr dort arbeiten würdest. Sag, Dave – was ist los? Ich hätte dort an
Ort und Stelle fast einen Herzanfall bekommen.« Ich
hätte Daddy darauf vorbereiten sollen. Hätte ich es nur
getan. Aber er macht sich zu viele Sorgen. Solange ich
in all den Jahren zum Kickboxen ging (als ich versuchte,
ein vierbeiniger Blitz zu werden), und dann, als ich gearbeitet habe, um autodidaktisch schreiben zu lernen
(um ein linksgerichteter Donner zu werden), machte er
sich Sorgen, daß ich niemals erwachsen werden würde.
Erst als ich zum Bezirksleiter befördert worden war,

war nicht zu übersehen, wie stolz er war, obwohl Daddy versucht, niemals so etwas wie Gefühl zu zeigen.

Sobald ich seine Nachricht abgespielt hatte, rief ich ihn auf der Arbeit an und erzählte ihm alles, auch, wie ich Ali getroffen hatte, und vom Vertrag mit dem *Esquire*. »Man will mir 2500 für die Geschichte zahlen,« sagte ich.

»2500 sind ein Scheißdreck«, sagte er. Daddy flucht selten. »Aber du bist ja erwachsen, Dave. Ich darf dir nicht mehr sagen, was du tun mußt.«

Er fragte, wieviel offene Rechnungen wir für diesen Monat noch hätten. Ich sagte ihm, daß wir ungefähr eintausend Dollar brauchten. »Wir bringen es auf«, sagte ich. »Der *Esquire* wird zahlen.«

Am Mittwoch kam eine Mitteilung mit der Post. »Dave, hier ist ein Scheck über 1150 Dollar«, stand darin. »Das ist von dem Konto, das ich für dich und deine Schwester mit dem Geld aus der Lebensversicherung eurer Mutter angelegt hatte. Lieber Sohn, nimm das Geld, um die Abzahlungen für das Haus und das Auto zu begleichen. Mit etwas Glück hilft es euch über die Durststrecke. Bitte nimm dieses Geld nicht für etwas anderes, dann brauche ich mich nicht zu sorgen.«

Wenn ich bedenke, wie wenig Geld Daddy verdient, ist es schwer zu verstehen, wie er länger als vierzig Jahre so gut für seine Familie gesorgt hat. Lebensversicherungs-Scheck? Keinesfalls. Von Tanten und Onkeln weiß ich, daß die Versicherungsgesellschaft gar nicht gezahlt hat, weil die Versicherung erst wenige Monate vor dem Tod meiner Mutter abgeschlossen wurde. Ich verwahrte Daddys Scheck und schwor mir, daß ich ihm das Geld von der Zahlung des *Esquire* zurückzahlen würde.

Mit Daddys Geld haben Lyn und ich weniger als zweitausend Dollar insgesamt. Wenn das ausgegeben ist, weiß ich nicht mehr, wie wir die Hypothek bezahlen sollen. Dann sind da noch die großen Rechnungen für die Klimaanlage wegen der fürchterlichen Hitze. Mann, wenn sich doch der *Esquire* melden würde. Wenigstens könnten sie die fünfhundert schicken, die sie mir für Spesen versprochen haben. Es ist jetzt über zwei Monate her, daß ich ihnen per Post »My Dinner with Ali« zugeschickt habe, und ich habe noch immer nichts von meinem Redakteur gehört. Wenn sie direkt die 2500 zahlen würden, dann könnte ich Daddy anrufen und ihm auch mal eine gute Nachricht – außer den schlechten – melden. Obwohl ich optimistisch bin (Lyn hat mir all die Jahre immer wieder vorgeworfen, eine besonders hoffnungslose Art von Optimist zu sein), kann ich es mir nicht leisten, dazusitzen und zu warten. Ich muß so schnell wie möglich eine Arbeit finden. Seit Daddy angerufen hat, haben Lyn und ich darüber gesprochen, nach North Carolina zurückzugehen, um dort nach Arbeit zu suchen, obwohl wir Umzüge hassen.

Es ist seltsam: Als ich so viele Stunden in den Videoläden verbracht habe, habe ich mich danach gesehnt, die Zeit draußen in unserer zauberhaft scheinenden Nachbarschaft verbringen zu können. Dieser Sommer hat mich von diesem Wunsch geheilt. Es ist soweit gekommen, daß ich es kaum ertragen kann, aus dem Fenster zu sehen. Wenn ich morgens das Haus verlassen habe, um zu laufen oder um nach Arbeit zu suchen, ist unser Gras so trocken, daß es, wenn ich darauf trete, ein knisterndes Geräusch von sich gibt und zu Pulver zerfällt. Die Wiesen sind nicht besser dran, und auch nicht die Weiden der Pferdezuchtfarmen in der Gegend. Jeden Tag ist das Licht gelbbraun, es weht kein Wind, und die Luft riecht verbraucht, der Himmel bleibt den ganzen Tag über gelb und hängt tief unten durch den Rauch von der Stadt. Die Wetterleute vom Fernsehen nennen dies die Große Dürre von 1989; der staatliche nationale Rundfunk sendet eine Menge Geschichten über die globale Erwärmung. Die globale Erwärmung –

da haben wir eine weitere, kaum ermutigende Untersuchung zum Thema Einheit allen Seins.

Jetzt klappt die Hintertür und reißt mich erneut aus meinen Gedanken. »Hau ab und laß mich in Ruhe«, schreit Johanna Dallas an, unseren großen schnaufenden Hund, eine Mischung aus Dalmatiner und englischer Bulldogge – wir nennen ihn Damnation*.

»Frühstück ist fertig«, ruft Lyn und versucht – ohne Erfolg – nicht ärgerlich darüber zu klingen, daß keiner auf sie hört.

Als ich beide Füße auf den Boden setze, schreit Isaac entsetzlich. Ich eile hinunter in sein Zimmer. Er sitzt aufrecht im Bett, sein rotblondes Haar ist verschwitzt und steht an verschiedenen Stellen in unterschiedlichen spitzen Winkeln ab. Sein Zimmer hat einen warmen, zu süßlichen Geruch – es ist der Geruch eines alten Kinos. Unter ihm gibt die Plastikfolie auf seiner Matratze ein knisterndes Geräusch von sich. Er hat ein hochrotes Gesicht, seine Haut ist fleckig, und seine Nase läuft bis in den Mund. Der kleine Kerl befindet sich mitten im Alltags-Elend. Wenn er in einem solchen Zustand aufwacht, ist er praktisch nicht zu trösten, und Lyn macht sich dann immer Sorgen, ob er sich eine Krankheit zugezogen haben könnte, die ihn umbringt, oder daß er mit einem tödlichen Gen zur Welt gekommen ist, das sich ausgerechnet an diesem Morgen zeigt. Jesus, es ist schwer, in dieser Welt zu leben. Es ist für uns alle schwer, gleich, wer wir sind, und egal, wo oder wann.

Auf dem Weg in die Küche, mit dem frisch gewickelten weinenden Isaac auf meinem linken angewinkelten Arm, öffne ich die Haustür, um die Zeitung hereinzuholen. Durch mein mehr als dreimonatiges intensives Training bin ich ganz gut in Form (zusätzlich zu allem anderen, was ich gemacht habe, habe ich meinen Sand-

---

* damnation – Verdammnis, Wortspiel bzgl. der Rassennamen.

sack im Arbeitszimmer neben dem Arbeitstisch montiert und bearbeite ihn täglich richtig flott und kräftig sechs bis acht Runden lang), aber die Wand roher Hitze zwingt mich kurz vor der Schwelle zum Halten; meine Arme werden schwer, und meine Beine fühlen sich an, als ob sie gleich unter mir wegrutschen würden. Statt das *Courier-Journal* mit der anderen ungeöffneten Post wie sonst auf den Boden zu werfen, lege ich es auf meinem Platz auf den Tisch, dann ziehe ich Isaacs Kinderhochstuhl näher heran und schnalle meinen widerstrebenden Sohn auf seinem Sitz fest. Lyn setzt sich auf die andere Seite von Isaac und neben Johanna, und Dallas läßt sich sabbernd zwischen Johanna und mich plumpsen. Ich suche Erfrischung von der Hitze in meinem Glas Saft und kippe es in einem Zug herunter. Ich bin gerade dabei, den ersten Bissen von der Waffel zu kauen, als ich – nachdem ich die Überschriften auf der Titelseite überflogen habe – die Innenseiten duchblättere. Und da ist es. Genau hier. Vor meinen Augen. Lange Zeit starre ich darauf und kann es kaum glauben. Die Überschrift lautet:
DAS LICHT, DAS SO HELL GELEUCHTET HAT, IST JETZT EINE WARME UND SANFTE GLUT.
Da hat bestimmt jemand Überstunden gemacht, um sich eine derart schlechte Schlagzeile einfallen zu lassen.
»Was ist los?« fragt Lyn. »Du machst ein Gesicht, als ob du gerade ein Gespenst gesehen hättest.«
»Ich kann es nicht glauben«, sage ich langsam. In meinem Hinterkopf hämmert es plötzlich. »Vielleicht sieht er es nicht«, sage ich. »Vielleicht sieht es überhaupt keiner. Vielleicht erscheint es in New York nicht.«
Ich fühle eine Enge in der Brust, es schmerzt beim Atmen. »Ich kann es einfach nicht glauben«, wiederhole ich und lache leise über die Ironie.
Die Geschichte nimmt die obere Hälfte der ersten

Seite des Feature-Teils und fast eine ganze Innenseite ein. Unter der Überschrift befindet sich ein recht hübsches Aquarell und innen ein Foto von Ali mit – wie die Bildunterschrift lautet – »seiner vierten Ehefrau Lonnie, ehemals Yolanda Williams, auf ihrer Hochzeitsfeier im November 1986«. Bis heute morgen hätte ich nicht geglaubt, daß ich mich so aufregen könnte, weil ich einen positiven Artikel über Ali in der Morgenzeitung vorfinde.

Und dann trifft mein Auge auf das Schlimmste. Direkt unter der Illustration. Kleine Blockbuchstaben, die lauten: *NEW YORK TIMES* NEWS SERVICE.

Ich bin den ganzen Sonntag über verstimmt und verderbe damit Lyn und den Kindern (und mir selbst) noch mehr die Laune, als unsere Geldsorgen und die Hitze es können. Am Montag ist Johannas achter Geburtstag. Ich wache früh auf und nehme mir vor, diesen Tag mit ihr fröhlich zu verbringen und mich auf die Geburtstagsparty zu konzentrieren, die wir für den Nachmittag am Schwimmbecken geplant haben. Statt dessen ertappe ich mich dabei, wie ich dauernd auf die Uhr sehe, damit ich zur richtigen Zeit meinen Redakteur anrufen kann. Ich hinterlasse ihm eine Nachricht, dann noch eine.

Am Mittwoch, als er von seinem Assistenten hört, daß ich am Telefon sei, nimmt er fast sofort seinen Hörer ab und begrüßt mich mit den Worten: »Diese Geschichte ist nicht annähernd so stark wie Ihre.«

Ich lache angesichts seiner abrupten, typisch New Yorker Ausdrucksweise. »Das denke ich auch«, sage ich.

»Aber es gibt Parallelen«, sagt er. »Aus beiden Artikeln geht hervor, daß Alis Gesundheitszustand besser ist, als die Leute denken.«

»Ich bin nicht sicher, ob ich das zum Ausdruck bringe«, sage ich ihm. »Seine Gesundheit und sein Leben sind anders, als es von irgendjemand beschrieben worden ist. Und anders, als es die Leute erwarten, die diese Geschichten gelesen haben.«

»Der Artikel in der *Times* ist nur eitel Sonnenschein«, stimmt er mir zu. »Er liest sich wie ein Drehbuch fürs Fernsehen. Ihr Artikel ist viel ausdrucksvoller.«

Ich sage ihm, daß es mich freut, daß ihm mein Artikel gefällt – und das Atmen fällt mir schon leichter als in all der Zeit, seit ich den Artikel abgeschickt habe.

»Wir hatten vor, ihn kommenden Juni in einer Sonderausgabe zu drucken«, sagt er. »Wir dachten daran, ihn als Aufmacher zu bringen.«

Mir gefällt nicht, daß er in der Vergangenheitsform spricht, als ob »Mein Essen mit Ali« schon zu den Akten gelegt wäre, begraben in der Geschichte. »Hören Sie«, sage ich, »ich weiß jetzt nicht, was ich tun soll. Wie soll es weitergehen? Soll ich ihn ändern?«

»Ich bin nicht Lee, er hat mir den Artikel aus der *Times* auf den Tisch gelegt. Lee wird die Entscheidung treffen.«

»Wenn er es möchte, arbeite ich den Artikel um. Ich möchte noch eine Menge mehr schreiben. Ich treffe mich weiterhin mit Ali. Hey, hören Sie … warum versuche ich nicht mal, ein paar Tage mit ihm auf seiner Farm in Michigan zu verbringen? Zeit, die man mit Ali verbringt, ist erfüllt – alles erscheint gewichtig und bedeutungsvoll. Er ist eine Art wandelnde Metapher. Vielleicht ist er auch eher wie ein Haiku, ein Werkzeug der Erleuchtung. Wenn man Ali besucht, ist es so, wie Kirche sein sollte.«

»Das ist wahrscheinlich gar keine schlechte Idee«, sagt mein Redakteur. »Die Idee gefällt mir. Schicken Sie uns einen Brief, in dem Sie uns mitteilen, was Sie ändern. Ich werde es Lee vorlegen.«

Ich frage, wann ich für meine Arbeit bezahlt werde. »Wir brauchen das Geld«, sage ich ihm. »Wir werden bezahlen, wenn der Artikel offiziell angenommen ist«, bekomme ich gesagt.

Als ich auflege, fühle ich mich trotz der vielen unkonkreten Mitteilungen befreit, weil ich daran denke, Ali bald wieder zu sehen, und ich bin davon überzeugt, daß ein solch schöner und gelungener Artikel wie »My Dinner with Ali« einfach veröffentlicht werden muß.

XII

Mittwoch, 26. Juli. »Mein Mann«, sagt Ali und atmet tief ein, damit seine Stimme kräftig und vernehmlich klingt. »Ich freue mich, von dir zu hören.«
Es ist das erste Mal, daß ich mit ihm telefoniere. Ich stelle mich auf seine Stimme ein. Ich sage, daß ich meine Arbeit verloren habe, daß das Geld knapp ist und daß ich für ein Magazin eine Story über ihn schreibe und daß ich denke, daß ihm diese Story gefallen würde. Und dann erzähle ich ihm, daß Lyn und die Kinder und ich vielleicht nach North Carolina zurückziehen werden. Vorher, sage ich, würde ich mich jedoch gern noch einmal mit ihm treffen.
»Komm auf ein paar Tage her«, sagt er und hustet seinen feuchten Husten. »Komm einfach.«
»Wie wäre es, wenn ich Rahaman mitbringen würde? Soll ich deinen Bruder mitbringen?«
»Ist egal. Komm her«, sagt er.

XIII

Unter dem Garagenflachdach aus Rotholz ist ein weißes Cadillac-Cabrio aus den 70er Jahren, das ich noch nie gesehen habe, eingeparkt. Die Heckscheibe aus Plastik weist mehrere faustgroße Löcher auf.

»Partner«, sagt Rahaman, als er mich zur Haustür hineinläßt, und er grinst und lacht und umarmt mich. Ich habe Rock immer nur so lachend gesehen. »Fertig zum Losfahren? Ich hole nur mein Zeug.« Am Fuß der Treppe steht eine abgenutzte gelbbraune Trainingstasche aus Leinen. Ich biete ihm an, tragen zu helfen und folge Rock die Treppe hinunter. Als ich um die Ecke biege, bin ich etwas überrascht, dem alten Cassius Clay, Senior, zu begegnen, der gebeugt in der Mitte der Diele steht, zusammen mit mehreren gelangweilt dreinschauenden weißen Kindern mit schmuddeligen Gesichtern sowie deren Vater, der nicht weniger verwahrlost aussieht. Cashs Gleichgewicht ist etwas gestört; als er sich herumdreht und mich ansieht, während ich die Diele betrete, schwankt er zurück auf seine Fersen.

Ich war hier schon ungefähr zehnmal zu Besuch, aber das ist das erste Mal, daß Cash hier ist. Ich will schon nach Mrs. Clay fragen, die nirgends zu sehen ist, tue es dann aber lieber doch nicht. Cash und Mrs. Clay leben schon seit Jahren nicht mehr zusammen im selben Haus. Ich nehme an, daß Ali für beide Elternteile ein extra Haus gekauft hat, als diese sich trennten.

Rock fragt, ob ich seinen Vater schon kenne und stellt mich vor. »Hast du meinen Vater schon singen hören, hast du Cash singen hören?« fragt er. »Mein Vater kann gut singen. Er hat eine großartige Stimme, wie Billy Eckstine.«

Bei diesem Stichwort verfällt Cash in die Melodie »A Rainy Night in Georgia« und macht dazu mit seinen Armen überdimensionale Wellenbewegungen, neigt den Kopf in einem leicht gehobenen Winkel und blickt mit feuchten Augen und mit einer stilisierten Tiefgründigkeit in die Ferne. »Bist du nicht auch der Meinung, daß mein Vater singen kann?« fragt Rahaman und klopft mir mit einem leichten Schlag auf die Schulter. »Kann er nicht schöööön singen?«

Aus einem unerklärlichen Grund bricht Cash abrupt seinen übertrieben gefühlvollen Gesang ab und beginnt mit rauher Stimme zu predigen. »Hab' ihm geraten, mit dem Boxen aufzuhören«, ruft er, und seine gelblichen Augen sind weit und wild und von einem leichten Schleier überzogen. »Er hätte Filme drehen sollen. Er war größer als die anderen. Und auch hübscher und intelligenter. Ich bin Elvis begegnet – sie haben alle Pickel im Gesicht und sehen neben Ali häßlich aus. Und sind auch nicht so intelligent.«

Seine Liebenswürdigkeit und nußbraunfarbene Schönheit hat Ali von seiner Mutter geerbt, seine an Besessenheit grenzende Brillanz dagegen, seinen Ehrgeiz und das fast grenzenlose Bedürfnis, auf der Bühne zu stehen, hat der älteste Sohn von seinem kohlschwarzen Vater Cash. Jetzt hört Cash mit seiner Predigt auf, geht über zu »For the Good Times« und singt zwei komplette Strophen des Liedes. Da Rahaman direkt neben mir steht und ich geradeaus gucke und ihn daher nicht sehen kann, fühle ich, wie Rahaman über seinen Daddy schmunzelt, Cassius Marcellus Clay, den stolzen Maler und Sänger mit dem königlichen Namen, der trotz Ehrgeiz und Talent wohl kaum eine echte Chance hatte, in der verarmten weißen Gesellschaft der 30er und 40er Jahre erfolgreich zu sein.

»Er ist so guuuuut. Ist mein Daddy nicht guuuuut?« fragt der jüngere Bruder des berühmtesten Mannes der Welt noch einmal.

Laut Rock und der Landkarte an der Tankstelle ist es eine ganze Tagesfahrt von Louisville zu Alis Farm in Berrien Springs am Fuße des Michigan-Sees, ungefähr 120 Kilometer südlich von Chicago. Wir halten an, um im Schnellrestaurant Huhn zu essen. Rock kauft Weintraubensoda (ich habe eine Thermosflasche mit Jasmin-Eistee mitgebracht, von der ich eine Tasse nach der anderen trinke), ansonsten fahren wir direkt durch und hören Bänder von Aretha und Marvin Gaye, die ich mitgebracht habe, weil Ali sie mag und ich annehme, daß sie auch Rock gefallen.

Es ist das erste Mal, daß ich den mittleren Westen sehe, und als Rock schläft und schnarcht, versuche ich, auf beiden Seiten der Straße alles in mich aufzunehmen, auch wenn die Dürre die Aussicht fast ruiniert hat. Wir fahren kilometerweit an Feldern mit gelben, trockenen Sojabohnen und braunem, fast meterhohem Mais vorbei. Durch Indiana und bis nach Süd-Michigan hinein beobachte ich staubgraue, lange, flache Felder, verwelkten und absterbenden Schachtelhalm in trockenen Straßengräben und Fluggänse, die frühzeitig abfliegen, weil sie unbedingt von dieser fast apokalyptischen Hitze und Trockenheit wegkommen wollen und müssen oder wegzukommen hoffen. Die Blätter haben sich zirka zwei Monate früher gelb gefärbt und sind von den gespenstisch weißen, dürren Birken und Platanen abgefallen. Rock wacht auf, als wir die Geschwindigkeit vor dem Örtchen Ganges, Michigan, drosseln. Wir halten an der einzigen Ampel der Stadt an. Trotz der wunderbaren weichen Stimme Marvin Gayes, die wie Butter dahinschmilzt und aus den hinteren Lautsprechern beruhigend ans Ohr dringt, bin ich doch sehr bewegt von allem, was ich gesehen habe, und fühle mich von all dem deprimiert.

»Mann, wir ruinieren die Welt ganz schön«, sage ich, mehr zu mir selbst als zu Rock. »Ich mach' mir Sorgen, daß es zu spät sein könnte – daß wir schon alles getan haben, um sie zu zerstören.«

Zu unserer Linken flattern und stolzieren ein paar dürre Hühner über eine graue, sandige Zufahrtsstraße und über einen Hof, wobei sie Staub aufwirbeln, der sich nicht wieder zu setzen, sondern in der Hitze ohne jeden Wind in der Luft hängen zu bleiben scheint.

»Mann, bist du verrückt?« sagt Rahaman. »Was erzählst du da? Wir ›werden die Welt zerstören‹. Das können die Menschen gar nicht. Nur Allah kann die Welt zerstören.«

Sogar so weit hier draußen, weit weg von den großen Städten wie Louisville, Indianapolis und Chicago, ist überall ein orangefarbener Dunstschleier. Bald erheben sich zu beiden Seiten der Straße einige Silberhügel in der Ferne; dann sind die Hügel noch dichter herangerückt, und es ist immer noch so heiß, daß man sogar mit voll aufgedrehter Klimaanlage nicht viel dagegen ausrichten kann. Als wir einen seichten, steinigen Fluß entlangfahren, stelle ich den Ventilator ab, öffne mein Fenster, fahre langsamer und höre auf das Geräusch des rauschenden Wassers und denke mir einfach, daß die Luft feucht und kühl sei. Ein wenig Chlorophyll befindet sich noch immer im Schilf des Flusses und im Ackerschachtelhalm, und entblätterte, gelbe Zweige von Trauerweiden sehen naß aus, als ob sie mit Eis überzogen wären – das hilft meiner Phantasie ein bißchen weiter. Rechts steht auf einem grünen Metallschild VILLAGE OF BERRIEN SPRINGS, HOME OF MARIAH NATASHA BELL, MISS BLOSSOMTIME 1989. Links von uns ist ein Damm mit einem Wasserrad aus Holz. Wir überqueren eine Brücke, die über den Fluß führt, fahren einen steilen, kurzen Hügel hinauf und fahren in die Stadt hinein.

Berrien Springs ist ein Ort, von dem man beim Durchfahren zwar nicht alles sieht, aber in dem man sich auch ganz bestimmt nicht verirren kann. Rahaman sagt mir, daß ich oben auf dem Hügel vor der Ampel links abbiegen soll. Nachdem wir eine kurze Strecke gefahren sind, sagt er: »Fahr wieder links, gegenüber vom Starlite.« Aus irgendeinem Grund findet er das lustig. Er grinst, als ob er sich entschuldigen wollte, und lacht und lacht. Wir biegen an der Stelle ein, wo ein

Schild, auf dem STARLITE steht, ein ansonsten leeres Feld schmückt, dann fahren wir ungefähr acht Kilometer auf einer unbefestigten Teerstraße durch ein Wohnviertel mit eingeschossigen Häusern im Ranch-Stil aus den 50er und 60er Jahren, an deren Ende zwei Steinsäulen stehen und ein offenstehendes schmiedeeisernes Tor, neben dem auf einem großen weißen Schild in großen vergoldeten Buchstaben zu lesen ist: MUHAMMAD ALI FARMS.

Wir fahren langsam durch das Tor und einen langen Zufahrtsweg entlang, der von Rhododendron, Birken und Ahorn gesäumt ist. Der Zufahrtsweg macht eine Linkskurve. Wir fahren an einigen weißen Holzhäusern und einer Scheune vorbei und sehen unter uns einen kleinen See und dahinter das, was ich für den St. Joseph halte, der langsam und schlammig an leicht abschüssigen Feldern vorbeifließt, die, wie in Kentucky, weiß eingezäunt sind. Trotz der Hitze und der Dürre scheint dieser Ort perfekt zu sein: wie eine Ansichtskarte von einer amerikanischen Farm. Hinter einem zweistöckigen weißen Fachwerkhaus, das fast bescheiden aussieht, halten wir an und parken zwischen einem leuchtend blauen Cadillac und einem braun-beigen Rolls-Royce-Cabrio. Alis Winnebago steht links von uns vor einem großen Kinderspielplatz mit einer Rutsche, die fast neun Meter hoch ist, einem Karussell und einer Schaukel, die so groß ist wie eine Schaukel in einem Park und die vor kurzem leuchtend rot gestrichen worden ist.

Eine große, starke, hellhäutige Frau, vielleicht einige Jahre jünger als ich und mit einem Kittel aus fließendem beigefarbenen Baumwollstoff bekleidet, begrüßt uns an der Hintertür: »Hi, ich bin Lonnie Ali«, sagt sie und begrüßt mich mit einem zaghaften Handschlag, wie er in der Geschäftswelt üblich ist, bevor sie Rahaman umarmt. Ich kann ihre Zurückhaltung beim Handgeben gut verstehen, ist Ali doch schon oft genug von unaufrichtigen Menschen bedrängt worden. Oh, was sie wohl alles miterlebt haben muß, seit sie mit dem weltbekannten und zugänglichsten aller Menschen zusammenlebt.

Wie bei Alis Mutter ist auch Lonnies ovales Gesicht mit Sommersprossen übersät, und ihr lose zurückgestecktes Haar hat einen Hauch von Rot. Sie hat eine pointierte und dennoch mädchenhafte und melodiöse Stimme, leicht vorstehende Augen und – wie ihr Ehemann – eine besondere Art, jemanden anzusehen: sehr direkt, jedoch nicht urteilend.

Wir gehen über die hintere Veranda in das Haus hinein, dann durch eine kleine Küche mit gelbem Linoleum-Fußboden und gelber Arbeitsplatte, einem kleinen weißen Tisch und Eichenholzschränken mit ausgeprägter Knotenmaserung, die genauso aussehen wie die in der Küche meines Vaters. »Muhammad schläft«, sagt Lonnie.

Sie ist der erste Mensch in Alis Umfeld, der ihn bei seinem Vornamen nennt, soviel ich weiß. Sie führt uns in ein großes, in warmes Licht getauchtes Arbeitszimmer mit weißen Wänden, einem dicken, weizenfarbenen Teppich, einer Stereoanlage, überladenen beigefarbenen Couches, einem ausgeschalteten Fernsehgerät, das fast eine ganze Wand einnimmt, einem Mahagonitisch, der mit lauter Stapeln irgendwelcher blauer, gelber, grüner und rosa Broschüren bedeckt ist, und – auf der Seite in Richtung der Treppe, die nach oben führt – einem großen, reich verzierten Schrankkoffer aus dunklem Holz, auf dem unter dem Schloß auf einer kleinen Messingplakette MUHAMMAD ALI DER ZAUBERER steht.

Lonnie sagt: »Diese Hitze macht Muhammad zu schaffen. Sie macht ihn müde. Und sie ist schädlich für seine Bronchitis.«

Bronchitis. Vielleicht erklärt sich daraus Alis Husten. Die Hitze macht auch mich müde. Sogar hier drin, wo keine Sonne ist, herrschen über 30 °C. Ein kleiner Ventilator surrt auf dem Küchentisch, und ein großer, grüner Ventilator ächzt und klappert im Fenster hinter dem Schreibtisch. Ich bin überrascht, daß ein Mensch, der im Laufe seiner Karriere wahrscheinlich hundert Millionen Dollar verdient hat, in einem Haus ohne Klimaanlage wohnt. Die Möbel im Arbeitszimmer sind komfortabel, aber ganz bestimmt nicht supervornehm.

Rock und ich setzen uns auf ein Sofa, und Lonnie geht in die Küche. Sie kommt mit beschlagenen Gläsern, gefüllt mit Limonade, zurück. Während wir an unseren Getränken nippen, sprechen wir über den Artikel, der in der *New York Times* stand, sowie über eine Titelgeschichte aus *Sports Illustrated*, die ich Ali an dem Apriltag gezeigt hatte, an dem die Zeitschrift zum ersten Mal an den Zeitungsständen auslag, und von der Lonnie, Rock und ich dasselbe denken: daß sie alles andere als fair gegenüber Ali war. Ich frage Lonnie, wie sie reagiert, wenn sie Ali wie einen Krüppel behandeln.

»Die Leute glauben, was sie in der Presse lesen«, sagt sie. Und dann: »Ich wünschte nur, daß einmal ein Schriftsteller die Wahrheit über Muhammad schreiben würde, einen Weg zu seiner Seele finden könnte.«

Als sie das sagt, beschließe ich stillschweigend, die besten Storys über Ali zu schreiben, die je veröffentlicht wurden: *Ich werde der größte Autor, der je über Ali geschrieben hat – dank meiner Wortgewandtheit übertrumpfe ich Hunter S. Thompson mit einem Feuerwerk von Beschreibungen (ohne Drogen zu nehmen). Die hochgerissenen Arme zeigen den Sieg an, und meine Füße explodieren im Shuffle über den gefallenen Norman Mailer. Zwanzigtausend Fans im Garden* brechen in einen einzigartigen Applaus aus,*

* Garden – Madison Square Garden in New York.

wenn ich durch die Seile klettere und den Ring unter dem Schutz der Besten von New York* verlasse. Gegenwärtig ist das einzige, was ich brauche, etwas Unterstützung vom *Esquire*, damit ich mich auf diesen Kreuzzug begeben kann.

Wir trinken unsere Limonade aus und reden noch eine Weile, dann sagt Lonnie, daß sie Wäsche zu waschen hat, und sie schlägt uns vor, während sie uns durch die Küche zurückführt, eine Fahrt durch das Gelände der Farm zu machen, solange Muhammad noch schläft. »Floyd hält sich irgendwo da draußen auf«, sagt sie zu Rock, geht auf ein Fenster zu und zeigt in die Richtung der Scheune. »Vielleicht kann er Davy herumführen und ihm alles zeigen.«

Ich kann mir ein leises Lachen nicht verkneifen. Sie sieht mich an und fragt, warum ich gelacht hätte. Ich möchte ihr den Grund nicht erklären und sage: »Es tut mir leid, es ist nur, daß ich erstaunt bin, wie freundlich ihr alle seid und wie selbstverständlich ihr Fremde in euer Leben aufnehmt.«

In Wahrheit bin ich überhaupt nicht darüber erstaunt. Wie sollte ich auch? Dies ist die Familie von Muhammad Ali, der der Meinung ist, daß er jedem Mann, jeder Frau und jedem Kind in der Welt gehört (oder gehören *möchte*). Der wahre Grund, warum ich gelacht habe, ist folgender: »*Davy!*« hat sie gesagt. Lonnie hat mich *Davy* genannt. Nicht Davis. Und auch nicht David, oder gar Dave oder Dennis – alles Namen, die mir fälschlicherweise angehängt werden.

Davy bin ich bisher von keinem genannt worden. Zumindest nicht, seit meine Ur-Großmutter Mandy, die in meiner Kindheit ihr kühnes, süßes, schallendes Lachen lachte, mich »Davy Crockett« nannte. Aber Mandy ist seit über zehn Jahren tot. Und ich bin 37 Jahre alt.

---

* New York's finest – Spitzname für die New Yorker Polizei.

Davy! Ein erwachsener Mann, den man Davy nennt. Ich denke, daß mir das gefällt. Es hat einen so familiären Klang.

Rock öffnet die Hintertür, und die Hitze schlägt uns flach ins Gesicht. Als wir über den asphaltierten Parkplatz laufen, frage ich ihn, ob es wahr sei, daß dies einmal Al Capones Farm gewesen sei. Rock schüttelt den Kopf, als ob er zum ersten Mal darauf angesprochen würde. »Mann, du kannst Fragen stellen«, sagt er, was wohl heißen soll, daß das Capone-Gerücht wahr ist.

Wir kommen in den Schatten von ausladenden Eichen neben der Scheune, dort ist es etwas kühler. Rock stößt das breite, verrostete Scheunentor auf, das dabei quietscht, und wir schreiten durch einen schwachen Lichtstrahl, in dem Staubteilchen glänzen. Es ist so grell in der Sonne, daß man in der Scheune kaum sehen kann; es ist so ähnlich, als wenn man mit dem Kopf in trübes Wasser taucht. Nach ein paar Sekunden kann ich Formen erkennen, und nach einer halben Minute nehmen alle Gegenstände Gestalt an. Gerahmte Bilder und Fotos von Ali aus den 60er und 70er Jahren und einige mit Patina überzogene Trophäen hängen an rohen, naturbelassenen Balken und Wänden und liegen auf dem Boden verstreut herum.

»Sieht jetzt besser aus, nicht wahr?« ertönt eine Stimme von hinten.

»Floyd Bass, mein Mann«, sagt Rock, bevor er sich blitzschnell umdreht und sein Grinsen aufsetzt.

Ich wende mich um und sehe eine Figur in einem schmutzigen, grauen Overall zum Knöpfen, die mitten im Licht steht, gleich draußen, am Eingang. »Wenn man ihn nicht kennt«, sagt Floyd Bass, während er einen braunen Arbeitshandschuh abzieht und dann einen schmierigen rosa Lappen aus der Hosentasche zieht, »kann man kaum verstehen, warum Ali sich nicht um dieses Zeug kümmert.«

Bass tritt aus der Sonne und kommt über den vollge-
packten staubigen Fußboden zu uns, mit dem Lappen
wischt er eine fette braune Spinne und ihr Netz von
einer Schale mit der Inschrift SPORTLER DES JAHR-
HUNDERTS – MUHAMMAD ALI.

Floyd Bass sieht nicht besonders nach einem Floyd
aus, denke ich im stillen. Ein Kerl mit Floyd Bass' Gesichtsausdruck sollte eher einen Namen wie Jesaja oder
Abraham oder Hesekiel haben. Oder vielleicht einen
etwas einfacheren, aber trotzdem tiefgründigen Namen: Silas oder Walker oder Will. Der Name Floyd erscheint viel zu irdisch für einen so interessant aussehenden Mann.

Floyd Bass hat eine glatte, leuchtende, faltenlose Haut,
strahlende Augen, die an Sand und das Meer im Oktober erinnern, einen lockigen Haarkranz mit schon stärker ausgeprägter Stirnglatze, wobei das Haar vorzeitig
weiß geworden ist (als ob es beleuchtet wäre), einen
kurzen runden Bart, der die Farbe von sowohl Schatten
als auch Licht hat, ein leichtes, scheinbar ständiges, fal-
tiges Lächeln, eine flüsterweiche Stimme mit immer
gleicher Klangfarbe, und im allgemeinen ein Auftreten,
das vermuten läßt, daß er einst auf den Berg gestiegen
und verändert zurückgekommen ist. Könnte man sich
jemand anderen vorstellen, der besser geeignet wäre für
die Rolle eines Faktotums in Diensten von Ali, dem
Mystiker?

»Ehe ich angefangen hatte, das Zeug hier zu ord-
nen«, sagt Bass von den Erinnerungsstücken um uns
herum, »lag alles übereinandergestapelt da drüben in
der Ecke, und alles war von Taubendreck bedeckt.« Er
zeigt auf leere Nester in den Stützbalken. »Sogar jetzt
noch, wo das meiste schon lange weg ist, gibt Ali, wenn
da manchmal Fans mit Frau und Kindern kommen,
ihnen eine Trophäe oder ein paar alte Handschuhe oder
ein Bild oder sonst etwas mit. Das macht er immer,

auch jetzt noch, und es ist erstaunlich, daß immer noch etwas davon übrig ist.«

Rahaman stellt mich vor und fragt Floyd Bass, ob er Zeit habe, uns die Farm zu zeigen. Bass zieht auch den zweiten Arbeitshandschuh aus und stopft das Handschuhpaar in seine rechte Tasche. »Ich mache mit euch die Zehn-Dollar-Tour«, sagt er und lacht, als ob es ein Witz für Eingeweihte sei.

Er führt uns durch eine Seitentür an einem Verschlag mit geschorenen Schafen vorbei, die in der Hitze keuchen, dann über eine versengte, jedoch süß nach Heu riechende Weide bis zu dem schmalen Fluß, an dem Bass uns zeigt, daß dieser drei Seiten des Alischen Anwesens umfließt, und er erzählt uns, daß die Farm aus etwa 35 Hektar des besten Schwemmlands, das er je gesehen hat, bestünde.

Auf unserem Rückweg zum Hauptgebäude gehen wir über eine sanft ansteigende Weide, auf der das Gras bis zur Hüfte reicht und viel Brombeergestrüpp steht. Beim Anstieg setzt in meinem rechten Schienbein ein elektrisierender Schmerz ein. Wir ersteigen den Gipfel des Hügels, und da bemerke ich, daß meine Jeans und Leinenschuhe voll von Grassamen und Kletten sind. Trotz des Schmerzes in meinem Schienbein und der unbarmherzigen Hitze muß ich vor mich hin lachen, weil mir etwas einfällt, das ich vor kurzem im Fernsehen gesehen habe: Stephen Jay Gould, oder jemand ähnliches, behauptete, daß auf unserem Planeten über 680 Kilogramm Termiten auf eine Person kämen. Und daß diese kleinen Kerle – wie wir Sauerstoffverbraucher alle – Methan pubsen würden, was den Kohlenstoffgehalt der Atmosphäre ausgleichen und damit die Welt davon abhalten würde, sich selbst einzuäschern. Ich weiß nicht, ob ich das glauben soll oder nicht. Es klingt so lächerlich hoffnungsvoll. Aber das ist nicht entscheidend. Auf jeden Fall birgt dieser Gedanke eine Art Trost.

Wir kommen auf die Zufahrtsstraße, klauben die Kletten ab und schütteln den Grassamen von unserer Kleidung, und dann will ich in Richtung Haus gehen, weil ich ungeduldig darauf warte, daß Ali aufwacht. »Wow, nicht so schnell. Wir haben noch eine Station vor uns«, sagt Bass, winkt mir zu und geht in Richtung der vier weißen Hütten, die in der Nähe der Kurve der Fernstraße stehen.

Die Gebäude erinnern mich an alte B-Western-Filme, die an der Frontier*, in Geisterstädten mit Namen wie »Tombstone« spielen; nur ist hier alles kleiner. Wir gehen auf die vorletzte Hütte zu. Der Pferdestall, der an der rechten Seite angebaut ist, ist leer; er hat eine doppelte Schwingtür, denen im Saloon nicht unähnlich. Ungefähr in der Mitte beider zersplitterter und zerfallender Türhälften befindet sich ein Fenster, dessen Glas auf beiden Seiten schwarz gestrichen worden ist. Ich kann nur noch ein weiteres Fenster sehen, es befindet sich auf der linken Seite des Gebäudes. Es ist mit orangefarbenem Lehmschlamm beschmiert, und von innen ist es mit Zeitungspapier verhängt, was verhindert, daß man von draußen hineinsehen kann. Bass nimmt einen schweren Schlüsselbund von einer Silberkette ab, die an einem Ring hängt, der wiederum an seiner linken Tasche angebracht ist, und entnimmt einen großen alten rostigen Eisenschlüssel, den er in das geschwärzte Schloß steckt. Er lehnt seine rechte Schulter und den Fuß gegen die linke Seite der Tür, drückt sie auf, und ehe er zur Seite springen kann, bekommt er eine Dusche von verrottetem Holz ab. Er winkt mich und Rock durch.

Zersplitterter Parkettboden, von Wasser beschädigte Steinplatten-Wände, und keine elektrische Beleuch-

---

* Frontier – in der Pionierzeit Bezeichnung für das Grenzgebiet zwischen den USA und dem noch nicht eroberten Westen.

tung zu finden. Und – keine Maschinenpistolen, die von einem ehemaligen Besitzer hiergelassen worden wären. Da ist jedoch ein Sandsack, dessen großer schwarzer Lederkorpus sicher und gerade und ruhig in der Mitte des Raums hängt. Nein! Nicht einfach *ein Sandsack* – das ist *der* Sandsack des berühmten Ali, der Sandsack, den er für den Kampf gegen Foreman anfertigen ließ (Sandsäcke, die auf übliche Weise gepackt waren, haben seine empfindlichen Hände verletzt, wenn er zugeschlagen hat) und den er danach beim Thrilla in Manila und während seiner restlichen Boxerlaufbahn benutzt hat.

Fast ganz hinten in dem kurzen, breiten Raum, gegenüber dem Sandsack, befindet sich eine schwarze Plattform aus Holz, von der eine brandneue, glänzende, feuerwehrrote Everlast Astro 4204 herunterhängt – eine der schnellsten Birnen in Normalgröße, die es gibt. Die Blase ist frisch mit Luft gefüllt, und sie ist bereit zu »singen«. Gegenüber den Sandsäcken befindet sich der Rest eines Rings mit einer Seitenlänge von sechs Metern, dessen Leinwandverkleidung von uraltem Schweiß und dem Staub der Farm ziemlich verschmutzt ist; die früher elastischen blauen Plastikhüllen um die groben, geflochtenen Seile sind jetzt brüchig, zerschlissen und verblaßt, und die Seile selbst hängen ineinander herab wie Kudzupflanzen nach dem ersten Winterfrost. Könnte das derselbe Ring sein, in dem ich vor einigen Leben mit Ali gesparrt habe, als er vor Schönheit strotzte, und von dem ich weggetragen wurde, als wäre ich auf dem elektrischen Stuhl hingerichtet worden?

»Das meiste Zeug kommt von Deer Lake, nachdem dort mit der Umorganisation begonnen wurde«, erklärt Bass, während er noch immer den Holzstaub von seinem Arbeitsanzug bürstet.

»Was für eine Umorganisation?« frage ich.

»Die alte Boxausrüstung wurde entfernt und das Trainingslager in ein Zentrum für mißhandelte Kinder umgewandelt«, sagt er. »Ich weiß nicht, ob noch jemand Kinder so sehr liebt wie Ali.«

Ich nicke zustimmend. »Sein Radar ist vollkommen auf Kinder ausgerichtet«, sage ich. »Nutzt Ali diese Ausrüstung tatsächlich noch?«

»Manchmal«, sagt Bass.

»In diesem Frühjahr«, sage ich, »habe ich ihn gegen diesen relativ guten Amateur einige Runden boxen sehen, und er hat den Jungen mit großer Vorsicht ›verhauen‹. Ich hatte keine Ahnung, daß das noch in ihm steckt. Erinnerst du dich daran, Rock?«

»Er wird das Boxen niemals aufgeben. Niemals.«

»Ich will euch was über Ali erzählen«, sagt Bass, und seine Stimme klingt lässig, aber trotzdem ernst wie die eines Professors; es ist die Stimme eines Bewahrers liebevoller Geheimnisse. »Ungefähr vor einem Jahr – es war, glaube ich, vergangenen Juli – war eine Ehrung für Ali im Gemeindezentrum. Die Veranstaltung war überfüllt. Es schien, als ob jeder Einwohner Michigans gekommen wäre. Ali gab jedem, der kam, Autogramme und umarmte und küßte jeden im Raum. Zehn, vielleicht zwölf Kinder aus meiner Boxmannschaft waren auch da. Als Ali nach Hause fuhr, lud er sie alle in den Winnebago und brachte sie nach Hause zurück. Als wir in die Zufahrtsstraße einbogen, war es ungefähr um diese Tageszeit – die Straßenlampe neben der Garage war gerade angegangen. Ali ging zur Scheune und kam mit diesem Paar abgenutzter brauner Handschuhe, die er bei einem seiner Kämpfe anhatte, zurück. Er ließ die Kinder auf der Zufahrtsstraße aussteigen und gewährte jedem von ihnen ein paar Boxrunden gegen ihn. Nach einer Weile wurde ich müde und ging zu meinem Kleinlaster. Ich wollte wegfahren, versuchte wegzufahren – habe sogar den Motor angelassen – aber, aber … ich –

ich konnte einfach nicht wegfahren. Ich saß da und sah zu und konnte nirgendwohin fahren. Ich saß über mein Lenkrad gelehnt und starrte auf Ali und alle meine Kinder – wie sie auf dem beleuchteten und glänzenden Asphalt bis nach Mitternacht herumspielten.«

Bass' Geschichte motiviert mich. Ich möchte eine noch größere Verbindung zu Ali spüren, und ich gehe auf den berühmten Sandsack des Meisters zu und schlage auf dessen verstaubte Haut ein, und Bass und Rock sehen zu. Bei jeder Technik, die ich anwende, stelle ich mir vor, daß meinen Fäusten Prismen von Licht folgen. »Nicht schlecht«, sagt Bass – »für einen Weißen.«

Rock findet diesen Ali-Spruch äußerst komisch, er kann nicht aufhören zu lachen, dabei macht er einen zischenden Laut zwischen den Zähnen.

Wir schließen die Turnhalle ab, und Bass fragt, ob ich etwas dagegen hätte, wenn wir noch den Weg runter führen nach St. Joseph, um ein Mineralwasser oder etwas Ähnliches zu kaufen. »Mach dir keine Sorgen, daß du ihn verpassen könntest«, sagt er und meint Ali, »er wird nicht so schnell aufwachen.«

Obwohl mich Bass' Bemerkung unsicher macht und ich immer noch überlege, ob ich gehen soll, klettern wir in den Volvo, fahren die lange Zufahrtsstraße entlang und raus auf die zernarbte und ausgehöhlte Landautobahn, vorbei am Campus der Andrews-Universität (zu dem, wie Bass sagt, Ali oft läuft, um mit Studenten des Priesterseminars zu sprechen und zu debattieren), dann folgt Obstplantage auf Obstplantage mit Paradiesäpfeln, Pfirsichen, Weintrauben, und dann der Geruch von frisch mit Stalldung gedüngten Feldern. Wir fahren ein weiteres Mal über den St. Joseph und um eine Kurve und sind plötzlich mitten auf einer langen Straße mit bunten, niedrigen Häusern und jeder Menge kleinen Läden.

Bass schlägt vor, daß wir bei McDonald's am St. Joseph anhalten. Drinnen bestellen wir Pommes frites und Mineralwasser, ein Fischbrötchen für Rahaman, Huhn für Bass. Wir setzen uns an einen rotgelben Plastiktisch, und ich frage Bass, wie er Ali kennengelernt hat. »Ich habe im Silicon Valley* gewohnt«, sagt er. »Hab' mit Mikrochips ein Vermögen gemacht – und habe alles verloren. Ich wurde richtig depressiv. Beschloß, wieder nach Hause zurückzukehren, dachte, da hätte ich mehr Glück. Aber das war nicht der Fall.«

Während Bass spricht, weicht sein Gesichtsausdruck immer mehr von dem ab, was er sagt; sein Lächeln wird verzerrt, verschwommen und geheimnisvoll, seine Haut nimmt Glanz und mehr Farbe an, und obgleich er sich auf seinem Sitz nicht bewegt, hat man das Gefühl, daß er fast unmerklich immer näher rückt.

»Ich zog hierher zu meiner Mutter«, sagt er. »Könnt ihr euch das vorstellen, ein Mann in meinem Alter. Ich wollte keine Arbeit, habe sowieso keine gefunden. Ich habe schon überlegt, zum Gasherd rüber zu gehen, das Gas anzustellen und meinen Kopf in die Backröhre zu stecken. Da las ich in der Zeitung, daß Ali für immer nach Berrien Springs ziehen wollte. Seit Jahren wußte jeder, daß er die Farm hier hatte; manchmal kam er zur Erholung her. Ein paar Tage nach diesem Zeitungsbericht traf ich ihn zufällig, genau hier unter dem gelben ›M‹.«

Bass muß mein Erstaunen darüber aufgefallen sein, daß er den Größten aller Zeiten in einem McDonald's-Restaurant getroffen hat. »Ali weiß, daß hier immer Leute sind«, erklärt er, »es ist immer jemand hier, mit dem man sich unterhalten kann. Er läuft rüber und holt sich eine heiße Schokolade oder einen Kaffee oder manchmal ein Eis.«

* Silicon Valley – Computerindustriegebiet in Kalifornien.

»Er *läuft*!« sage ich, und meine Reaktion drückt Unglauben aus. »Du meinst, von der Farm?« Ich hatte auf den Kilometerzähler im Auto gesehen, als wir auf den Parkplatz fuhren: Es sind über 17 Kilometer von Alis Wohnhaus bis hierher, und das auf der Hauptstraße. Geht man von der Autobahn ab, ist die Entfernung noch größer, da bin ich ziemlich sicher.

»Yep«, sagt Bass. »Ein paarmal, vielleicht dreimal pro Woche, wenn er zu Hause ist.« Bei Urgroßvater Alis Tempo muß der Weg zu McDonald's und zurück den größten Teil der Stunden dauern, an denen es hell ist – vor allem, weil er immerhin ist, wer er ist und seine Wanderung wahrscheinlich alle paar hundert Meter (höchstwahrscheinlich zumeist zu seiner Freude) unterbrochen wird, weil Leute mit ihrem Fahrzeug anhalten, um »Hallo« zu sagen oder um ein Autogramm zu bitten.

»Läuft er bei diesem Wetter auch?« frage ich. »Läuft er immer noch die ganze Strecke?«

Bass nickt. »Keiner von uns möchte das, am wenigsten Lonnie. Wir machen uns alle Sorgen, daß er überfahren werden könnte, wenn die Sonne ihn schon nicht erwischt. Aber Ali muß eben tun, was Ali tun muß. Ich habe versucht, mich ein paarmal anzuhängen, aber nach ein oder zwei Kilometern schickte er mich nach Hause. Er sagte, er wolle allein sein.«

»Jedenfalls traf ich ihn hier«, erzählt Bass weiter. »Ich traf ihn hier, und ich sagte ihm, daß ich früher mal geboxt hätte. Ich sagte ihm auch, daß ich seinetwegen Bürgerrechtler geworden sei. Und fragte, ob er vielleicht Hilfe brauchen könnte auf seiner Farm. An diesem Samstag fuhr ich hin, harkte ein paar Blätter auf und verbrannte sie. Dann habe ich noch ein paar andere Dinge gemacht, aber für meine Arbeit kein Geld genommen. Seitdem arbeite ich dreißig Stunden pro Woche.«

Bass lacht, schiebt seinen Stuhl zurück und steht auf.

Als er neben mir steht, wird sein Gesicht noch freundlicher, als es schon war. »Ich schwöre dir«, sagt er, »dieser Mann hat mein Leben gerettet.« Er dreht sich vom Tisch weg, und da sehe ich, daß er an genau der Stelle kahl ist, an der sich die Franziskanischen Brüder ihre Haarkronen wegrasieren, um einen ungehinderten Weg für die himmlische Erleuchtung zu schaffen.

Er kommt schnell zurück und hält Salz- und Pfefferstreuer in seiner rechten Faust. »Jeden Tag«, sagt er, »bin ich durch diesen Mann glücklich, daß ich noch lebe; ich bin froh, daß ich ihn kenne.«

Es klingt, als ob Floyd Bass das schon lange hat sagen wollen. Ich nicke zustimmend. »Mann, bin ich froh, zur gleichen Art zu gehören wie er«, sagt Bass. »Ich sage dir, dieser Mann ist ein wahrer Engel auf Erden.«

»Ja, ja«, sagt Rahaman mit Tartarsauce im Schnurrbart. Er kaut gerade an seinem Fischbrötchen und nickt zustimmend. »Er ist mein leiblicher Bruder.« Er schluckt schwer. »Ich meine, ich weiß, daß er denselben Vater wie ich hat, und dieselbe Mutter – und er kommt aus ... zwischen ihren Beinen. Ich hab' ihn mein ganzes Leben lang beobachtet, hab' ihn das werden sehen, was er jetzt ist. Aber ich denke genauso über ihn.«

Was für ein Leben hatte Ali? Ich erinnere mich an einen Fernseh-Dokumentarfilm über Copland zu dessen fünfundachtzigsten Geburtstag. »Es gibt keine bessere Belohnung für mich, als in der Lage gewesen zu sein, aus meinem Leben etwas gemacht zu haben, das mich überleben wird«, sagte der alte Komponist dem Reporter. »Unserer Art wohnt vielleicht der Wunsch inne weiterzubestehen.«

Die meisten streben in der Religion, durch unsere Kinder, in den Besitztümern, die wir anhäufen, in den Namen, die wir Gesellschaften und Gebäuden geben, durch unsere Arbeit und durch Inschriften auf Grabsteinen nach Unsterblichkeit. Künstler bemühen sich durch Kunst und/oder Ruhm um Unsterblichkeit. Muhammad Ali suchte sich seine Unsterblichkeit durch den Ruhm, den er im Ring errang. In der Weltgeschichte ist Ali bekannter als alle anderen zu deren Lebzeiten. Schon 1975 schrieb Wilfrid Sheed mit mehr als lediglich Ehrfurcht in seiner Prosa, daß Alis Bild in afrikanischen Lehmhütten hing. Und das war (und ist) ganz bestimmt wahr. Es ist genauso richtig, daß sein Bild an Wänden in Kiew, Detroit, London, Mobile, Kuala Lumpur und Los Angeles sowie in Tokio, Cleveland, Peking und Mexico-City hing. Ali wurde in fast jedem Land, jeder Stadt und jeder Ortschaft auf diesem Planeten verehrt.

Als ich noch an der East-Carolina-Universität studierte, erzählte uns ein Dichter, der an die Schule kam, von einer Reise in die Sahara. Er und seine Frau hatten kilometerweit – Tag für Tag, Düne auf Düne – niemanden getroffen. Dann trafen sie auf eine Ziegenherde und einen Jungen von zirka zehn Jahren. Der Junge fragte den Dichter auf Arabisch, wo er lebe. Als der Dichter die Frage beantwortete, wiederholte der Junge mit Begeisterung den Namen »Amerika« und tanzte im Kreis um seine kleine Herde herum. Dabei rief er: »Muhammad Ali! Muhammad Ali!«

Die Poesie des Namens. Muhammad Ali. Es spielt keine große Rolle, daß die Wörter islamisch sind. Die Melodie des Namens an sich und die reine Schönheit des Klangs sind von weit größerem Interesse. Höchstwahrscheinlich wird der Name solange genannt werden, solange es Menschen geben wird.

Unvermeidbarkeit. »Beim Komponieren kommt es ganz darauf an«, sagte Copland zu seinem Kollegen David Diamond, »daß man sich als unvermeidbar empfindet.« Heute scheint es mir oft, als ob Muhammad Ali genau damals meinen Weg kreuzen mußte.

Was würde Ali selbst dazu sagen?

Seitdem ich ihn beobachte, hat er sich immer so verhalten, als ob er in seinem eigenen Schicksal der Mittelpunkt wäre, als ob er genau das täte, was er sich vorgenommen hat. Ali ist ein Wesen der Erde und des
Himmels: Er verhält sich so, als ob ihm alles und nichts
gehöre. Er behauptet, die wichtigste Person, die je gelebt hat, und andererseits der einfachste Mensch von allen zu sein. Er scheint der weiseste Mensch der Welt
und gleichzeitig unberührt zu sein.

Bedenkt man diese Dinge, geben die Besuche Alis unter dem gelben »M« dem weltlichen Sendboten der
Verkaufshyperbel »Millionen und Abermillionen welt-
weit bedient« einen perfekten Sinn. Und sogar der
größte Schriftsteller über Kickboxen aller Zeiten
könnte kaum einen passenderen Ort für Alis Mönch-
Mann-für-alles, Floyd Bass, erfinden, die Göttlichkeit
des ersten wahren internationalen Menschen des Planeten Erde zu preisen.

XIV

Als wir McDonald's verlassen, fragt Bass, ob wir beim
Sheriff vorbeifahren können, dessen Haus auf dem
Weg liegt. Der Sheriff – ein kleinwüchsiger, rundlicher,
rotwangiger Mann von etwa 55 – steht gerade auf der
Veranda am Vorderhaus und lehnt über das Geländer.
Er verspricht, daß er seine Hilfssheriffs veranlassen
wird, Ali im Auge zu behalten. »Wir werden ihm nahe-
legen, daß es wahrlich bessere Stellen für seine Sport-
übungen gibt als diese öde Landstraße«, sagt er Bass.

Ich verstehe und achte die Sorgen, die sich Bass und
der Sheriff um Ali machen. Aber sie, wie auch viele andere, behandeln Ali, als wäre er unfähig, eigene Ent-
scheidungen zu treffen, als hätte ihm sein Leiden einen

wichtigen Teil seiner selbst geraubt. Das Ergebnis dieser liebenswerten, jedoch heimlichen Absprache wird sein, daß sie, wie viele ähnliche, die Alis ganzes Leben begleitet haben, ihm die Möglichkeit nimmt, sein eigenes Leben selbst zu bestimmen. Noch vor einer Stunde hatte Bass über Alis himmlische Art theoretisiert, und nun sollte dieser Mann – Pardon! Engel – nicht in der Lage sein, allein über die Straße zu gehen. Es gibt keinen Grund, mich darüber aufzuregen. Sie wollen ja nur vermeiden, daß Ali von einem außer Kontrolle geratenen Neunachser zerquetscht wird, daß er zum berühmtesten Verkehrsopfer aller Zeiten wird. Und doch finde ich ihre Handlungsweise bedauerlich.

Bis ich die Situation von einer anderen Perspektive aus betrachte: Bass und der Sheriff wollen einfach das schützen, was sie, wenn nicht für sakrosankt, so doch zumindest für wertvoll halten – wenn sie es vielleicht auch nicht zu sagen vermögen oder es nicht für nötig halten, es auszusprechen. Was sie tun wollen, ist ihrer Meinung nach das Beste für denjenigen, den sie (und wir alle!) lieben. Und dagegen habe ich keine Einwände. Man kann fast jede Frage aus so vielen verschiedenen Blickwinkeln betrachten. Und keiner davon vermag auch nur annähernd die Wirklichkeit in ihrer Gesamtheit zu erfassen. Je mehr man nachdenkt, desto sinnloser ist es zu behaupten, daß man viel über etwas weiß.

Als wir Alis Haus erreichen, steigt Bass in seinen verrosteten alten Pickup* und fährt nach Hause. Ich hole zwei meiner Erinnerungsstücke vom Rücksitz des Volvos, die ich Ali bitten möchte, zu signieren, und nehme mir vor, Alis Großzügigkeit lange, lange nicht mehr mit meinen Autogrammwünschen in Anspruch zu nehmen. Rock und ich kommen an die Hintertür, und obwohl die Sonne schon lange untergegangen ist, hängt ein

---

* Pickup – Lieferwagen.

Zettel an der Tür, auf dem Lonnie schreibt, daß sie zum Lebensmittelladen gegangen ist. Als wir drinnen sind, nimmt er die Fernbedienung vom Kaffeetisch und schaltet CNN an. Mich interessiert das Fernsehen nicht: Meine Antenne ist auf Ali-Empfang geschaltet.

Nach wenigen Minuten erscheinen zwei große kleiefarbene Füße auf der Treppe, und stufenweise kommen auch die Beine, der Torso und Kopf des bekanntesten Menschen der Welt zum Vorschein. Er trägt eine schwarze, zerknitterte Hose und ein frischgebügeltes und gestärktes Safarihemd, an dessen unteres Knopfloch eine gelbe Wäschereimarke geheftet ist. Sein Gesicht ist geschwollen und das Haar ungekämmt. Er holt tief Luft. »Mein Mann«, sagt er, und die Stimme klingt, als hole er die Sprache aus einem fast vergessenen Schlupfwinkel.

Er reicht mir die Hand und kitzelt mit dem Mittelfinger meinen Handteller. Ich lache und sage: »Mann, du hörst nie auf damit, was?«

Ohne Rahaman zu beachten oder mir noch etwas zu sagen, watschelt er in die Küche, kommt bald mit einem weißen Henkeltopf zurück, in dem pechschwarzer Kaffee schwappt, und stellt ihn vorsichtig auf den Tisch, bevor er sich in den Sessel zwischen seinem Bruder und mir wirft. Er beachtet keinen von uns beiden, lehnt sich vor und nimmt eine Zuckerdose vom Tisch. Er versucht, sich zu räuspern, dreht den Kopf zu mir und zeigt fragend auf seinen Topf.

»Nein danke, Champ«, sage ich, »Rock und ich haben vor einer Stunde ungefähr einen Liter Eistee getrunken.«

Ali nickt, gibt einen schnarchenden Laut von sich, hustet, wie er das oft zu tun pflegt, nimmt einen Löffel aus der Zuckerdose und kippt einen Löffel Zucker nach dem anderen in den Topf und auf den Tisch – sieben oder acht gehäufte Löffel insgesamt. Nach einem geräuschvollen Schluck stellt er den tropfenden Topf wieder auf den Tisch.

»Schön, daß du da bist. Freut mich, dich zu sehen«, sagt er und drückt mich liebevoll oberhalb des Knies. Er steht wieder auf, geht zum Schreibtisch und bedeutet mir, ihm zu folgen.

»Unterschreibe von diesen hier jeden Tag an die Tausend. Nimm welche und gib sie deinen Freunden.« Er nimmt einen dicken Stapel kleiner grüner Hefte und gibt sie mir. Ich werfe einen Blick auf die Hefte in meiner Hand. *Ist Jesus wirklich Gott?* lese ich die in auffallend dicken schwarzen Lettern geschriebene Aufschrift in der Blattmitte. »Wenn irgendein anderer versuchen würde, diese zu verteilen, würden sie sie nicht nehmen, oder sie würden sie wegwerfen«, sagt er. »Ich signiere sie, und sie nehmen sie mit und heben sie auf.«

Er greift nach einem großen goldenen Edding, nimmt die Kappe ab, setzt sich hinter den Schreibtisch und wartet, als wäre ich am Zuge. Das bestürzt mich etwas: Er weiß, daß ich ihn um einige Autogramme bitten will. Was soll's, ich hol' ein Poster hervor, das an der Wand meines Schlafzimmers in Daddys Haus gehangen hat, falte es auseinander und breite es auf Alis Schreibtisch aus. Es ist die berühmte Aufnahme, auf der George Foremans Gesicht zu sehen ist, das durch Alis keulengerade Rechte verzerrt wird (durch den wuchtigen Schlag löst sich eine Korona von Schweißtropfen von Foremans Gesicht); Ali leuchtet wie ein verklärtes Wesen, wie man sie auf den Bildern der *Bhagawadgita* sieht. Ali guckt sich das Foto lange an; es ist nicht schwer zu erraten, daß er nicht unterschreiben will. Im Inneren ist er nicht mehr stolz darauf, daß er anderen Menschen Schmerzen zugefügt hat.

»Ich heiße Davis Miller«, sage ich und buchstabiere »D-A-V-I-S«. Als er weiterhin zögert, bin ich im Begriff, ihm zu sagen, daß ich verstehe und daß er nicht zu unterzeichnen braucht. Seine Hand ist aber bereits auf dem Poster, und er schreibt: »LOVE, Muhammad Ali, 8/3/89«.

Er faltet das Poster vorsichtig wieder zusammen, reicht es mir und setzt dann sein Autogramm auf das Boxprogramm, das ich seit der Zeit aufbewahrt habe, als Lyn und ich versucht hatten, aus Anlaß des Shaves-Kampfes zu heiraten. Mit einem leisen Klick setzt er die Kappe wieder auf den Stift und schiebt ihn auf die einzige Stelle auf dem Schreibtisch, die nicht von moslemischen Traktaten belegt ist.

»Glaubst du an Geister?« fragt er unvermittelt. Ich könnte ihm die eine oder andere Gruselgeschichte erzählen, aber ich laß' es lieber sein.

»Nein«, sage ich.

»Ich zeig' dir einen Geist, du wirst schon daran glauben.« Er zieht aus seiner Zaubertruhe ein dünnes weißes Tuch, das er über den verschütteten Kaffee und Zucker legt. Er gestikuliert mit den Händen über dem Tisch und spricht: »Erhebe dich, o Geist, erhebe dich«, mit einer nebelhaften Stimme. Das Tuch erzittert, und eine mit Kaffee befleckte Tuchspitze erhebt sich zitternd in der Mitte.

»Hab' dir gesagt, daß es einen Geist im Zimmer gibt«, meint er.

Ich frage: »Glaubst *du* an Geister?«

»Und du?« fragt Ali zurück.

»Ja«, antworte ich und beobachte sein Gesicht. Er scheint nicht überrascht zu sein. »Du bist ein Geist«, sage ich, »oder die Bilder, die sich die Menschen von dir machen – das, was sie und ich und auch du selbst behauptest, was du darstellst – das sind Geister. Auch ich bin ein Geist. Der Wunsch, nein, das *tief empfundene Bedürfnis*, etwas über dich zu Papier zu bringen, die beste Geschichte, die in mir steckt, zu schreiben und sie dann ein eigenes Leben weiterführen zu lassen, noch

Jahre, nachdem ich nicht mehr bin. Das ist ein Geist. Das ist aber nicht die einzige Art, auf die ich einer bin. Und nicht nur ich – wir alle sind sprechende, sich bewegende Geister. Es gibt unzählige Arten davon. Sie sind die ganze Zeit da.«

»*Maaann*, das ist starkes Zeug«, sagt er. »Du solltest ein Buch schreiben.«

XV

Die Dürre läßt nicht nach. Lyn sorgt dafür, daß ich die nötige Ruhe habe, um meine Erzählung »My Dinner with Ali« zu überarbeiten. Sie sucht Schutz vor der Hitze, indem sie jeden Tag mit den Kindern im Schwimmbad ganz in unserer Nähe verbringt. Der Rettungsschwimmer, ein unterhaltsamer und hoffnungsvoller Junge namens Brian, der amerikanische Literatur an der Western Kentucky University studiert, kommt manchmal abends auf ein Bier vorbei, und wir reden über die Schriftstellerei. Er bringt Johanna das Schwimmen bei und sorgt expertenhaft dafür, daß unser unerschrockener Isaac nicht auf den Grund des knapp zweieinhalb Meter tiefen Schwimmbeckens sinkt. Lyn und die Kinder verbringen die Zeit angenehm und erholsam, und wenn sie abends nach Hause kommen, lächeln sie meistens übers ganze Gesicht, und allmählich wird ihre Haut nußbraun und das Haar sonnenreif. Und sie geben *nada dinero** aus, was ziemlich genau unserem restlichen Kontoguthaben entspricht. Ich mache mir jedoch Vorwürfe, daß sie jeden Tag da draußen den Strahlen ausgesetzt sind. Bekanntlich ist das durch die verbrauchte Ozonschicht dringende Sonnenlicht nicht

---

* *nada dinero* – spanisch: kein Geld.

gerade gesund für die Haut. Ich rate Lyn, eine Tube Sonnenschutzcreme zu kaufen, sie meint aber, daß wir die fünf Dollar nicht aufbringen können. Mir kommt der Gedanke, daß, wenn alle Dinge von Buddha-Natur durchdrungen sind, wenn »Gott« allgegenwärtig ist, dann haut einiges an dieser Einheit-allen-Seins-Geschichte ganz und gar nicht hin. Zumindest scheint das Wesen der Dinge unheimlich zu sein: Die gleichen Sonnenstrahlen, die man so angenehm auf der Haut empfindet, bringen die Feuchtigkeit der Hautzellen zum Kochen und verursachen Melanome; Vanilleeis flutscht sahnig durch die Kehle, bevor es eine Überproduktion an Magensäure verursacht und zur Arterienverfettung führt. Geschicklichkeit beim Boxen fördert koordinative Eleganz, schärft die Sinne und zieht einen Menschen manchmal sogar aus dem Sumpf seines Daseins heraus, um ihn letztendlich doch wieder fallenzulassen. Kommt einem fast heimtückisch vor, nicht wahr?

Jedenfalls, während Lyn und die Kinder am Schwimmbecken lächelnd in der Sonne schmoren, hämmere ich auf der alten Schreibmaschine meiner Mutter. Alle paar Stunden unterbreche ich meine Arbeit, um eine oder zwei Runden auf den Sandsack einzudreschen und einige Bauchmuskelübungen zu absolvieren. Seit ich die Arbeit im Videogeschäft aufgegeben habe, habe ich etwa zehn Pfund abgenommen, und zum erstenmal seit Jahren sind wieder kleine Kerben in meiner Bauchmuskeldecke sichtbar. Außerdem finde ich die Zeit, Videokopien sämtlicher Ali-Kämpfe zu machen und sie an Ali und Lonnie, Mrs. Clay und Rock per Post aufzugeben. Lonnie bedankt sich in einem kurzen Brief. »Normalerweise, wenn Muhammad solche Sachen bekommt«, schreibt sie, »verschenkt er sie. Ich werde darauf achten, daß sie sicher aufbewahrt bleiben.«

Jetzt, da ich mit »My Dinner with Ali« zufrieden und

sicher bin, daß der Erzählfluß durch die Überarbeitung nicht gestört wurde, schicke ich die Story erneut ab.

Immer noch kein Glück mit Jobs. Fast jede vielversprechend klingende Stellenanzeige, die ich ankreuze, erweist sich spätestens, wenn ich zum Bewerbungsgespräch erscheine, als ein Amway-Vertriebs- oder ein Klinkenputzerjob.

Daddy rief mehrmals an und bat uns, nach Hause zu ziehen. Meine Großmutter ist im Frühjahr verstorben, und er bot uns an, mietfrei in ihrem Haus zu wohnen, bis wir unser Haus verkauft haben. Ich bin so fahrig, während ich auf Nachricht vom *Esquire* warte, alles ist so häßlich in der Dürre hier – braun, geschrumpft, rissig und einfach schrecklich –, daß ich mehr als bereit bin zu fliehen. Lyn und ich beschließen, daß ich Johanna nach Winston-Salem mitnehme, damit unsere Tochter das neue Schulhalbjahr an der neuen Schule anfangen kann, und daß Lyn und Isaac in Kentucky bleiben, um das Haus für den Verkauf vorzubereiten.

Um sicher zu sein, daß ich den Anruf nicht verpasse, der mir das Datum der Veröffentlichung bekanntgibt, hinterlasse ich die Telefonnummer des Hauses meiner Großmutter auf dem Anrufbeantworter des Redakteurs. Das Wochenende verbringe ich damit, den Volvo vollzupacken mit Johannas Büchern und Spielzeug, ihrer und meiner Kleidung, der kleinen Stereoanlage aus dem Arbeitszimmer und dem Anrufbeantworter. Ich weiß nicht, ob ich Ali je wiedersehen werde. Wenn ich nicht mehr in Louisville wohne, scheint das eher unwahrscheinlich. Doch ich glaube, daß das, was ich bekam, ausreicht. Immerhin, wievielen von uns ist es wie mir vergönnt, so viel Zeit mit ihrem Kindheitsidol zu verbringen?

Am Montag ist die einzige Möglichkeit, im Wagen noch etwas zu verstauen, der Boden vor Johannas Sitz, wo ich ehrerbietig die neueste Version der »My Dinner«-Story, die von Ali signierten Memorabilien und die Schreibmaschine plaziere. Für unsere Reise bringt Lyn eine Einkaufstüte mit Sandwiches, Obst, Keksen und Crackern sowie eine große Thermosflasche mit Limonade, die ich gleichfalls auf den Boden stelle. Wir statten *Great Wide Muddy** einen letzten Besuch ab, wo wir Schiffe auf dem Wasser fotografieren und Kinder, die Muscheln sammeln. Dann machen wir uns auf den Weg.

Ich bin froh, einige Zeit allein mit Johanna verbringen zu können. Dadurch, daß mich Lyn sechs Wochen nach Johannas Geburt verlassen hatte, weil ich immer nur arbeitete, einschließlich der Zeit danach, als wir wieder zusammen waren und ich jeden Augenblick, den ich ergattern konnte, dafür benutzte, um die Kunst des Schreibens zu erlernen (durch meine Frustrationen war ich nicht gerade der lustigste Mensch in Nordamerika, nicht einmal an den wenigen Tagen, an denen ich mich mal loseiste), ist die Beziehung zwischen meiner Tochter und mir nie besonders eng gewesen.

Johanna und ich halten Händchen, zählen Kühe, hören Musik, halten am Straßenrand an, um ein Schläfchen zu machen, und reden über ihre alten Freunde, die wir sehen werden, wenn wir nach Winston-Salem kommen. Gleich hinter Asheville, als wir die Berge hinter uns lassen, kippt die Thermosflasche um, und die klebrige, säurehaltige Limonade fließt über Alis ganzes Gesicht und seine rechte Faust auf dem Poster, das er signiert hatte, als ich in Berrien Springs war. Johanna rettet Alis Bildnis vor der Limonadenlache, und ich fahre schnell an den Straßenrand und trockne das Poster mit einem Handtuch ab. Ich werde es noch mal gründlicher machen, wenn wir in Winston sind, aber auch wenn es mir gelingen sollte, das Poster wieder

* Great Wide Muddy – Ohio River.

hinzukriegen, wird die Säure sein Bildnis samt Unterschrift allmählich auflösen. Selbst wenn die Limonade nicht vergossen worden wäre, hätte das Poster kaum länger als einige Menschenleben gehalten. Soviel dazu, daß Unsterblichkeit durch Kunst erreichbar sei.

Ist es müßig, nach Unsterblichkeit zu streben? Bestimmt. Ist es irgendwie »unrecht« oder untugendhaft? Da unsere Sehnsucht nach Beständigkeit untrennbarer Bestandteil der menschlichen Natur ist, da sie etwas ist, womit wir zur Welt kommen, ist die Frage vielleicht irrelevant. »Das, wovon man abweichen kann, ist nicht das Tao«, schrieb Lao-tse. Doch die Gefahren des Ehrgeizes, der Ambitionen – eine der häufigsten Erscheinungsformen der angeborenen Sehnsucht nach Unsterblichkeit – sind hinreichend bekannt. Es gibt eine Art Kurzsichtigkeit, die für Ehrgeiz bezeichnend ist, bei der nicht die Welt und die Geschöpfe um uns herum, sondern das eigene Ich im Vordergrund steht, bei der man weniger geneigt ist, gutmütig zu sein. Daher eine weitere Lehre aus Alis Leben: Schau, was geschieht, wenn man Menschen immer nur auf den Kopf schlägt und behauptet, man sei besser als sie – klüger, hübscher, schneller, anmutiger –, man sei der Größte aller Zeiten. Was muß es für dein Karma bedeuten, wenn du die Menschlichkeit der anderen schmälerst, wenn du versuchst, dich über sie zu erheben und deine eigene Überlegenheit anpreist (und dabei Millionen Dollar verdienst), indem du sie mit Namen versiehst wie Eichel (Earnie Shavers), großer häßlicher Bär (Sonny Liston), Mumie (George Foreman), Waschfrau (George Chuvalo), Walroß (Leon Spinks), (furchtsamer) Hase (Floyd Patterson), Peanut (Larry Holmes) und, natürlich, Gorilla (Joe Frazier). Muhammad Ali, dieser sonst so wundervoll sensible Mann, wandelte Menschen in Dinge und Tiere um, um ihnen Leid zuzufügen.

Johanna und ich fahren in der Dämmerung auf dem Interstate Highway 40 in Richtung Osten und kommen auf einen Abschnitt, der noch naß vom Regen ist. Die Sonne ist wieder zu sehen, die Bäume und Autos werfen scharfe, klar umrissene Schatten; ich betrachte den Sonnenuntergang, der sich auf der nassen Straße widerspiegelt und in Milliarden nasser Grashalme strahlt. Ich denke an die Aura, die Ali umgibt, an die Art, wie seine Haut immer zu strahlen scheint, sogar jetzt, trotz seines Leidens. Und ich denke darüber nach, ob möglicherweise der einzelne gar nicht aus sich selbst glüht, sondern in Verbindung mit einem größeren Licht.

Einige dicke Tropfen prallen gegen die Windschutzscheibe. Es ist der erste Niederschlag, den wir seit Sommeranfang erleben. »Sieh mal, Johanna, es regnet«, sage ich und blicke zu ihr hinüber. Ihr Gesicht ist und bleibt in ihrem Buch vergraben. Oh, was soll's, man kann nun mal nicht erwarten, daß sich die Aufregung, die man über so etwas wie ein bißchen Wasser in der Luft empfindet, mit einer 7jährigen teilen läßt. Ich verlasse den Interstate Highway an der nächsten Ausfahrt, gehe auf knapp dreißig runter, stecke den Kopf weit, weit aus dem Fenster und lasse den Regen auf mein Gesicht niederprasseln.

»Daddy! *Daddy!*« jammert Johanna beinahe hysterisch und klingt dabei ihrer Mutter beunruhigend ähnlich, wenn diese aufgeregt ist. »Daddy, was *machst* du?«

Ich sage ihr, daß ich den Regen genieße.

»Daddy, würdest du *bitte* in den Wagen zurückkommen?« fleht sie mich an. »Daddy, das ist *gefährlich!* Daddy, *Daddy!* ... Daddy, du bist so unheimlich.«

Je mehr wir uns Winston-Salem nähern, desto besser fühle ich mich. Die Straße vor uns ist leer. Im westlichen Teil North Carolinas ist es wesentlich grüner als in Louisville oder Michigan. Wiesen, Bäume und das Gras am Straßenrand sehen weich aus, und ihr Farbton erinnert an Sorbett. Ich stecke den Kopf aus dem Fenster und atme den Duft des Regens, der Gräser und des Schierlings ein und höre das Rauschen der Reifen auf dem nassen Asphalt. Ist es nicht merkwürdig, daß die besten Dinge, die uns am wirklichsten vorkommen, oft diejenigen sind, die uns zugleich traumhaft erscheinen? Ein echter Nirvana-Augenblick! Ich weiß nicht, ob etwas viel besser sein könnte als das. Wenn es ein Nirvana gibt, dann ist es hier, in dem Augenblick – davon bin ich überzeugt. Schwelgen in der Welt der Sinne – ohne Worte – wie fabelhaft. Die Sprache kommt einem zuweilen vor, als hätte man Schuhe aus hartem Leder an, die um einige Nummern zu klein sind.

Wer weiß, wieviel (wenn überhaupt) von diesem Zeug wahr ist, was ich über Ali denke und schreibe? WAHRHEIT: nein – WAHRHEIT: nun, vielleicht. Vielleicht ist die ständig im Wandel begriffene »Wahrheit« über Ali eine Frage der Perspektive. »Der Frosch im Brunnen kann die Weite des Himmels nicht begreifen.« Was über Ali vor dreißig, zwanzig oder vor gar nur zehn Jahren berichtet wurde, bröckelt heute bereits wie Sandstein.

Als der auf mein Gesicht peitschende Regen anfängt, mir weh zu tun, nehme ich den Kopf wieder rein und sehe, daß Johanna ihr Fenster heruntergelassen hat und den Kopf zum Himmel gewandt hat. Ihre Augen sind geschlossen, Teile ihres Gesichts sind durch den niederprasselnden Regen etwas gerötet, andere Teile sind gebräunt von der Sonne dieses Sommers, und die Ohren und Lippen sind etwas lila. Sie sieht fast genau so aus wie meine Mutter auf ihren Jugendfotos. Johannas Gesicht ist pitschnaß, ihre Locken sind weich und fallen kaskadenartig auf den Rücken ihres T-Shirts. Ihr scheint es genausoviel Spaß zu machen wie mir vorhin.

XVI

»Wir haben uns entschlossen, die Story zu streichen«, sagt der Redakteur in einer Art, die man bestenfalls noch als offiziös bezeichnen könnte. »Ich werde dafür sorgen, daß Sie Ihr Ausfallhonorar schnell bekommen. Entschuldigen Sie, daß es so lange gedauert hat.«

»Ausfallhonorar?« frage ich. »Was meinen Sie mit ›Ausfallhonorar‹?«

»Lesen Sie Ihren Vertrag«, rät er. »Wenn wir den Beitrag nicht bringen, bekommen Sie kein volles Honorar. Wir schulden Ihnen, eh ... Augenblick. Was wollten wir Ihnen zahlen? Ach ja, 2500. Also 15 Prozent von 2500. Wir schulden Ihnen also ... 475 Dollar. Oh, entschuldigen Sie. 375. Ich sorge dafür, daß die Buchhaltung den Scheck morgen an Sie abschickt.«

Ich lege auf und frage mich, wie jemand, der den Namen meines Lieblings-Schokoriegels trägt, so ein mieser Kerl sein kann. Vermutlich geschieht das aus dem gleichen Grund wie fast alles, was unser Tun und unseren Werdegang bestimmt: Angst. Wir haben alle so viel Angst. Man kann kaum überschätzen, wozu uns Angst treibt. Sie zwingt uns, in bestimmten Situationen zu handeln oder Handlungen zu unterlassen, »ja« oder »nein« zu sagen oder überhaupt keine Entscheidung zu treffen, der Republikanischen Partei beizutreten, zu heiraten, Storys zu schreiben, im Kampfring herumzuhopsen, Kriege anzuzetteln, Kranke zu heilen. Sie erzeugt (eine Art) Glauben, daß wir etwas Besonderes wissen, sie veranlaßt uns zu glauben, wir seien besser als die anderen, und sie gibt uns das Gefühl, wir seien wertlos und zu nichts nutze. Fast alles, was Menschen tun und lassen, läßt sich auf Angst zurückführen.

Als ich meine Frau anrufe, um ihr die Nachricht mitzuteilen, sagt sie, die zur Weltklasse der Optimisten zählt: »Ich wußte, daß das so kommen würde. Aber ich schätze, es war den Versuch wert. Hast du auf der Jobsuche etwas erreicht?«

Noch nicht, berichte ich ihr. »Aber so oder so, es wird schon etwas daraus werden, Lyn«, womit ich die Story meine, die Schriftstellerei. »Davon bin ich überzeugt.«

»Ich hab' das Krankenhaus angerufen«, sagt sie, »sie werden mir meine Stelle wiedergeben. Bei gleichem Stundenlohn: 5,43 Dollar die Stunde.«

Bevor ich die Distrikt-Manager-Stelle hatte, ordnete Lyn Akten im Krankenhaus. Es war ein Scheißjob, der ihr nie besonders gefiel, und ich dachte, sie bräuchte ihn nie wieder im Leben zu machen. Ich bin dennoch dankbar, daß sie bereit ist, eine derart perspektivenlose Stelle wieder anzunehmen.

Ich erkundige mich nach dem Arbeitslosengeld. Sie sagt, der erste Scheck sei angekommen, und sie habe Geld für Benzin und Lebensmittel.

»Ich werde mich mit Video Village in Verbindung setzen«, sage ich. »Ich glaube nicht, das sie einen Geschäftsführer brauchen, aber vielleicht haben sie etwas anderes für mich. Ich sage dir dann Bescheid.«

»Du brauchst nicht zurückzurufen. Wir sollten das Geld für das Telefonat sparen«, meint meine Frau. »Isaac und ich kommen nächstes Wochenende nach Hause. Ich hab' im Krankenhaus gesagt, daß ich am darauffolgenden Montag anfangen kann.«

Ich bin froh, daß Lyn und Isaac herkommen, aber die finanzielle Lage ist wenn nicht katastrophal, so doch ziemlich verzweifelt. Ich will das Haus und den Wagen nicht verlieren, und ich werde kein Geld mehr von Vater annehmen. Außerdem weiß ich gar nicht, ob er überhaupt welches zu vergeben hat. Wenn er welches hätte, wäre er bereits in Rente gegangen. Sein Job bereitet ihm schon seit Jahren keine Freude mehr. Johanna und ich sind seit einigen Wochen wieder zu Hause; seitdem gehen wir gelegentlich gemeinsam essen, wenn er von der Arbeit kommt. Nach einem Tag im Werk sieht er so abgearbeitet und fertig aus. Ich werde ihn in Rente schicken, sobald ich es als Schriftsteller geschafft habe. Ich werde ihm ein Häuschen in den Bergen kaufen oder an der Küste, wo er ausspannen, angeln, in der Sonne sitzen und es sich gutgehen lassen kann.

Ich denke nicht daran, Daddy zu erzählen, daß »My Dinner with Ali« abgelehnt worden ist. Ich warte, bis ich die Story irgendwo anders verkauft habe, bevor ich ihm davon berichte. Lyn und ich brauchen das Geld so dringend, daß ich keine Zeit habe, mit einer weiteren Illustrierten in New York herumzudoktern. Ich rufe das *Courier-Journal* an und bringe Namen und Anschrift des für die Sonntagsausgabe verantwortlichen Redakteurs in Erfahrung. Binnen einer Stunde, bevor ich Zeit zum Nachdenken habe und es mir vielleicht anders überlege, schicke ich »My Dinner with Ali« zurück nach Louisville. Ich füge eine Kopie meines Begleitschreibens an den *Esquire*-Redakteur und einen handgeschriebenen Zettel bei, auf dem ich vermerke, daß *Esquire* beschlossen hat, die Story nicht zu bringen.

Nach einer knappen Woche erhalte ich einen Anruf. »Das ist eine erstaunliche Story«, sagt der Redakteur. »Wir wollen sie nächste Woche als Titelstory bringen.«

Nächste Woche. Mann! »Wieviel können Sie zahlen?« erkundige ich mich. »Wir haben für Sie Mittel aus einem Sonderfonds bereitgestellt. Es ist mehr, als wir je gezahlt haben. Vierhundert Dollar.«

Ich schweige. Vermutlich spürt er meine Enttäuschung.

»Es ist uns klar«, fügt er hinzu, »daß das kein Illustriertenhonorar ist, aber als Zeitungshonorar ist das sehr gut.«

Wenn das als gut gilt, wie soll ich es je schaffen, mit

der Schriftstellerei meine Familie zu ernähren? In dieser Story stecken zwei Monate harter Arbeit. Aber auch wenn der Betrag für Daddys Rente nicht reicht, so können wir damit wenigstens die Rechnungen begleichen, die im Laufe einer Woche anfallen. Genauso wichtig ist, daß die Story gedruckt wird. Ich werde sie meiner Familie und meinen Freunden zeigen, und sie wird in Louisville erscheinen, wo Alis Mutter und Rock, seine Familie und Freunde, meine ehemaligen Geschäftsführer und Ali selbst die Story lesen werden. Ich rede mir ein, daß dies eigentlich das wichtigste ist.

Lyn ruft noch mal am Mittwoch an und sagt, daß ihre Eltern sie und die Kinder über das Labor-Day*-Wochenende, also das bevorstehende Wochenende, in ihr Wochenendhaus an der Küste eingeladen haben. Die Familie Harris finanziert die Reise. Sie wird mit ihnen am Sonntag nach Winston kommen und am Montag die Arbeit antreten.

Johanna wollen die Harris' mitnehmen und deshalb morgen von der Schule abholen. Diese Nachricht kommt mir sehr gelegen. Ich habe eine Idee für eine weitere Story, mit der ich möglichst bald anfangen möchte. Sie handelt von einem Mädchen im Teenager-Alter, das in einem Videoladen arbeitet und davon träumt, Weltmeister im Kickboxen zu werden. Ich will Lyns Heimkehr und den Verkauf der »My Dinner«-Story feiern, indem ich die Pat-Metheny-CD »Letter from Home« und einen ganzen Stapel Papier kaufe. Ich bin derart aufgeregt, ein langes Wochenende für mich allein zu haben und es mit Musikhören und Training und mit der neuen Story verbringen zu können, daß ich fast vergesse, den Anrufbeantworter abzuhören.

* Labor Day – gesetzlicher Feiertag, in den meisten Staaten der USA der erste Montag im September.

XVII

Die Stimme ist so leise und undeutlich, daß ich nicht sicher bin, ob ich den Anrufer erkennen würde, wenn er nicht gesagt hätte, wer er sei.

»Sohn, hier ist dein Dad«, sagt die Stimme langsam und ist am Ende des Satzes kaum noch hörbar. »Ruf mich an, wenn du wieder da bist.«

Ich spule zurück und höre die Nachricht erneut ab. Noch nie klang die Stimme meines Vaters so wie heute. Überhaupt nichts Positives, Lustiges in der Stimme.

Statt zurückzurufen, fahre ich zu seinem Haus, parke rechts von der Einfahrt, zwischen dem Hartriegel- und dem Schneeballstrauch, die er und meine Mutter in jenem Frühjahr gepflanzt haben, als sie einzogen. Ich öffne die Hintertür und blicke ins Zimmer. Er sitzt im Sessel vor dem Fernseher, in dem gerade ein John-Wayne-Western läuft und eine wilde Schießerei das Zimmer mit ohrenbetäubendem Lärm erfüllt. In der Hand hält er eine Büchse Diät-Cola. Er trinkt etwa zwanzig von diesen miserablen Dingern pro Tag. Er ist so angezogen, als wolle er gerade zur Arbeit gehen: kakaofarbene Ausgehhose und ein kariertes kurzärmliges Hemd.

»Es ist herrlich draußen«, berichte ich, »eine herbstliche Stimmung.«

»Jedesmal, wenn ich ins Krankenhaus mußte«, sagt mein Vater, »war das Wetter wie jetzt. So klar, daß die Augen schmerzen. So klar wie an dem Morgen, als das Space Shuttle explodierte.«

Ich beobachte Daddy genau. Außerhalb des Boxrings habe ich nie einen Menschen gesehen, der so aussah wie er heute. Ein Schockzustand bis ins Knochenmark. Unverkennbare Furcht, die im ganzen Körper zu spüren ist. Und fast völlig resigniert.

»Sohn, meine Brust tut weh«, sagt er, der sonst nie über sein Befinden redet. Fragt man ihn nach seiner Gesundheit, sagt er immer: »Mir geht's gut« und schaut weg.

Und nun sagt er mir: »Es tut so weh, daß ich seit Dienstag nicht geschlafen hab'. Ich will nicht ins Krankenhaus. Ich will nicht im Krankenhaus sterben.«

Die sachliche Art erschüttert mich derart, daß ich nicht weiß, was ich sagen oder tun soll. Also lache ich. »Du stirbst noch lange nicht«, sage ich, »dir fehlt nichts.«

Er steht auf und geht langsam zum Schreibtisch. »Wenn du sie brauchst, findest du alle Papiere im rechten unteren Schubfach.«

Er setzt sich hin und stellt Schecks aus für die Wasser- und Stromrechnungen, die über seine Sears-Kundenkarte und die MasterCard abgerechnet werden. Wie in meiner Kindheit bittet er mich, Briefmarken anzulekken und Kuverts zuzukleben. Er gibt mir einen Scheck über eintausend Dollar und meint, das würde einen Teil der Kosten decken. Er steht auf und läßt die Rechnungen dort liegen, wo ich sie auf den Schreibtisch hingelegt habe.

»Dave, versprich mir, daß alles so geregelt wird, wie es sich gehört«, sagt er mit einer etwas bebenden Stimme und zeigt dabei auf meine Brust. »Versprich mir, daß du alles regelst.«

»Natürlich mach' ich das«, sage ich lachend, »das weißt du doch. Aber es wird nichts zu regeln geben. Dir wird es wieder gutgehen.«

Er dreht sich um und geht aus dem Zimmer. »Krankenwagen sind zu teuer«, sagt er, geht um die Ecke und verschwindet in der Küche. »Fahr du mich hin.«

Ich höre, wie er die Kühlschranktür zuklappt. Er kommt wieder herein, mit einer neuen Diät-Cola-Büchse in der Hand. Er öffnet die Büchse und steigt auf der Fahrgastseite seines Taurus-Kombiwagens ein. Der Taurus ist ein Firmenwagen. Daddy besitzt keinen Wagen.

»Seltsam«, sagt er, »sobald ich mich entscheide, ins Krankenhaus zu gehen, hört der Schmerz in der Brust auf. Seitdem du da bist, tut die Brust nicht mehr weh.« Vater dreht die Klimaanlage voll auf, obwohl es draußen fast kühl ist. Jedesmal, wenn ich mit ihm in der letzten Zeit gefahren bin, war es fast eiskalt im Wagen. Ich betrachte ihn nochmal, diesmal noch genauer: Er ist erst 59 Jahre alt. Und abgesehen davon, daß sein Haar schon fast weiß geworden ist, sieht er aus wie Mitte vierzig, ausgezeichnet. Er ist jung. Und seine Haut ist braun wie Teakholz. Ich bin sicher, daß er sich wieder erholen wird.

»Vielleicht werden sie dir einen Bypass einsetzen, Lyns Vater hat auch einen. Dann wird alles wieder gut.«

Er sagt kein Wort auf dem Weg ins Krankenhaus. Als wir in den Tunnel fahren, der zum Universitätskrankenhaus führt, greift er nach seinem Portemonnaie und holt einen Fünfdollarschein heraus. »Park den Wagen, und wir treffen uns drinnen«, sagt er und drückt mir den Geldschein in die Hand.

Ich bin bestürzt, daß er mich nicht einmal für das Parken bezahlen läßt. Er steigt aus und geht auf das Gebäude zu. Ich lege den Gang ein, und als der Wagen anfährt, entscheide ich mich, wieder anzuhalten. Ich schalte in den Leerlauf und beobachte meinen Vater im Rückspiegel, während er langsam zur Drehtür geht; ich sehe seinen Hinterkopf, seine sich im karierten Hemd abzeichnenden runden Schultern, die Sohlen seiner Lederschuhe.

Beim Unterschreiben der Einweisungspapiere macht er einen ganz normalen Eindruck. Mir fällt lediglich auf, daß er eine winzige Tablette aus der Tasche nimmt und in den Mund steckt. Ein Pfleger bringt einen Rollstuhl, in dem er meinen Vater nach oben fährt. Daddy gibt mir sein Portemonnaie und seine Krankenversicherungskarte. »Ruf dort gleich an«, sagt er, »und laß dir die Bestätigung der Krankenkasse geben. Will nicht, daß jemand irgendwelche Rechnungen zahlt.« Wir treffen uns auf der Herzstation wieder. Ein Schalter, hinter dem sich Krankenschwestern, Pfleger, Studenten und Krankenhausärzte bewegen, zieht sich über die gesamte Länge des Raumes, die etwa zwanzig Meter beträgt. Auf der linken Seite befinden sich mit Vorhängen versehene Kabinen etwa in der Größe von begehbaren Wandschränken. An der Tür sagt mir eine blauuniformierte Krankenschwester, daß sich die Kabine meines Vaters in der rechten hinteren Ecke befindet. Ich bedanke mich und lächele sie auf eine Art an, die Lyn als das »Lächeln eines unverbesserlichen Optimisten« bezeichnet.

Eine Atmosphäre des Unausweichlichen herrscht auf der Herzstation. Maschinen klicken und summen, knakken und piepen, surren und beben. Als ich den Raum durchschreite, stelle ich fest, daß sämtliche Kabinen offen stehen. In der zweiten Kabine sitzt ein sehr, sehr alter Mann steil aufgerichtet im Bett. Die ganze Kabine ist durchflutet vom bläulich flackernden Licht der Monitore, sein bleifarbenes Gesicht, das oberhalb der schneeweißen Laken zu sehen ist, besteht nur noch aus Haut und Knochen. Sein spindeldürrer rechter Arm liegt schlaff und unbewegt auf dem Laken, die Haut ist so dünn, daß die lila Arterien auf den ersten Blick schon aus zehn Meter Entfernung deutlich zu sehen sind.

Bekleidet mit einem blaugestreiften Krankenhausmorgenrock, liegt Daddy ausgestreckt auf einem Bett, dessen Kopfende hochgekurbelt ist. Er ist an einen Herzmonitor und einige andere Geräte, die ich nicht kenne, angeschlossen. Sein Puls wird mit 118 angezeigt. Das erscheint bedrohlich hoch.

Die Kabine hat nur ein einziges Fenster, das sich in der äußersten linken Ecke hinter seiner rechten Schulter befindet, und nur einer Eule könnte es eventuell gelingen, den Kopf so weit zu drehen, daß sie aus dem Fenster sehen könnte. Eine fast hübsche, rothaarige Krankenschwester, oder vielleicht ist es auch eine Ärztin, stellt Fragen und schreibt die Antworten nieder.
»Sind Sie Raucher?« fragt sie.
»Jetzt nicht mehr«, antwortet mein Vater.
»Wann haben Sie aufgehört?«
»Heute morgen«, sagt er und versucht zu lachen.
Die Fragende lächelt nicht einmal. Sie schreibt etwas auf das Blatt, sieht sich seine gelblichen Augen an und schreibt erneut etwas nieder.
Sie zieht das Laken hoch und betrachtet Daddys Füße.
»Seit wann besteht die Schwellung?« fragt sie und tastet nicht gerade zartfühlend seine Füße, Knöchel und Beine ab.
»Ich weiß nicht. Schon eine Weile.«
Ich sehe seine Füße genauer an, denn die Schwellung scheint von Bedeutung zu sein. Ich starre auf seine Füße. Die Schwellung erinnert an mit heißem Wasser gefüllte Latexhandschuhe; die Haut ist gespannt, glänzt und sieht schmerzhaft aus. Ich wünsche mir, ich hätte das früher bemerkt. Ich wünsche mir, ich hätte gewußt, daß darauf zu achten sei.
»Mr. … eh … Mr. Miller«, sagt sie, nachdem sie auf ihr Blatt geguckt hat, »beschreiben Sie mir den Schmerz.«
»Eigentlich ist es kein Schmerz«, sagt Daddy, und es klingt fast, als hoffe er, daß das Ganze vielleicht doch nicht so ernst sei. »Es ist nicht so, wie das bei meinem Herzanfall war, wo ich das Gefühl hatte, jemand sitzt auf meiner Brust. Und bei weitem nicht so schlimm wie meine Nierensteine. Nur ein Druck. Das ist alles.«
Ihr Kugelschreiber gleitet über das Blatt. »Bestehen weitere Beschwerden?«

Daddy schüttelt den Kopf.

»Chronische Rückenschmerzen. Er hat chronische Rückenschmerzen«, werfe ich ein, lächele und hoffe, damit behilflich zu sein. Sie sieht mich an, schreibt etwas auf, erwidert mein Lächeln aber nicht. Dann wendet sie sich wieder Vater zu: »Sind Sie Organspender? In Ihrem Alter sind die Augen wahrscheinlich nicht mehr sehr gut, aber vielleicht gibt es andere Organe, die jemand gebrauchen könnte.«

In Ihrem Alter. Es ist überflüssig zu sagen, daß das Verhalten dieser Frau am Krankenbett meines Vaters sämtliche Rekorde bricht. Sie behandelt diesen prächtigen Mann, Roy L. Miller, als wäre er Teil der Ausstattung dieses Raumes, Teil irgendeiner Maschine, die so programmiert wurde, daß sie sprechen kann, und als sei es ihre unangenehme Pflicht, sich das anhören zu müssen, was diese Maschine sagt. Ich sehe Daddy an; er scheint einfach schockiert zu sein. Auch ich bin wie benommen. Nicht so sehr wegen der Unverschämtheit dieser Frau – schließlich ist es nicht abwegig, jemanden zu fragen, ob er gegebenenfalls seine Organe spenden möchte –, sondern vielmehr wegen des Gedankens, daß Vater zu alt sein könnte, um seine Organe zu spenden.

Ein großer schwarzer Pfleger, der mit einem Rollstuhl kommt, teilt Daddy mit, er solle auf die dritte Etage zum Thoraxröntgen gefahren werden. Ich bitte um Erlaubnis, ihn schieben zu dürfen. Im Fahrstuhl spricht Vater kein Wort. Was mich mehr als sein Schweigen bedrückt, sind seine schwarzen leeren Augen: Man sieht in sie hinein und bekommt das Gefühl, tiefer und immer tiefer zu fallen.

»Wenn du diesmal aus dem Krankenhaus kommst«, schlage ich vor, in der Hoffnung, ihn etwas aufzumuntern, »wollen wir dann nicht zusammen spazieren gehen? Es ist Zeit, Dinge gemeinsam zu unternehmen.

Ich werde mit dir zusammen üben. Durch das Schreiben habe ich viel mehr Zeit, als ich je zuvor hatte.«

Auch im Labor, wo wir anschließend etwa 15 Minuten verbringen, spricht Daddy kein Wort. Stundenlang wird er immer wieder von neuen Krankenschwestern, Medizinstudenten und Ärzten geknetet, gepikst und abgetastet – und im Laufe dieser ganzen Prozedur sagt er keinen Ton. Mir fällt allerdings auf, daß die Leere aus seinen Augen verschwindet, wenn andere um ihn herum sind. Entweder überspielt er sie bewußt, oder sie ist in dieser Zeit nicht sichtbar. Ich spreche einen samthäutigen Arzt an, der einen gutmütigen Eindruck macht. Wir gehen etwas beiseite, und ich sage ihm, daß mein Vater glaubt, daß er sterben werde. »Den Werten nach zu urteilen, gibt es keinen Anhaltspunkt dafür«, meint er, »seine lebenswichtigen Organe sehen ausgezeichnet aus, sein Puls ist kräftig.«

Ich sage ihm, daß ich der Meinung bin, daß Vater depressiv sein könnte und daß ich weiß, wie sich so etwas auf einen Menschen auswirken kann. Er bedankt sich. »Es ist hilfreich zu wissen, wie sich ein Patient fühlt«, sagt er und schiebt seine Brille etwas höher. »Wir werden uns mit ihm über das unterhalten, was wir festgestellt haben. Seine Zuversicht muß gestärkt werden.«

Den ganzen Nachmittag, während Leute kommen und gehen, sehen Daddy und ich den Wetterkanal; vor der Küste Südamerikas braut sich ein Sturm zusammen. Bis Mitte des Abends wird Hugo Orkanstärke erreichen. »Sehen Sie sich diese Spiralstruktur an«, ruft ein grinsender Ansager aus, und fast streichelt er die Satellitenaufnahme der umherwirbelnden Wolken mit seiner rechten Hand. »Schauen Sie, wie deutlich sich das Auge gestaltet. Hugo sieht aus, als könne er sich zu einem sehr starken Sturm entwickeln.«

Ich sehe auf Daddys Uhr. Es ist 21.25 Uhr. Ich gähne

alle paar Minuten, und in meinem Magen rumort es, seit es dunkel wurde. Daddy sagt, er sei o. k. und meint, ich solle Abendessen gehen und mich ausschlafen.

»Wenn du morgen wiederkommst, bring mir bitte einen Schlafanzug und meine Hausschuhe mit«, sagt er. Ich stehe auf und gehe zur Tür.

»Und tu mir bitte noch einen Gefallen, Dave. Sag deiner Schwester nicht, daß ich im Krankenhaus bin. Ich will nicht, daß sie sich unnötig Sorgen macht.«

Als ich einen Sandwich herunterschlinge, ruft Lyn von einer Telefonzelle aus von der Küste an. »Ich wollte dir nur Bescheid sagen, daß wir gut angekommen sind.«

»Hör mal zu, ich will dich nicht beunruhigen«, sage ich, »aber Daddy ist im Krankenhaus. Mit seinem Herzen ist etwas nicht in Ordnung. Ich glaube, er wird wieder gesund werden, und das ist auch die Meinung aller, mit denen ich im Krankenhaus gesprochen habe, aber er meint, er werde sterben. Vielleicht könntest du schon etwas früher nach Winston kommen.«

Am anderen Ende herrscht einige Augenblicke Schweigen, dann höre ich ihre Stimme wieder: »Ich bin sicher, daß er gesund wird.«

Sie wird recht haben. Daddy sieht viel jünger aus, und er wirkt auch viel jünger als Lyns Vater, der 54 Jahre alt ist. Sie und ich haben mal darüber gesprochen und sind zu der Meinung gelangt, daß Daddy Mr. Harris um ein oder zwei Jahrzehnte überleben wird. Und, wie ich bereits sagte, Lyn besitzt einen sicheren Instinkt für künftige Tragödien. Die Ärzte, die Krankenschwestern, Lyn und ich, wir alle sind der Meinung, daß Daddys Zustand nicht sehr ernst ist: Ich werde ihn noch zwanzig Jahre lang haben, dessen bin ich sicher. Das wäre auch nur gerecht. Wir haben beide ein anständiges Leben geführt, so, wie es sich gehört. Die leichten Herzbeschwerden, die er damals in den 70ern hatte, kamen nicht unerwartet, wenn man bedenkt, was er durchgemacht hat bei der Erziehung eines rotznäsigen Bengels wie mir. Aber nun habe ich das Wesentliche im Griff. Ich werde zu einem vollwertigen Mann. Zumindest werde ich jetzt Zeit haben, die ich mit Daddy verbringen kann. So ist das Universum beschaffen. Wer das rechte Leben führt, wird belohnt.

»Mach dir keine Sorgen«, fährt meine Frau fort. »Das ist wahrscheinlich ein gutes Omen. Vielleicht wird er endlich anfangen, auf seine Gesundheit zu achten.«

»Ja, wir sprachen darüber, daß wir beide zusammen trainieren werden. Vielleicht ist es wirklich ein gutes Omen.«

»Ich bin sicher, er wird alles gut überstehen.«

»An Feiertagen sind keine Kardiologen im Hause. Am Montag bekommt er einen Herzkatheter. Sie wollen sehen, ob er einen Bypass braucht. Aber ich glaube, es wäre doch besser, wenn du schon morgen nach Hause kämst.«

»Du warst nicht gerade besorgt, als *mein* Vater im Krankenhaus lag«, antwortet sie ausweichend, »du bist nicht extra hingefahren, um ihn zu besuchen.«

Damit hat sie recht. Die Beziehungen zwischen meinen Schwiegereltern und mir waren nie besonders herzlich. Als Lyn und ich anfingen, miteinander auszugehen, sagten ihre Eltern ihr, ich sei zu alt für sie. Sie meinten, meine haltlose Lebensweise sei ungehörig. Ich würde einen schlechten Einfluß auf sie ausüben. Ein Kickboxer. Was immer das sei. Schriftsteller. Daß ich nicht lache. Taoist, Zen-Buddhist. Zu abwegig, um auch nur einen Gedanken daran zu verschwenden. Was für eine Zukunft erwarte sie mit einem Taugenichts wie mir?

Von Anfang an habe ich versucht, ihr Mut zu machen, ihre Malerei weiterzutreiben, als ihre Eltern versuchten, ihr das auszureden. Schon während ihrer High-School-Zeit verdiente sie mit ihrer Malerei einige hundert Dollar im Jahr. Als sie ihr Abschlußzeugnis bekam, sagte ihr Vater, sie würde mit der Malerei nie ihren Lebensunterhalt verdienen können und zwang sie, im Sommer eine Ganztagsbeschäftigung anzunehmen, bei der sie in der zweiten Schicht in der R. J. Reynolds Tobacco Company, wo Mr. Harris als Ingenieur arbeitete, knapp zwanzig Kilo schwere Behälter mit Tabak schleppen mußte. »Damit du siehst, wie die wirkliche Welt aussieht«, meinte er.

Was er nicht aussprach, aber damit erreichen wollte, war, Lyn auf diese Weise von mir fernzuhalten. Die Harris' wußten nicht, daß ich Lyn nach Arbeitsschluß jeden Morgen um ein Uhr vom Firmenparkplatz abholte. Der Maschinenlärm dröhnte noch in ihren Ohren, ihre Haut, Fingernägel und Wimpern waren noch mit einer Tabakkruste bedeckt. Oft legte sie ihren Kopf auf meine Schulter und weinte schwarze Tabaktränen.

Die Reibereien zwischen den Schwiegereltern und mir gingen so weit, daß sie ihr mitteilten, sie wollten nicht, daß ich ihr Haus beträte und daß sie mich bewirte, falls ich trotzdem käme. »Für diesen Jungen ist kein Essen in unserem Hause übrig«, sagte ihre Mutter einmal in meiner Gegenwart, als sie aus der Kirche kam und mich in der Küche ein Tomatensandwich essen sah.

In meinen Augen wurde Lyn ihr Leben lang von ihren Eltern beschimpft. Ich weiß, daß sie dies nicht vorsätzlich taten, aber der Schaden ist da. Ich glaube, das ist der Hauptgrund, warum sie wie gelähmt ist, wenn sie versucht, sich mit der Kunst zu befassen oder sonst irgend etwas zu unternehmen. Ich glaube, das ist auch der Grund, warum sie das College schmiß – es war die Angst vor dem Versagen, die sie von ihren Eltern gelernt hatte. Ich bin froh, daß mein Vater mich mit solchen Dingen nicht belastet hat, und ich war auch nicht darum verlegen, ihr diesbezüglich meine Meinung zu sagen.

»Bei deinem Vater war uns ziemlich klar, was ihm fehlte«, sage ich ihr jetzt, »wir wußten, daß er einen Bypass braucht. Bei Daddy ist es ungewiß.« Hinzu kommt, daß Lyn meinen Vater verehrt und sich mit ihm viel lockerer unterhält, als ich es je tat. Und sogar viel zwangloser als mit mir. Sie unterhielt sich mit Daddy auch, nachdem wir geschieden waren.

»Er ist o.k.«, sagt sie – nicht abweisend, sondern überzeugt. »Für die Kinder ist es herrlich hier. Sollte etwas passieren, sollte irgendein Notfall eintreten, ruf mich an. Sonst sehen wir uns irgendwann am Sonntag.«

***

Samstagmorgen. »Bei Windgeschwindigkeiten von über 160 km/h hat Hugo jetzt die Orkanstärke zwei erreicht«, berichtet der Ansager. »Sie können sicher sein«, gibt er mit funkelnden Augen bekannt, »dies ist ein ernst zu nehmender Sturm.«

Vom Bettende werfe ich Daddy seinen Lieblingsschlafanzug zu – einen kurzen mit beigefarbenen und braunen Streifen. Mit Ziehen und Strecken versuche ich, ihm zu helfen, aber seine Füße sind so geschwollen, daß sie nicht in die Hausschuhe passen.

Trotzdem sieht Daddy heute besser aus: Sein Zustand hat sich stabilisiert, aber die dunkle, fast glühende Körperfarbe ist geblieben. Der Herzmonitor zeigt 76 an. Das ist viel besser.

»Dave, lieb von dir, daß du die Sachen gebracht hast«, meint er, »aber ich kriege diesen Schlafanzug schon seit Jahren nicht mehr an.«

Ist es wirklich schon so lange her, seitdem ich Daddy im Schlafanzug gesehen habe? Ist er inzwischen wirklich so viel runder geworden? Ich sitze hinter ihm auf dem Fensterbrett und sehe, wie sich sein Adamsapfel bewegt, während er die Magermilch trinkt, die er zusammen mit seinem Frühstück bekommen hat, das aus Instant-Rührei und Apfelscheiben besteht. Trotz der miserablen Verpflegung hat er einen gesunden Appetit – ein weiteres gutes Zeichen. Er stellt den leeren Pappbehälter auf sein Tablett. »Mein Rücken tut weh«, sagt er.

Jetzt bin ich an der Reihe, ihn zu trösten.

Ich stehe über Daddy und massiere seine obere Rückenpartie und Schultern, wahrscheinlich zum erstenmal im Leben. Ich bin überrascht von der Stärke seiner Trapezmuskeln und von der Weichheit seiner Haut.

Gegen neun Uhr abends rufe ich Carol an und bin froh, daß ich sie am Labor-Day-Wochenende erreiche. Sie fragt, warum ich nicht früher angerufen habe. »Du kennst doch Daddy«, erkläre ich, »er will uns doch immer von allen unangenehmen Dingen abschirmen.«

Im Hintergrund höre ich den Fernseher und die Stimme des Meteorologen. »Hugo ist aufgewertet worden und gilt jetzt als Sturm der Kategorie vier«, gibt er bekannt und versucht gar nicht, sein Entzücken zu verbergen. »Jamaika sollte sich auf eine richtige tolle Fahrt gefaßt machen. Es ist der Orkan des Jahrhunderts.« Sachschäden in Milliardenhöhe, tausende von Menschen werden obdachlos, hunderte von Toten – ist das nicht ein Anlaß zum Feiern?

Montag morgen, Labor Day. Gestern kamen Lyn und die Kinder spät abends von der Küste nach Hause. Heute war Lyns erster Arbeitstag. Sie will Daddy heute während der Mittagspause, nach der Intubation, besuchen. Heute morgen ist er noch immer schweigsam, aber es ist eine Veränderung eingetreten: Er strahlt Zuversicht aus, wird er doch immer wieder von den Ärzten, Schwestern, Carol und mir aufgemuntert. Wie die meisten Gehaltsempfänger hat Carol am Feiertag frei. Erleichtert, daß sich Daddy auf dem Wege der Besserung befindet, drücken wir ihm die Daumen für den Eingriff. Man informiert uns, daß er die ganze Zeit bei vollem Bewußtsein bleiben und gegen zehn wieder auf der Herzstation sein wird. Ich frage Carol, ob sie frühstücken möchte. Wir fahren zu einer Waffelbude nicht weit vom Krankenhaus in der gleichen Straße. Als wir etwa um 9.15 Uhr zurückkommen, empfängt uns eine Krankenschwester, die uns berichtet, daß sie uns schon gesucht habe. »Ihr Vater hatte einige Schwierigkeiten. Er hat nach Ihnen gefragt.«

Ich spüre eine Schwäche in den Beinen, aber ich renne zu seiner Kabine. Drei Meter davor verlangsame ich meinen Schritt und zwinge mich, ruhig zu erscheinen. Er sitzt wieder halb aufgerichtet im Bett, sein Kopf und Oberkörper sind in ein Zelt aus durchsichtiger Plastikfolie gehüllt; aus den Nasenlöchern hängt je ein dünner, durchsichtiger Schlauch; ein dickerer Schlauch, dessen Anfang sich irgendwo unter dem Krankenhausbett befindet, hängt an seiner Seite. Ein feuchtes Sauggeräusch erfüllt den Raum. Ich habe nie ein Sauerstoffzelt gesehen, aber ich bin ziemlich sicher, das ist eines. Ich kann mich noch daran erinnern, daß Daddy Carol und mir davon erzählte, wie sie unsere Mutter an dem Tag, als sie starb, in ein solches Zelt gelegt hatten, hier im selben Krankenhaus.

Ich frage Daddy, wie es ihm gehe. Er sieht fast o.k. aus, nur etwas müde und ängstlich. »Besser als vor einer Stunde«, sagt er, wobei seine Stimme vorsichtig, vertraut und erstaunt klingt. Etwas von der tiefen Leere ist wieder in seinen Augen zu sehen, und es ist da noch etwas, das ich nicht beschreiben kann. Einen Augenblick lang kann ich ihn nicht mehr ansehen, und mein Blick wandert zum Fernseher: Hugo kreist monochrom weiter, ihn will ich auch nicht sehen.

Ich setze mich aufs Fensterbrett und betrachte ein Stück Himmel. So viele Jahre meines Lebens konnte ich alles tun, was immer erforderlich war, bekam die Dinge, die ich wollte und brauchte, habe geglaubt, ich sei auserkoren. Da ich gutmütig und fair bin, habe ich geglaubt, daß sich das Universum um mich und die meinigen sorgen würde. Ich konzentriere mich intensiv auf den Himmelsausschnitt und auf die im morgendlichen Sonnenlicht flammenden Ziegelsteine der Hauswand, als könnten sie mir helfen, das zu bekommen, was ich haben will.

Carol steht zu Daddys Linken und hält seine Hand. Auch ihre Augen sind starr in die Ferne gerichtet. Ein gutaussehender Mann, nicht viel älter als ich, kommt herein, schüttelt meine, Carols und Daddys Hand und stellt sich vor: »Steve Mills, Herz-Brust-Chirurg, ich habe die Intubation überwacht.«

Steve Mills fragt mich: »Was machen Sie beruflich?«

»Manchmal schreibe ich für Illustrierte«, sage ich.

»Kann man das hier machen?« fragt er und meint: hier in Winston-Salem.

»Überall, wo es eine Post gibt … hoffe ich.« Ich versuche zu lachen. Das Geräusch, das dabei herauskommt, ist kreidetrocken und knistert wie dürre Zweige unter den Füßen.

Steve Mills räuspert sich und sieht meinen Vater an. Und in diesem Augenblick bekomme ich die Antwort auf eine jener Fragen, die wir alle mit uns tragen, ohne je – dessen bin ich sicher – eine Antwort wissen zu wollen. Wie soll dir der Arzt sagen, daß du im Sterben begriffen bist? Daß du vielleicht noch am gleichen Tag sterben wirst?

Er tat dies, indem er sich knapp faßte, mit Bedauern, Verständnis und Mitgefühl, aber die Distanz wahrend.

Es war etwas, was er nicht tun wollte – wie etwa einen Menschen feuern, eine Stellung kündigen –, er würde es lieber verschieben, er wollte unbedingt den Eindruck erwecken, einer von uns zu sein, ohne sich dabei zu tief in unsere Lebenslage zu versetzen, so daß er den Verstand verlieren würde. Es ist genau so, wie ich's mir vorgestellt, aber nie zu erleben erwartet hatte.

»Mr. Miller«, sagte er, ohne auf das Krankenblatt sehen zu müssen, »Ihr Herz wird durch drei große Gefäße mit Blut versorgt. Davon sind zwei völlig verstopft, das dritte ist zu 95 Prozent verschlossen. Und Ihr Herzmuskel arbeitet nicht gut. Die linke Kammer ist vergrößert, und die Kontraktion ist mangelhaft. Seit kurzem funktioniert auch die rechte Kammer nicht richtig. Der Herzmuskel reagiert manchmal wie betäubt. Es ist möglich, daß er sich wieder erholt. Ich kann es aber nicht mit Gewißheit sagen. Das ist eine jener Situationen, wo wir einfach nicht wissen, was zu tun ist. Auf diesem Gebiet ist unsere Technologie nicht besonders gut. Es gibt einige Möglichkeiten – aber egal, was wir machen, die Erfolgschancen sind mager. Verstehen Sie, was ich sage?«

»Sie sagen, ich stehe schon mit einem Fuß im Grab.«

»So in etwa«, bestätigte Dr. Mills.

Ich trat an Daddys Seite. Und ich hielt die Hand meines Vaters und streichelte sein Haar – etwas, was ich seit meinem zwölften Lebensjahr nicht mehr getan hatte.

Seit dem Tod meiner Mutter und meiner diesbezüglichen Verdrängungsreaktion hat Daddy alles getan, was in seiner Macht stand, um mich vor allem Schmerzhaften abzuschirmen, wann immer er es konnte. Jetzt braucht er sich keine Sorgen mehr um mich zu machen. Noch bevor der Kardiologe den Raum verläßt, sagt Carol, sie gehe zur Toilette (um sich dort unbeobachtet auszuweinen, nehme ich an). Ich bin entschlossen, hierzubleiben, egal, was kommt, das ist das Geringste, was ich tun kann, ich werde nicht wegsehen, es wäre Daddy gegenüber einfach nicht fair.

Es vergehen Minuten, bis ich genügend Mut aufbringe, ihm das zu sagen, wofür ich bis zu diesem Augenblick so viel Zeit zu haben glaubte. »Du und ich haben einander nie gesagt, welche Gefühle wir füreinander empfinden«, beginne ich mit einer Stimme, die nicht ganz fest ist. »Aber ich glaube, ich muß es dir jetzt sagen – du warst der beste Vater, den ich mir je wünschen und vorstellen könnte.«

Dann ist meine Kehle wie zugeschnürt. Ich kriege kein Wort mehr heraus. Daddy fängt an zu weinen, ich ebenfalls. Er streckt die Arme aus, um mich zu umfassen, und wir wollen uns auf den Mund küssen. Das Plastikzelt hindert uns aber daran. »Ich muß dir auch einiges sagen, mein Sohn, aber ich kann es jetzt einfach nicht.«

Sie wissen, was jetzt geschieht, aber ich werde Ihnen einiges davon trotzdem erzählen.

Lyn läßt sich freigeben und kommt Daddy besuchen, ihre Eltern ebenfalls. »He, Sweetheart«, begrüßt Daddy sie, als sie das Zimmer betritt. Sie setzt sich neben ihn aufs Bett und hält seine Hand.

Ich frage meinen Vater, ob er möchte, daß Johanna und Isaac ihn besuchen. Er meint, er müsse erst sehen, wie es weitergehe. Ich bleibe in Daddys Nähe, aber wir reden nur über den Orkan und andere belanglose Dinge.

Als ich am frühen Nachmittag mit ihm allein bin, kommt eine Krankenschwester herein, um seinen Puls zu fühlen und den intravenösen Medikamentenfluß zu überprüfen. Während sie ihre Arbeit verrichtet, schließt er eine ganze Weile die Augen. Als er sie aufmacht, bittet er die Schwester um Nitroglyzerin.

»Hatten sie Schmerzen?« fragt sie und blickt auf den Monitor. Ich sehe auch auf den Monitor und dann auf sie. Daddys Puls ist 78. Alles scheint normal zu sein, soweit ich das beurteilen kann.

»Sie bekommen Nitroglyzerin durch den intravenösen Tropf«, sagt die Schwester, »aus diesem Plastikbeutel. Haben Sie im Augenblick Schmerzen?«

Daddy schließt die Augen wieder. »Ich kann besser atmen, wenn ich aufrecht sitze«, antwortet er, »ich habe etwas Schwierigkeiten mit dem Atmen. Könnten Sie mich etwas mehr aufrichten?«

Die Krankenschwester sieht ihn lange an, dann schaut sie auf den Monitor.

»Ich möchte Ihnen keine Schwierigkeiten bereiten«, sagt mein Vater, »aber wenn Sie mich nicht aufrichten, steig' ich aus dem Bett.« Daddy ist immer noch der Meister, der alles regeln will. Wie immer, versucht er auch jetzt, alles in Ordnung zu bringen.

Die Krankenschwester verläßt die Kabine, ohne ein Wort zu sagen, und versucht dabei, den Eindruck zu vermeiden, sie beeile sich. Sie kommt schnell zurück, gefolgt von einem dunkelhaarigen jungen Mann in grünem Kittel, möglicherweise einem Krankenhausarzt, der nichts sagt und nur den Monitor beobachtet. Ich trete näher an Daddys Seite und halte seine Hand. Der Mann in Grün legt Daddy flach auf den Rücken. Daddy schließt die Augen und preßt die Lippen so fest zusammen, daß sie weiß werden; er schüttelt langsam seinen großen Kopf hin und her. Ich beiße die Zähne zusammen. Zwei weitere Leute kommen in die Kabine herein und eilen zu Daddys Seite. Ich spüre eine Hand an der Innenseite meines Unterarms gleich unter dem Ellenbogen. »Sie müssen jetzt gehen«, höre ich eine weiche, ruhige Frauenstimme sagen. Der Vorhang wird hinter mir zugezogen.

Es vergehen fünf endlose Stunden, bevor sie mich wieder zu Daddy hineinlassen. Carol, Lyn und ich sind inzwischen in einen Warteraum gebracht worden, wo man uns berichtet, daß er einen massiven Herzinfarkt und darüber hinaus wahrscheinlich einen Schlaganfall erlitten hätte und daß er dem Tode sehr nahe sei. Wir nehmen all das ganz reglos auf; es ist, als würde man unter Wasser in einem tiefen schwarzen Becken schwimmen.

Ich bin alles andere als darauf vorbereitet, das zu sehen, was ich vorfinde, als ich endlich in seinen Raum hineingelassen werde. Als der Plastikfolienvorhang zurückgezogen wird, habe ich das Gefühl, daß Daddy durch einen riesigen orangefarbenen Frosch ersetzt worden ist, der meinem Vater etwas ähnelt. Er hat zwar ein Muttermal an der gleichen Stelle wie mein Vater, er hat auch seine schmalen Lippen und einen Goldzahn ganz weit hinten, genau so einen wie Daddy. Er hat sogar einen Schnitt unter dem Kinn, wo Daddy sich geschnitten hat, als er heute früh am Bettende gesessen und sich ohne Spiegel rasiert hatte, auch die Stoppeln, die er nicht abgeschnitten hat, weil sie dadurch, daß er sich das ganze Wochenende nicht rasiert hatte, lang gewachsen sind. Es ist aber nicht mein Vater.

Der Kopf des Frosches ist nach hinten geworfen und liegt in einem schrecklich verzerrten Winkel. Das Genick ist grotesk ödematös, das rechte Auge geschlossen, die Hornhaut des linken, das nichts mehr sieht, zuckt unaufhörlich. Der Mund ist schlaff wie eine abgetragene Socke. Ein durchsichtiger Schlauch führt unter die Bettlaken; in einen weiteren Schlauch, der aus dem Nasenloch führt, strömt stoßweise schwarzes Blut. Der Geruch, der den ganzen Raum füllt, ist überwältigender als alle anderen Erscheinungen hier. Seine Präsenz übertrifft alles, was mir je in der wirklichen Welt begegnet ist. Nichts habe ich je auch nur annähernd so stark wahrgenommen wie diesen Geruch.

Der Zustand der Ehrfurcht, in dem ich mich befinde, wird Tage, Wochen, ja Monate dauern, bevor mich die Wut packen wird, bevor ich überhaupt weiß, worauf ich wütend sein soll. Als ich dann soweit bin, richtet sich mein Zorn nicht gegen die Ärzte, Krankenschwestern oder andere, die ihr Bestes getan haben, um Daddy am Leben zu halten. Aber mir wird mit der Zeit bewußt, daß mein Vater als Experiment, als Lehrmittel benutzt wurde. Es gab Augenblicke, in denen sich Schwärme von etwa 15 Personen um das Bett des Sterbenden drängten; insgesamt befanden sich bis zu vierzig Fremde an seinem Bett zu einer Zeit, da seine nächsten Angehörigen nicht bei ihm sein durften. Ich bin wütend, daß ich von Daddy in der Zeit der intimsten Nähe getrennt wurde, daß man mich von seiner Seite wegführte, obwohl sicherlich keiner dazu berechtigt war, weder juristisch noch anderswie. Die Krankenhausrechnung, die ich später zugeschickt bekomme, besteht aus zehn langen Seiten mit unzähligen unlesbaren Chemikalien, mit denen sein Körper in diesen letzten Stunden vollgepumpt worden ist. Ich bin verdammt wütend darüber, daß Vater auf diese Weise unbeabsichtigt gequält wurde. Und ich würde dem System am liebsten einen Tritt in die Eier versetzen, das Menschen lehrt, andere lebende, atmende Mitmenschen so mechanisch zu behandeln, wie sie es tun.

Und vielleicht würde ich ganz gern den Großen Alten Mann höchstpersönlich an Seinem langen zottigen weißen Bart packen und Ihn von Seinem beschissenen Berg herunterziehen und Ihn windelweich schlagen dafür, daß Er die Dinge so geschaffen hat oder daß Er sie so geschehen läßt, oder daß Er uns nicht sagt, warum und wofür Er das tut. Oder vielleicht würde ich Ihn einfach fragen wollen, was zum Teufel Er sich dabei denkt.

Ich bleibe jedenfalls solange bei Daddy, wie sie mich lassen, ich halte seine Hand und spreche mit ihm. Seine

Finger zittern ständig, aber wenn ich ihm sage, daß ich ihn liebe, scheint er seinen Mittelfinger in das Herz meiner Handfläche zu drücken. Carol kommt nicht herein, und ich glaube, es ist besser so. Sie meint, sie erträgt es nicht, sie will ihn so in Erinnerung behalten, wie er war. Das Wartezimmer ist voller Menschen, darunter befinden sich sein Bruder aus Charlotte, seine Schwester aus Washington, D. C., sowie eine Anzahl alter Freunde. Ich bin der einzige, der die letzten Stunden mit Daddy verbringt.

Anderentags, um 8.25 Uhr früh – es ist der 6. September 1989 –, gibt Daddys Herz endlich auf, und er hört auf zu atmen. Beim Begräbnis am Freitag sieht sich Daddy in seinem Sarg wieder viel ähnlicher als in den letzten Stunden im Krankenhaus. Carol nimmt die Golduhr von Vaters Handgelenk ab und bindet sie mir um. Die Uhr der Marke Elgin wurde ihm erst vor einigen Monaten anläßlich seiner vierzigjährigen Zugehörigkeit zur Wellpappenkarton-Firma überreicht. Auf dem Armband befindet sich ein zweikarätiger Diamant, der einen Teil des Firmenlogos bildet. Das ist das erstemal, daß ich überhaupt auf eine Uhr schaue, seitdem ich meine in den Ohio geworfen habe.

Daddy liegt neben seiner Mutter und seinem Vater auf einem Friedhof begraben, der um die Ecke an der Straße liegt, die hügelabwärts verläuft, ungefähr eine halbe Meile von dem Haus, in dem Lyn, die Kinder und ich eine Zeitlang wohnen werden. Um das Thema seelischer Schmerz abzuschließen, könnte ich noch hinzufügen, daß Lyn und ich von unserem Schlafzimmerfenster aus sämtliche Gräber sehen könnten, stünden nicht die vielen Bäume dazwischen.

Nur Stunden, nachdem Daddy unter die Erde gebracht wurde, fahren Lyn, ihre Eltern, unsere Kinder und ich nach Raleigh, wo ihr Bruder am nächsten Tag heiratet.

Ich will nicht zu Scotts Hochzeit fahren, aber es gibt auch keinen Grund, zu Hause zu bleiben. Während sich die anderen unterhalten, sitze ich hinten am Fenster und sehe in die Leere, bis die Sonne untergeht und den Himmel färbt. Als wir in Raleigh ankommen, fahren wir gleich zum Restaurant *The Plantation*, wo wir die Hochzeitsgesellschaft zum Hochzeitsabendessen treffen sollen. Auf einem Schild neben der Straße lese ich die Inschrift ZUR ERINNERUNG AN BESSERE ZEITEN IM ALTEN SÜDEN.

Zum Restaurant führt eine etwa vierhundert Meter lange hufeisenförmige Auffahrt, die von mit Tillandsien bewachsenen Weihrauchkiefern gesäumt ist. Das Gebäude selbst ist von riesigen Magnolien mit glänzenden Blättern umgeben; eine Ersatzversion einer Baumwollplantage in Atlanta, Georgia. Obwohl Magnolien gewöhnlich nur im Frühling blühen, sind die Bäume mit weißen Blüten übersät. Das unheimliche Wetter hat wahrscheinlich etwas damit zu tun.

Innen sind die Wände mit rosafarbenen und grünen Blumenmustertapeten beklebt und mit verschimmelten Portraits von Vertretern der besitzenden Stände der alten Südstaaten geschmückt. Einhundert oder mehr Männer in Anzug und Krawatte und Frauen in bunten, langen Festkleidern sitzen an langen Festtischen vor Servierplatten mit dampfenden Brathähnchen, Rindfleisch in scharfer Soße, Keramikschalen, beladen mit Stampfkartoffeln und Milchsoße, in Schweinefett gekochten Feldbohnen, Kartoffelsalat, gebratenen Gumboschoten und Kürbis, beschlagenen Krügen mit gesüßtem Eistee. Typische Gerichte der Südstaaten. Die gleichen Gerichte, die Vaters Arterien verkleistert haben.

Die Leute lachen und erzählen Geschichten in singendem Ton und gemächlichem Tempo, während sie an Zigaretten der Marke R.J. Reynolds ziehen, derselben Marke, die Daddy 45 Jahre lang geraucht hat: R.J.

Reynolds Tobacco Company, einheimische Mischung. Ich kann mich immer noch an den berauschend süßlichen Duft von gebeiztem Tabak aus den R.J.R.-Werken erinnern, der jeden Morgen in der Luft stand, wenn ich als Kind zur Schule ging. Ich möchte gern jedes verdammte Miststück, das jemals in der Tabakindustrie mitgemischt hat, windelweich schlagen.

Ich gehe durch das Zimmer, durch die Hintertür und um das Gebäude herum. Es ist eine schwüle, windstille Nacht. Die Luft riecht nach Auspuffgasen. Ich höre das gleichsam elektrische Zirpen der Zikaden, stecke mein Gesicht tief in die Magnolienblüten, wische mit den gummiartigen Blumen über mein ganzes Gesicht, aber den Geruch von Vaters Kabine werde ich nicht los.

Plötzlich steht Lyn vor mir. Sie fragt mich, was ich täte und ob ich nicht wieder zu den anderen hineingehen wolle. Sie hätte mich schließlich gefragt, ob ich zu Hause bleiben wolle.

Ich wende mich ab und gehe auf eine Straßenlaterne zu, die in einiger Entfernung zu sehen ist und ein grünliches Licht auf den Boden wirft.

Die Laterne beleuchtet einen Kinderspielplatz. Eine Wippe, ein Sandkasten und ein großes Schaukelgestell. Ich setze mich auf die mittlere Schaukel, strecke den Kopf weit nach hinten und versuche, durch den matten Schimmer der Straßenlichter Wolkenformen zu erkennen. Ich sehe keine.

Es ist überhaupt nicht wie in den Hollywood-Filmen, denke ich. Du hast zwar Erinnerungen, es sind aber nicht die großen Sachen, die bedeutenden Ereignisse. Du denkst daran, wie gern er, als du noch klein warst, uns alle ins Auto packte und im Regen in die Stadt fuhr, besonders im richtigen Sommersturm, wie er sich schneuzte, du kannst dich besser an sein Husten als an seine Stimme erinnern, an die Wölbung seiner Fingernägel, wie er die Milch schlürfte. Nichts Dramatisches.

Und du entdeckst ihn in fast jeder deiner Gesten wieder, die du bis dahin für deine eigenen gehalten hast. Sogar meine Unterschrift erinnert mich an Daddys. In den ersten beiden High-School-Jahren versuchte ich stundenlang, seine Handschrift nachzuahmen, nicht nur, um seinen Namen auf dem Zeugnis zu fälschen, wenn ich in dem einen oder anderen Fach durchgefallen war, sondern weil seine Unterschrift so elegant, so wunderschön war.

Als ich klein war, vielleicht fünf oder sechs, setzte mich Daddy manchmal auf die große Schaukel, und mir wurde schwindlig und übel; ich war außer mir vor Angst. Ich weinte und weinte, ja ich jammerte regelrecht. Jetzt stemme ich meine Füße in den Sand, stoße mich nach hinten ab und strecke die Beine weit nach vorn. Zuerst die Kiefernäste, dann Sand, dann immer schneller Gras, Kiefern, Sand, Gras. Ich komme immer höher, mein Gewicht abwechselnd nach hinten und dann nach vorn werfend.

Es ist das einzige, was überhaupt Sinn macht. Das Schwingen auf den großen Schaukeln. Ich werfe die Beine nach vorn und ziehe mit ganzer Kraft nach hinten. Nur strecken und gen Himmel streben.

TEIL 3

In seiner Stimme

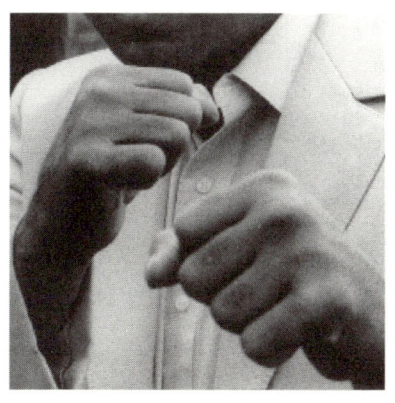

XVIII

»My Dinner with Ali« erscheint am Sonntag nach Scotts Hochzeit. Ich rufe Mrs. Clay an, um sicher zu sein, daß sie die Story liest. »Konnte ich gar nicht verfehlen«, meint sie, »alle Welt bringt mir Exemplare. Meine Nichte hat mir eben die ganze Geschichte vorgelesen. Sie ist lang, aber so gut. Lieb, so lieb.«

Der Redakteur des *Courier-Journal* ruft mich von zu Hause an, um mir zu gratulieren und mir mitzuteilen, daß dies der Anfang einer »glänzenden Karriere« sei. Er sagt mir auch, daß es eine beachtliche Reaktion auf den Artikel im ganzen Hause gab. »Leute aus anderen Abteilungen haben mir auf die Schulter geklopft dafür, daß ich einen so hervorragenden Beitrag veröffentlicht habe«, sagt er. Ich wünsche mir, mich könnten diese Reaktionen aufmuntern, ich empfinde jedoch so gut wie gar nichts. Ich schaffe es gerade so, nicht völlig unterzugehen.

Nächster Tag, Nachmittag. Ich schlafe auf der Couch, als das Telefon erneut klingelt. Ein Redakteur einer Sportillustrierten. »Habe Ihre Story in der Louisville-Zeitung gelesen«, berichtet er. »Wir haben nie Nachdrucke gebracht, aber ich möchte eine Ausnahme machen. Ich kann Ihnen 1500 Dollar für den Artikel anbieten. Von einer großen Illustrierten würden Sie mehr bekommen, dafür drucke ich es so, wie Sie es geschrieben haben.«

Das ist er nun. Endlich. Eine Art Erfolg. Zu einem Zeitpunkt, da ich ihn nicht mehr mit Daddy teilen kann. Auch wenn er in seinem Leben keine zehn Bücher gelesen hat, so hättc cr meine Arbeit doch geschätzt … Das einzige, was er je von mir gelesen hat, war jener kleine Artikel in *Sports Illustrated*. Ich habe ihm nie eine andere Story gezeigt, ich wollte warten, bis sie gedruckt wurden. Ich dachte, es wäre wichtig für ihn zu wissen, daß auch jemand außerhalb der Familie meine Arbeit für gut hält. Es ist einfach schrecklich, daß es nun zu spät ist.

Zehn Tage nach Vaters Tod erreicht der nun zur Kategorie fünf zählende Hugo mit einer Windgeschwindigkeit von über 240km/h die Küste South Carolinas, begleitet von orgiastischen Ausrufen des Metereologen (»Sehen Sie sich diese Symmetrie an. Beobachten Sie diese Drehung. Es wird lange, lange dauern, bis wir wieder einmal etwas Ähnliches zu sehen bekommen werden.«), und zieht dann landeinwärts und an der Küste entlang, durch Winston-Salem, und mit peitschenden Böen bei etwa 120km/h weiter durch den westlichen Teil North Carolinas, bis er endlich die glühende Sonne verdeckt und über Kentucky und dem ausgetrockneten, rissigen Boden des Mittleren Westens etliche Kubikzentimeter Regenwasser ausschüttet. Ein im Sender NPR interviewter Meteorologe sagt, daß wir Mitte des nächsten Jahrhunderts Superorkane mit Windgeschwindigkeiten von fast 500km/h erwarten können, falls wir die globale Erwärmung nicht in den Griff bekommen. Hugo, der wirbelnd übers Land fegt, entwurzelt im Garten meiner Großmutter zwei große Zedern, und ein Donnerschlag reißt uns um vier Uhr früh mit einem Schreck aus dem Schlaf, wobei der Blitz, der über uns die Luft zerfetzt, in das Grab meines Vaters einschlägt.

Das ist es jedenfalls, was ich in diesem Augenblick in meinem Traum sehe und spüre, als ich zitternd, schreiend und heulend, schweißgebadet aus dem Bett springe. Lyn wacht ebenfalls auf, nimmt mich in den Arm und streichelt mir den Rücken, langsam und zärtlich. Ich kann aber nicht mehr einschlafen. Als sie einschläft, stehe ich auf, trockne mich mit einem Handtuch ab, trinke ein Glas Traubensaft und überlege mir, ob ich eine CD einlegen und sie mir mit Kopfhörer anhören soll; doch dann sehe ich mir – ohne Ton – irgendein Musical aus den 40er Jahren an und lausche dem heulenden, knurrenden Wind, bis die Sonne aufgeht.

Seit Vaters Tod habe ich aufgehört, Musik zu hören. Jahrelang habe ich vor allem elegische Musik genossen, ich fühlte mich durch sie bereichert und stimuliert. Zu meinen Lieblingskompositionen zählten Coplands »Our Town« und Barbers »Adagio for Strings«. Aber das war, als mein Vater noch lebte. Und wenn ich oft über meine eigene Sterblichkeit und das Wesen der Sterblichkeit überhaupt nachdachte, so geschah dies aus einer romantischen Distanz, so, als würde ich meinen Schatten, der neben mir herläuft, betrachten. Jetzt schmerzt Musik mit Seele, mit Substanz unerträglich; alles Verspielte ist angefüllt mit falschen Versprechungen. Das einzige Geräusch, mit dem ich umgehen kann, ist eigentlich die Geräuschlosigkeit, was mich für Lyn und die Kinder zur komischen Figur macht.

Als Erwachsener habe ich kaum einen Grund gesehen, die verknöcherte Hand der Vergangenheit zu ehren. Aber jetzt stelle ich fest, daß ich Daddys Uhr trage, seine Sportsocken, sogar den beigegestreiften Schlafanzug, den ich ihm ins Krankenhaus gebracht hatte. Und ich betrachte seine Enkel, als würde ihre Haut jeden Augenblick platzen. Zum erstenmal sehe ich eine frappierende Ähnlichkeit zwischen Isaac und Daddy: das stachlige, dünne Haar, das runde Gesicht, die weichen Augen der beiden, bis hin zu den Muttermalen am Genick. Und Johanna ist meiner Mutter so ähnlich, daß die beiden hätten Zwillinge sein können. Daddy war es jedesmal schmerzlich, sie anzusehen. »Er mochte es, in ihrer Nähe zu sein«, erzählte mir Carol, »aber er war einfach nicht in der Lage, seine Gefühle ihr gegenüber auszudrücken.«

Was für Veränderungen sich bei mir einstellen! Am vergangenen Freitag stand ich nun am Bankschalter und ließ einen Scheck der Versicherungsgesellschaft über einhunderttausend Dollar auf mein Konto gutschreiben (dazu noch den Scheck über vierhundert Dollar vom *Courier-Journal*) – mehr Geld, als ich je in meinem Leben auf einmal zu sehen erwartete.

»Du meine Güte, so einen Scheck hab' ich noch nie gehabt«, rief die hübsche Bankangestellte mit den weichen Zöpfen neidisch, »es muß ein großartiges Gefühl sein, so einen Scheck einzulösen.«

Mir war zum Heulen zumute. Am Vormittag des gleichen Tages war ich im Wellpappenwerk gewesen, um Daddys Taurus zurückzubringen und mit Mr. Sloane, dem Geschäftsführer, zu reden. Ich konnte mich gerade noch so überwinden, den Firmenversicherungsscheck entgegenzunehmen, den mir Mr. Sloane aushändigte. Ich hätte am liebsten das verfluchte Ding an Ort und Stelle zerrissen, und das wär's dann gewesen.

Aber es kommt noch dicker. Carol und ich werden den Erlös aus dem Verkauf von Daddys Haus teilen. Die Versicherungssumme wird ausreichen, um eine Anzahlung für ein anderes Haus zu machen, Schulden zu begleichen und sämtliche Geldprobleme, die Lyn und ich haben, zumindest für eine Weile zu lösen. Und ich komme mir vor wie ein Stück Dreck wegen der ganzen Sache.

Wie soll man das Ganze betrachten? Über eine Sache bin ich mir im klaren – bei der Einheit allen Seins handelt es sich nicht um geselliges Beisammensein, Colatrinken, Welpenstreicheln und Barry-Manilow-Lieder-Singen.

Zufallsentdeckung. Die Fähigkeit, ungesucht wertvolle und schöne Dinge zu finden. Ist das nicht ein in-

Porträt, 1976.

George Foreman zum Kampf gegen Muhammad Ali 1974 in Kinshasa: »Nach dem Kampf war ich eine Weile verbittert ... Schließlich wurde mir klar, ich hatte gegen einen großen Champion verloren, wahrscheinlich den größten aller Zeiten ... und jetzt bin ich einfach stolz darauf, ein Teil von Alis Legende zu sein.«

1975 kämpften Ali und Joe Frazier in Manila um die Weltmeisterschaft, dazu Ali: »Von allen, gegen die ich geboxt habe, war Sonny Liston der furchtein-flößendste; George Foreman war der stärkste, Floyd Patterson war der versierte-ste Boxer. Aber mein schwerster und härtester Gegner war Joe Frazier.«

Muhammad Ali während des Trainings vor seinem Titelkampf in München 1976.

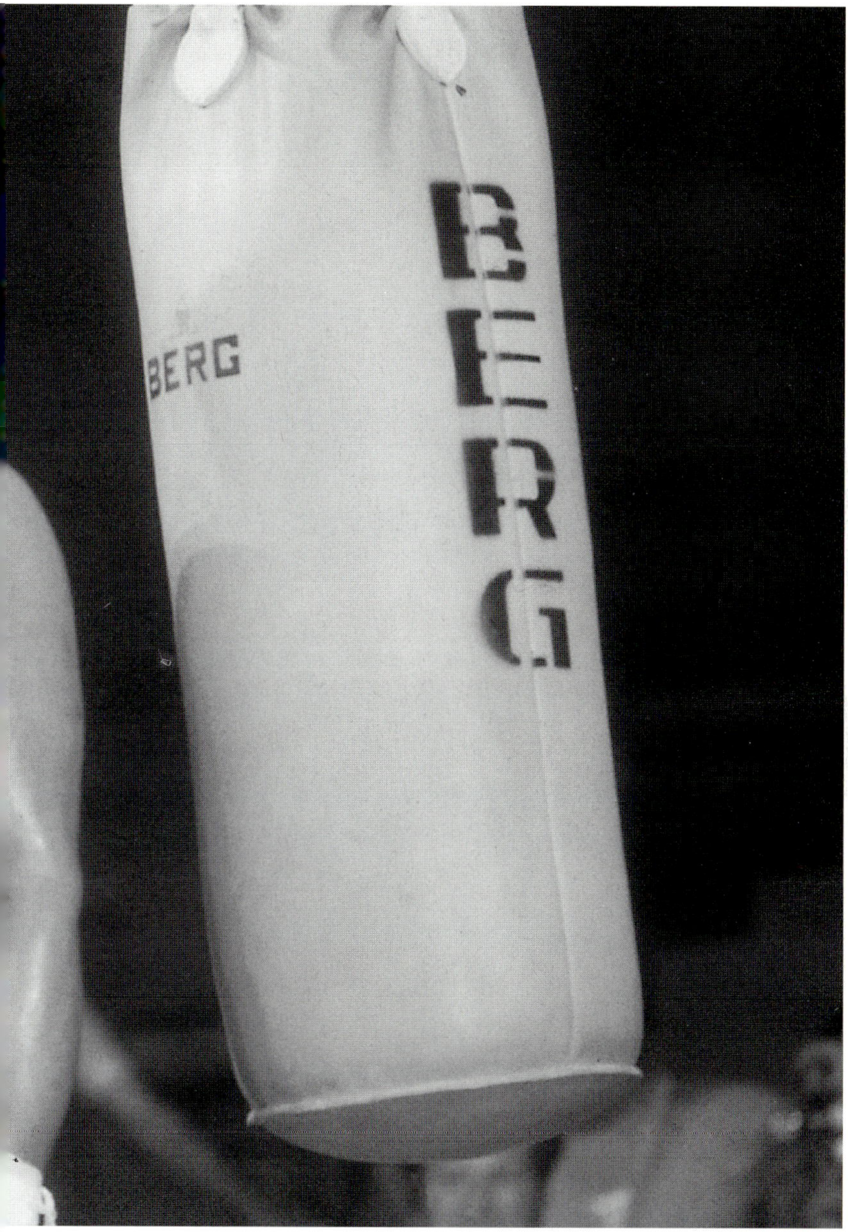
BERG
BERG

Muhammad Ali und seine vierte Ehefrau Lonnie bei einem Dinner 1996.

Ali »kämpft« gegen einen noch sehr jugendlichen Gegner. Auf diese Weise sammelt er 1997 Spenden für Wohltätigkeitszwecke.

Eine Nachbildung der angeblich im Ohio River versenkten Goldmedaille wird Ali 1996 vom IOC-Präsidenten Samaranch überreicht.

Porträt, 1996.

teressanter Begriff, besonders in Anbetracht dessen, was man als die Wirklichkeit empfindet? In dieser Welt bin ich nur über zwei Dinge einigermaßen sicher: 1. Wir wissen gar nichts (keiner hat je gewußt, und keiner wird je wissen). 2. Alles, was wir beobachten, angefangen vom Subatomaren bis hin zum Kosmischen, ist dabei, andere zu verschlingen oder von anderen verschlungen zu werden. Ein ziemlich beängstigender Zustand.

In der letzten Zeit waren meine Träume bei weitem nicht so schrecklich wie das wirkliche Leben. Jeder Traum, den ich träumte, handelte von Daddy. Doch nicht ein einziger Traum war so entsetzlich wie das, was ich nach dem Tod von meiner Mutter, von Mandy, von meiner Großmutter und meinem Großvater geträumt hatte. Damals erschien mir immer derjenige, der gerade verstorben war, in Gestalt eines Leichnams, der gehen und sprechen konnte, wobei der Grad der Verwesung, in dem sich die Leiche, von der ich träumte, befand, größer wurde, je mehr Zeit zwischen dem Tod des Betreffenden und dem Traum lag. Die Träume, die ich von Daddy nach seinem Tode hatte, waren auf eine Art beruhigend. In allen Träumen erschien er lebendig, nur nicht in dem, den ich gestern hatte. Und der war teils Traum, teils wie ein Besuch, ungefähr so: Ich befinde mich im Souterrain des Hauses meiner Großeltern, wo ich entweder Dallas füttere, die Waschmaschine bediene oder etwas Ähnliches mache. Ich schaue hoch und sehe, wie er durch die Wand zu mir gleitet. Sein Gesicht ist flach, ausdruckslos, aber nicht sonderlich traurig. Er bleibt knapp zwei Meter vor mir stehen.

Ich wollte nur auf Wiedersehen sagen, sagt er.

Ich strecke meine Hand aus, um ihn zu berühren, aber seine Gestalt entschwindet, gleitet zur Wand hin, und seine Atome vereinigen sich wieder mit denen der Wand.

Möglicherweise empfinde ich diese Träume als eine

Art Trost, weil ich mir, was Vaters Tod betrifft, keiner Schuld bewußt bin. Hauptsächlich aufgrund dessen, was ich ihm in jenen letzten Stunden gesagt habe – dessen bin ich sicher –, und auch durch seinen Tod selbst bin ich etwas erwachsener geworden. Im Augenblick seines Todes – jedenfalls empfand ich das so – vollzog sich in mir eine Metamorphose: Mein Vater war plötzlich in mir; meine Bewegungen wurden die seinigen, und umgekehrt. Die ganze Situation, so tiefsinnig sie ist, ist einfach verdammt ehrfurchtgebietend.

Und dann ist in ihr diese seltsame, unleugbare persönliche Vorsehung zu erkennen. Wäre Daddy nicht gestorben, wäre es für mich bestimmt nicht möglich gewesen, meine schriftstellerische Arbeit so fortzusetzen, wie das jetzt durch das Geld möglich geworden ist. Noch seltsamer ist es, daß die Story, die ich Ihnen zu erzählen hätte, viel magerer ausgefallen wäre. Wie soll ich nun das Ganze verstehen?

XIX

Übergang von dem einen in das andere Leben.

Hier ist alles immer noch im Umbruch, und es dauert Wochen, bis Lyn ihre Koffer auspackt. Ein weiterer starker Sturm fegt durch unsere Gegend; unser Souterrain steht unter Wasser, und alles, was wir in Kisten aus Louisville hierher geschickt haben, ist nun unbrauchbar. Das Haus in Kentucky wird ungefähr für den gleichen Betrag verkauft, den es damals gekostet hat; und ich kaufe ein Haus, das 1930 gebaut wurde, im selben Jahr, als Daddy geboren wurde. Obwohl es mehr als das Haus in Louisville kostet, ist es bei weitem nicht so schön. Die Mieten in Winston-Salem sind genau so unbezahlbar wie die in Louisville. Fast jedes Haus hier ist im traditionellen oder neo-traditionellen Stil gebaut – es sind Zeugen jener kulturellen Überspanntheit, bei der es dazugehört, daß Bäume herausgerissen werden und manchmal sogar die Grasnarbe abgetragen wird, um mehrstöckige, fast fensterlose Ziegelkästen entstehen zu lassen, die in den Himmel ragen und die Lyn Mausoleen nennt. Das alte Häuschen, das wir kaufen, ist aber bei weitem nicht so schlimm, obwohl es auch nicht unserem Ideal entspricht. Seine Vorteile sind die großen hellen Zimmer – eine Seltenheit in Winston –, und der ausgebaute Dachboden, den ich als Arbeitszimmer benutzen werde. Bei der Kaufvertragsunterzeichnung muß ich Lyn versprechen, daß wir vor 1994 nicht mehr umziehen werden. »Dreizehnmal in zwölf Jahren reicht«, meint sie.

Noch bevor der Redakteur des Sportmagazins einen Veröffentlichungstermin festlegt, wird »My Dinner with Ali« von der Sunday Magazine Editors Association zum besten im Jahre 1989 in den USA veröffentlichten Essay gekürt. *Courier-Journal* schickt mir eine Plakette, die das bezeugt, und ich werde in irgendeine Stadt in Iowa zum Abendessen eingeladen. Keiner will aber meine damit verbundenen Auslagen übernehmen. Der Fotoredakteur des Sportmagazins ruft an und fragt, ob Ali bereit wäre, sich porträtieren zu lassen. Ich erzähle ihm, daß Ali eine Art Eremit sei und daß er so etwas nicht mehr mache. »Fragen Sie ihn, ob wir einige Aufnahmen nur von seinen Händen machen könnten«, sagt der Redakteur, »nur von den Händen.«

Ich sage ihm, daß ich nichts versprechen kann, aber daß ich ihn fragen werde. Ich rufe auf der Farm an, Ali hebt den Hörer ab. »Du bist kein Schriftsteller«, meint er, nachdem ich den Mut aufbringe, ihm zu sagen, warum ich angerufen habe. »Die benutzen dich bloß.«

»Ich wollte schon seit Jahren schreiben. So wie du deine Goldmedaille von der Brücke geworfen hast, warf ich meinen Piepser in den Fluß und hab' meine Arbeit aufgegeben, damit ich schreiben kann.«

»Das hab' ich nie getan«, sagt er.

»Was hast du nie getan?«

»Hab' meine Medaille nie von irgendeiner Brücke geworfen. Hab' sie einfach verloren, das ist alles.«

»Ist das dein Ernst?«

»*Maannn*, das war nur eine Geschichte, die ich erfunden hab'. Ich weiß, was man anstellen muß, um eine Story zu verkaufen.«

»Was zählt«, sage ich, »ist, daß du mich so beeinflußt hast. Was zählt, ist, daß ich dachte, du hättest es getan.«

»Hättest über mich schreiben sollen, als ich wollte, daß man über mich schreibt. Ich bin Gold wert, ich weiß, daß ich Gold wert bin. Leute kommen zu mir und denken, das es schick ist.«

»Ich bin anders«, sage ich ihm, »ich würde nie etwas tun, um dich zu verletzen.«

»Anders – so was gibt's nicht«, sagt er, und ich bin wie gelähmt. »Sie versuchen immer, meine Freunde wie dich zu benutzen. Was zahlen sie dir?«

Ich nenne den Betrag. Nun ist er an der Reihe zu schweigen. Ich nehme an, er ist überrascht über die geringe Summe.

»Ich würde nie etwas tun, um dich zu verletzen«, wiederhole ich. »Deine Mutter war von der Story begeistert. Sie sagte, es sei die beste, die je über ihre Familie geschrieben wurde.«

»Meine Mutter hat gar nichts zu sagen, ich mache, was ich will.«

»Alles Geld der Welt würde mich nicht dazu bringen, dich zu verletzen. Ich will dich nicht verärgern.«

Ich warte darauf, daß er etwas sagt, aber es kommt nichts. Ich stottere eine Weile irgendwelches wirres, belangloses Zeug und weiß nicht, was ich tun soll. Nach einer Weile sage ich ihm, ich würde ihn gern bald sehen und lege auf in der Annahme, daß Ali überhaupt nicht weiß, mit wem er gesprochen hat. Es ist einfach nicht möglich, daß er am Telefon weiß, mit wem er spricht. Er wußte wahrscheinlich nicht einmal, wer ich war, als er mich neulich nach Berrien Springs einlud. Es spielt keine Rolle. Seine Reaktion hat mich derart getroffen, daß ich nicht weiß, ob ich je wieder ein Wort über ihn oder überhaupt über jemanden schreiben werde. Jedenfalls nicht über eine lebende Person.

Nach einigen Wochen bekomme ich 1500 Dollar, den größten Scheck, den ich je für etwas gekriegt habe. Die Illustrierte *Sport* will »My Dinner with Ali« in der nächsten Ausgabe bringen. Statt mit Fotos wird die Story mit Federzeichnungen bebildert, die, verglichen mit Lyns Arbeit, stümperhaft aussehen. Ich habe versucht, sie dazu zu bewegen, Illustrationen für die Story zu machen. Sicher hätte die Illustrierte sie verwendet. Ich glaube, es hätte auch Spaß gemacht, mit ihr zu arbeiten, und sie hätten ihr mindestens fünfhundert Dollar gezahlt. Aber sie sagte, sie hätte Angst, es zu versuchen, und egal, was sie machte, ich wäre damit nicht zufrieden. Es ist wirklich ein Jammer, daß sie diese Einstellung hat.
Einen Monat später wird der Beitrag für die Maggie-Auszeichnung vorgeschlagen; mein Redakteur meint, im Journalismus sei der Maggie-Preis mit dem Pulitzer-Preis* vergleichbar. Das Interesse an »My Dinner with Ali« hält an; ich werde zu einem Bankett im nördlichen Teil des Staates New York eingeladen, wo mich die *American Association for the Improvement of Boxing*

* Pulitzer-Preis – einer der verschiedenen Preise, die jährlich für hervorragende Arbeiten auf journalistischem und literarischem Gebiet verliehen werden, gestiftet von dem in Ungarn geborenen Joseph Pulitzer.

mit dem Titel Schriftsteller des Jahres ehren will. Die Illustrierte *Free Press* in Detroit will den Beitrag bringen; auch das *Journal*, das in meiner Heimatstadt Winston-Salem erscheint, hat Interesse angemeldet. Und mir kommt zu Ohren, daß ein Kampfsport-Schundblatt in England den Artikel bereits veröffentlicht hat, ohne meine Einwilligung einzuholen und ohne mir auch nur ein popeliges Pfund dafür zu zahlen. Ich rufe einen Rechtsanwalt in London an, der mir sagt, ich könne zwar prozessieren, aber es werde nichts bringen.

***

Ende Oktober erfahre ich, daß Sugar Ray Leonard zum drittenmal gegen Roberto Duran antreten will. Neben Ali war Leonard der einzige Boxer, den ich je gern boxen sah. Als ich ihn 1976 zum erstenmal sah, hat mich seine protzige Art, ähnlich wie Ali die Hände hängen zu lassen, beeindruckt. Aber im Gegensatz zu Ali besitzt Leonard keine Naturkraft; mit seinen niedlichen Matrosenanzügen, dem überfreundlichen Zwinkern und Lächeln. Mein Ego war robust genug, um mich felsenfest daran glauben zu lassen, daß ich Ray Leonard hätte schlagen können, hätte man mir die Möglichkeit dazu gegeben. Meine Reaktionen waren schneller, ich bewegte mich schneller als er – dachte ich. Das war natürlich, bevor ich erkannte, daß ich nur halb so gut war, wie ich dachte, und bevor ich gesehen hatte, mit welcher Courage und Grazie er kämpfte. Die jetzige, die 1989er, Version von mir denkt, ich könnte eine Zen-Box-Erzählung schreiben, und Ray Leonard wäre genau der richtige Mann für mein Vorhaben.

Ich rufe den Redakteur von *Sport* an. »O. k., ich teile Ihre Meinung«, sagt er. »Wir müssen etwas für diesen Kampf tun. Sie wollen ein Schriftsteller werden. Sie wollen über den Boxsport schreiben. Ich werde Ihnen die Möglichkeit dazu geben. Schreiben Sie zweitausend Wörter, und ich zahle Ihnen die gleiche Summe wie für die Ali-Story. Aber ich brauch' den Artikel schnell. Ich will ihn in zwei Wochen auf meinem Tisch haben.« Das ist eine ziemlich große Sache. Der erste richtige Auftrag in meinem Leben, wo mich jemand schickt, um jemanden über etwas zu interviewen. Für eine Illustrierte, die jeden Monat von Millionen Menschen gelesen wird. Ein Artikel über das Zen des Boxens. Wenn ich darüber schreiben kann, wie man mit dem Strom schwimmt, kann ich es auch leben.

Ich wähle die Auskunft in Bethesda, Maryland, an, frage nach der Nummer von Mike Trainer, Leonards langjährigem Rechtsanwalt, und rufe dann bei ihm im Büro an. Wir vereinbaren einen Termin für die nächste Woche in Leonards Turnhalle in Palmer Park, Maryland.

XX

Ray Leonard Road in Palmer Park. Ein junger, dürrer, langbeiniger Hund läuft die Straße entlang zwischen einem verblichenen weinroten Baumwollsamt-Sofa und einer verrosteten, mostrichgelben Waschmaschine, die beide mit blinkenden Weihnachtskerzen geschmückt sind. Der dreckbraune Köter sieht mich an. Er grinst mich mitleiderregend an, schlendert auf einen Erdhügel zu und hebt dort ein Hinterbein gegen einen niedrigen weißen Lattenzaun, der eine Holzhütte von zwei Seiten umgibt. Die Hütte ist rot, weiß und blau gestrichen und hat eine Grundfläche von etwa einhundert Quadratmetern.

»Das ist sie«, sagt der bis dato reichste Sportler der Welt, »das ist die Hütte, in der ich aufgewachsen bin.« Wir sitzen in Leonards champagnerfarbenem Mercedes. »Wissen Sie, was ich mir als Kind immer gewünscht hab'?« fragt er. »Ich wollte ein Boy Scout werden. Aber wir konnten uns die Uniformen und die Beiträge nicht leisten. Eines Tages ging ich dann in einen Billigwarenladen und fand dort eine Uniform, die ich für fünfzig Cent kaufte und die ich immer anzog, wenn ich irgendwo hinging. Und ich war stolz. Ich trug diese Uniform und erzählte allen, ich sei ein Boy Scout. Ich trug sie so stolz.«

Heute trägt Leonard ein zweireihiges lila Jackett, ein strahlend weißes Seidenhemd, eine tadellos gebügelte, goldfarbene Hose, in chinesischem Stil gearbeitete lila Slipper mit roter und goldfarbener Handstickerei. Diese Aufmachung allein hat wahrscheinlich mehr gekostet, als sein Vater in einem halben Jahr verdient hat, als er mit seiner Familie in dieser Ecke wohnte.

Ich unterhalte mich mit Ray über Größe. »Willst du ein großer Mann werden?« frage ich ihn und wundere mich (zumindest im Auftrag der Illustrierten), warum er die aktive Laufbahn wieder aufnimmt.

»Mann, ich bin nur ein Fighter. Nichts weiter. Wenn es um Größe geht, sieh dir Muhammad Ali an. Schau dir die Leute um Ali herum an. Wenn du ihn in einen Raum voller Menschen neben Castro und Gorbatschow stellen würdest, würden sich alle um Ali scharen. Das ist Größe.«

XXI

Manchmal träume ich, daß Ali immer noch im Ring steht. In diesen Träumen sieht sein Körper klassisch griechisch aus, und seine Fäuste bewegen sich mit explosiver Geschwindigkeit, so daß sie ineinander verschwimmen. Aber oft geht es ihm gar nicht gut.

In meinen Träumen sehe ich ihn nie unmittelbar im Ring, sondern entweder im Fernsehen, oder ich verfolge das Geschehen im Radio wie früher zu Hause bei Daddy.

Letzte Nacht trat er gegen Foreman an. Ich sah den Ring von oben, gleichsam aus der Vogelperspektive. Beim Gongschlag zur ersten Runde wirft Ali einen Jab, der mehr wie ein Stoß als ein Schlag aussieht. Foreman drängt Ali an die Seile, und Ali geht in Deckung. Alis Haut sieht grün aus unter Gottes TV-Beleuchtung; Fettgewebe hängt in Falten von Brust und Hüften herab. Er ist zu langsam, um mit seinen Schlägen durchzukommen; aber Foreman gelingt es ebenfalls nicht, seine Punches ins Ziel zu bringen. Bald erkennen beide Kämpfer, daß es zwecklos ist, weiterzumachen. Sie trennen sich und gehen in ihre Ecken, holen ihre Hocker, nehmen in der Ringmitte Platz und fangen an, über Islam und Christentum zu debattieren. Als Schiedsrichter amtiert zunächst Herr Zebaoth höchstpersönlich, der sich dann in meinen Vater verwandelt, der krank ist und im Sterben liegt. Der alte Mr. Weißbart hat sich also, auf dem Wirbelwind reitend, wieder auf seinen Berggipfel zurückgezogen und meinen Vater und mich und alle auf uns selbst gestellt zurückgelassen. Mein Vater war der beste Mensch, den ich je gekannt habe; sein ganzes Leben lang tat er alles, was in seiner Macht stand, um ja keinen Menschen zu verletzen. Er hat die Schmerzen nicht verdient, und er hat auch nicht verdient, alleingelassen zu werden. Ich stehe auf dem Sofa in seinem Haus und bereite mich vor, in den Fernsehbildschirm zu springen. Ich will nicht mehr herabsehen auf das Ganze. Ich muß meinen Vater retten, Ali retten und uns alle retten.

»Ich bin jung und hübsch und schnell und schön und einfach unschlagbar«, sagte Ali vor so vielen Jahrzehnten. Die Ironie wird jetzt verdammt offensichtlich. Meistenteils ist sie zu offensichtlich. Jeder verliebte Oberschüler weiß um die Ironie. Würde ein nichtironischer Augenblick, vorausgesetzt, man hätte ihn verdient, nicht hin und wieder sinnvoller sein als die Trillion Ironien, die wir jeden Tag finden würden, wenn wir sie suchten?

Daddy liegt im Krankenhausbett und schüttelt den Kopf. Von seinem mageren Gehalt hat er gewissenhaft Geld gespart, während er ganz allein zwei Kinder großzog; er steht kurz vor der Rente und möchte sich etwas erholen, aber da liegt er nun: Er kann kein Wort herausbringen und bewegt nur den Kopf hin und her, und seine Lippen sind fest zusammengepreßt, und ich weiß, daß er nicht sterben will. Ich springe geradewegs in den Fernsehschirm hinein. In die blauen Strahlen.

In diesem Augenblick wache ich auf. Wie üblich, unverrichteter Dinge. Außer daß ich nach oben gehe, um darüber zu schreiben. An dieser Geschichte arbeite ich einige Stunden. In dem Augenblick, da ich sie zu Papier bringe und den Eindruck habe, sie ergibt einen gewissen Sinn, kommt mein kleiner Sohn nach oben, drückt mich und sagt mir guten Morgen.

XXII

Das Hotel und Kasino *Mirage*, das fünftausend Zimmer hat, feiert seine große Eröffnung. Genau gegenüber dem Haupteingang fängt ein knapp dreißig Meter hoher künstlicher Wasserfall an zu rauschen, zu zischen und eine nach Piña Colada duftende Erdgasflamme zehn Meter hoch in die Luft zu speien. Dutzende Autofahrer bleiben auf dem Las Vegas Boulevard stehen, um den »Vulkan« zu sehen. Eine gaffende, schreiende Menge von hunderten von Menschen drückt gegen das Schutzgeländer am Bürgersteig. Eine Gruppe tibetanischer Buddhisten in orangefarbenen Roben und Ledersandalen steht in scheinbarer Abgeklärtheit unweit der Straße. Ihre glattrasierten Köpfe glänzen im Feuerschein.

Im Foyer sind zwei fast lebensgroße bronzene Nixenplastiken in lasziven Posen auf Marmorplattformen zu sehen, die ihre nackten glänzenden Brüste frech in die Gesichter der Gäste recken. Eine dünne, grauhaarige Frau, die bereits die siebzig überschritten hat, sitzt auf einer der Plattformen und betrachtet ihre Füße. Zwei Männer aus dem Nahen Osten, die etwa Ende vierzig sind, fotografieren sich abwechselnd beim Nuckeln an den Brüsten der postadoleszenten Nixen.

Hinter dem Rezeptionsschalter ist ein Aquarium zu sehen, in dessen blauem Wasser mehrere Haie schwimmen. An der linken Seite des Hauptkasinos ist ein weißer, verglaster Raum, in dem weiße Bengalische Tiger auf- und abgehen, scheißen und schlafen. Nur zu den Fütterungszeiten werden die Tiere den Augen des Publikums entzogen.

Diese kitschig amerikanischen visuellen Reizmittel wurden von Steve Wynn, dem Besitzer des *Mirage*, gestaltet. Der filmschöne Wynn hat regenwalddichtes schwarzes Haar, sonnengebräunte Haut, lebhafte schwarze Augen und eine *Retinopathia pigmentosa*, die zu Gesichtsfeldeinengung und schließlich zu Erblindung führt.

Ich befinde mich im Hotel *Mirage* im Auftrage der Illustrierten *Sport*, um über den Leonard-Duran-Kampf zu schreiben. Mein Artikel ist gut angekommen; ein TV-Sportsender hat sein halbstündiges Interview mit Leonard auf Zitaten und Ideen aus meiner Story aufgebaut. Mein Redakteur belohnt mich mit einem Platz ganz vorn am Ring und der Übernahme der Reisekosten. Was für mich wichtiger ist als Leonard, Duran, mein Platz am Ring, das *Mirage*, Steve Wynn, Las Vegas oder das Zen des Boxkampfes, ist, daß Ali zu dem Kampf kommt.

Ich treffe einige Tage vor dem Boxkampf in Las Vegas ein. Nachdem ich meinen Koffer ausgepackt habe, ziehe ich die Gardine zurück und sehe aus dem Fenster. Auf der Brüstung, knapp drei Meter unter mir, sitzt ein Vogel. Ein Falke!

Am nächsten Morgen sitzt der Vogel noch immer an derselben Stelle. Reglos. Tot.

Regenbogenfarbene Heißluftballons gleiten über die Berge nach Norden. Ich verbringe den Vormittag im Zimmer, lese, lasse mich vom Zimmerservice verwöhnen, mache Liegestütze; mir ist noch nicht danach, in die Welt hinauszugehen. Vaters Tod versetzt mir immer wieder Stöße, die härter sind als jeder vorstellbare Fausthieb. In den letzten Tagen habe ich Schmerzen in der Brust, und nachts träume ich immer wieder von ihm, in jedem einzelnen Traum. Ich schalte das Radio neben dem Bett an, seit seinem Tode habe ich kein Radio gehört. Ich erwarte kaum, etwas Hörenswertes zu finden. Man vergesse nicht, das hier ist Vegas, die Heimat von Wayne Newton, Kenny Rogers und Frank Sinatra Jr. Aber was höre ich da? Als wäre ich beim Kramen in einem Billigwarenladen auf eine taoistische Schriftrolle aus der Antike gestoßen – eine bezaubernde Melodie von Van Morrison, die ich noch nie gehört habe: »I Forgot that Love Existed«. Ich erwische das Lied gleich am Anfang. Ich muß zugeben, daß ich mich etwas besser fühle, nachdem ich's gehört habe.

Für kurze Zeit habe ich tatsächlich meine Trauer und meinen Schmerz, die mich seit Daddys Tod ständig begleiten, vergessen. In den vergangenen Monaten kam mir das Leben noch vergänglicher als früher vor. Das Leben ist wir. Es ist das, was uns umhüllt, wir tragen es wie ein Kleidungsstück. Wir tragen unser Leben wie einen Regenmantel.

Wie seltsam. Ist das Einsicht? Begreifen wir überhaupt je, was um uns vor sich geht? Das, was man Einsicht nennt, was man als »erhabenes« oder »ernstes« Verstehen bezeichnet, kann oft nichts weiter als eine Nebenerscheinung der uns allen bekannten Trauer und/oder Niedergeschlagenheit sein. Was können wir über die Wirklichkeit wissen? Würde ein Vater, der gerade erfahren hat, daß seine noch minderjährige Tochter von einem betrunkenen Lastwagenfahrer überfahren wurde, an diesem strahlenden Sonntagnachmittag den See hinter seinem Haus so sehen, wie ihn ein junges Paar sieht, das sich gerade verlobt hat und das dabei ist, ein Häuschen am anderen Ufer zu kaufen?

Ich muß aus dem Zimmer raus, ich muß mich bewegen und meine Gedanken in eine andere Richtung lenken. Ich mache mich auf den Weg runter zum Kasino und erkenne gleich ein mir bekanntes Gesicht. »Lonnie!« ruf' ich, als sie in Richtung Fahrstuhl vorbeigeht. »Lonnie Ali«, sage ich, als sie sich umdreht. »Ich hoffe, du kannst dich an mich erinnern. Ich bin Davis Miller.«

»Ach, Davy. Aber natürlich erinnere ich mich an dich. Ich wollte gerade auf mein Zimmer gehen. Komm mit. Muhammad wird sich freuen, dich zu sehen.«

»Muhammad, du hast Besuch«, sagt Lonnie, als sie die Tür zur Suite im obersten Stock öffnet, »es ist Davy.«

Ja, mir gefällt das. Mir gefällt es, Davy genannt zu werden. Durchs Leben mit einem Namen zu gehen, der gleichzeitig Vor- und Zuname ist, gibt einem ein Gefühl der Verpflichtung; ein Spitzname wie Davy, erlaubt es einem andererseits, die Dinge wieder in ihren wirklichen Relationen zu sehen.

Ali sitzt auf einem kleinen weißen Sofa neben einem Fenster, das über die gesamte Zimmerlänge reicht und eine Aussicht auf die Ostseite der Stadt bietet. Er trägt eine dunkle Nadelstreifenhose und ein spitz ausgeschnittenes T-Shirt, das ein paar groschengroße Löcher hat. Durch eines davon sind graue Haare an seiner linken Brustseite zu sehen. Er ißt gerade ein großes Brötchen, das aber in seiner Faust klein erscheint. Er ist beleibter, als ich ihn je gesehen habe. Ich schätze, er wiegt um die 120 Kilo. »Mein Mann«, sagt er, »was gibt's Neues in Louisville?«

Ich erinnere ihn daran, daß ich nicht mehr in Kentucky lebe. Das scheint ihn nicht zu interessieren; seine Augen sind trüb. Er erhebt sich und geht steifbeinig ans Fenster. Das Schildchen seiner Baumwollunterhose der Marke Blue Knight guckt aus der Hose heraus. Er bedeutet mir, ihm zu folgen.

»Sieh dir das an«, sagt er im Flüsterton, »das große Hotel, diese Stadt. Es ist Staub, alles Staub. Steve Wynn bildet sich ein, er ist so was wie ein Pharao, baut sich diese Grabstätte, als würde ihn das Ding unsterblich machen.«

Seine Stimme ist so leise, daß man meinen könnte, die Wörter kämen nicht von Ali, sondern von einem Gespenst, das in seinem Schatten steht. »Elvis, Kennedy, Martin Luther King, sie alle sind tot. Es ist alles nur Staub.«

Wir starren herab auf die sonnengebleichte Stadt. In einiger Entfernung ist ein Jagdflugzeug zu sehen, das zur Landung auf einem Luftstützpunkt ansetzt, der kurz vor den Spring Mountains liegt. »Flieg mal in einem Flugzeug«, fährt Ali mit belegter Stimme fort, »flieg ganz tief herab, wir sehen aus wie Spielzeug. Flieg höher, und du könntest denken, es gibt uns gar nicht. Ich war überall in der Welt, hab' alles gesehen, alles gehabt, was ein Mensch haben kann. Nichts davon ist von Bedeutung.« Er klingt nicht zynisch.

Er schlurft zurück zum Sofa und läßt sich schwerfällig

darauf nieder. »Das einzige, was wichtig ist, ist, sich dem Willen Gottes zu fügen«, sagt er, »das einzige, was man hat, ist, was einem gegeben wurde.«

Er klopft auf das Kissen zu seiner Linken und deutet damit an, daß ich mich neben ihn setzen soll. Ich nehme Platz. Unsere Knie und Schultern berühren sich. Lonnie sitzt uns gegenüber auf einem Stuhl, der neben dem Fernseher steht.

»Wie geht's dir?« fragt Ali.

»Es geht so«, sage ich, »mein Vater ist vor wenigen Monaten gestorben.«

In dem Augenblick, da ich das sage, habe ich das dringende Bedürfnis, mit Ali und Lonnie über Daddy zu reden. Ich kann dieses Bedürfnis beim besten Willen nicht erklären, aber es ist da.

Der Champ hebt überrascht den Kopf.

»Mein Vater ist auch vor kurzem gestorben«, sagt Lonnie.

Ali sieht mich derart einfühlsam an, daß man beinahe denken könnte, wir hätten denselben Vater. »Wie alt war er?« fragt er.

»Erst 59. Und ich dachte, er sei gesund. Ich dachte, wir hätten noch so viel Zeit vor uns, die wir gemeinsam verbringen würden. Für mich war er Vater und Mutter zugleich. Es war der schwerste Schlag, den ich je erlebt habe.«

»Wie ist er gestorben?« fragt Lonnie.

»Herzanfall?« fragt Ali.

Ich nicke.

»Mein Vater auch«, sagt Lonnie in einem Tonfall voller Mitleid, der irgendwie an Daddys fast hörbare Stimme erinnert.

»Es tut mir leid, Lonnie«, sage ich nickend.

Ali berührt meine Hand. »Ich weiß, wie er dir fehlt. Als ich zum erstenmal den Titel gewann, gab es Anrufer, die sich einen Spaß daraus machten, mir mitzuteilen, mein Vater sei umgebracht worden. Das hat mich fürchterlich erschreckt. Das Leben ist so kurz. In der Bibel steht, es sei wie ein Hauch.«

Ali nimmt die Fernbedienung in die Hand, die er auf der Lehne ruhen läßt, und klappert die Kanäle ab. Lonnie steht auf, Tränen in den Augen.»Bleibt da, ihr beiden, ich werde mir mal schnell etwas anderes anziehen«, sagt sie und geht aus dem Zimmer.

Ali schaltet einen Kanal ein, auf dem gerade ein Michael-Jackson-Lied gespielt wird. Er schaltet den Ton aus; wir sehen nur die Bilder.

»Gandhi«, sagt er, als das graue gespenstische Bild des einstigen geistigen Führers Indiens auf dem Bildschirm erscheint. Einige Augenblicke später:»Mutter Teresa«. Er empfindet offensichtlich eine Seelenverwandtschaft mit diesen Menschen und ihren Taten und will, daß ich das nachempfinde. Er spricht die Namen in einem beschwörenden Ton aus. Junge, vollbusige Frauen schwitzen in stilvollen blauen, rosa und gelben, ostereierähnlich gemusterten Gymnastikanzügen.»Sie nennen das Körperübung«, kommentiert Ali,»aber das ist es eigentlich, worum's geht.« Er legt seine linke Hand auf seinen Schoß und simuliert das Onanieren. »Es ist schwierig, der Versuchung zu widerstehen, wenn du nicht so etwas wie ich hast, etwas Heiliges.«

»Hab' die Hände von Frauen gelassen schon seit mindestens fünf Jahren«, sagt er leise und heimlich.»Das letztemal erwischte mich ein Glaubensbruder in Saudi-Arabien mit einer Frau. Fragte mich: ›Würdest du das vor deiner Mutter machen?‹ Ich sagte: ›Nein‹. Er zeigte auf mich und sagte: ›Du machst es aber vor Allah.‹ *Maaann* ... das hat gesessen. Das war stark. Hat mir zu denken gegeben. Dann begann ich mich ernsthaft mit dem Gedanken zu befassen, für Gott zu leben.«

Der Champ reicht seinen rechten Arm über die Glasplatte des Kaffeetisches, der in Chromstahl eingefaßt ist. »Möchte dir etwas zeigen«, sagt er. Als ich Ali das letzte Mal sah, zitterte seine linke Hand, nicht aber die rechte; jetzt zittert auch diese.

Er ergreift seine Aktentasche, die vor uns auf dem Fußboden liegt, legt sie auf seine Knie und öffnet sie langsam und ehrfurchtsvoll, als würde er den Inhalt der Bundeslade offenbaren. Als ich hineinsehe, denke ich an Gandhis Habseligkeiten, die er zum Zeitpunkt seines Todes besaß: eine Uhr, zwei Paar Sandalen und eine Reisschale, eine Bhagawadgita. In Alis Aktentasche befinden sich dicke Stapel gelber, grüner und blauer moslemischer Hefte, seine Brille, ein Foto von ihm selbst mit »Sugar« Ray Robinson zu seiner Linken und Joe Louis zu seiner Rechten, ein Koran, eine Bibel. Er nimmt ein Jesus-Bildchen, hält es hoch und reißt die Augen auf, wie er das in früheren Zeiten zu tun pflegte, wenn er seinen Gegner oder die Presse herausfordern wollte.

»Ich hab' das immer bei mir. Es erinnert mich daran, wie berühmt ich bin. Wenn man dir dein ganzes Leben zurückgeben würde, und dein einziges Ziel – von Geburt an – wäre, so berühmt zu werden wie dieser Mann, wie würdest du es anstellen? Wenn dir jemand sagen würde, daß irgendein Nigger-Boxer von Loovul, Kentucky, so berühmt wie Jesus Christus wurde, du würdest ihm sagen ›Du hast 'ne Macke.‹ Aber ich hab's geschafft.« Dieses Groß-wie-Christus-Gerede macht mich irgendwie verlegen für Ali. »Hast du's geschafft?« frage ich, »oder wurde es dir ermöglicht?«

Er grinst und lacht wie mein Dreijähriger, den man beim Naschen eines Bonbons erwischt hat, das er nicht hätte essen dürfen. »Du hast recht. Du hast mich wieder auf den rechten Weg gebracht«, sagt Ali und legt seinen bärengroßen Arm auf meine Schulter.

Ali brummt, wie es manchmal seine Art ist, und kneift die Lippen zusammen. Dann packt er mich am rechten

Bein gleich oberhalb des Knies und drückt es so mit seinem Daumen und Zeigefinger, daß es kitzelt. Ich lache und stoße seine Hand zur Seite. Ich glaube, das ist das erstemal, daß ich nach Daddys Tod gelacht habe. Wenn es überhaupt einen Menschen gibt, der es schafft, mich aufzumuntern, dann ist es Ali. Ich sage: »Hab' ich dir schon mal erzählt, daß ich meine Jungfernschaft beim dritten Norton-Kampf verloren hab'?«

»Wirklich?«

»Ja, Mann. Das war im Haus meines Vaters. Meine Freundin war da. Wir waren allein. Wir sind in meinem Schlafzimmer, schon eine ganze Weile. Plötzlich hören wir, wie Daddy die Hintertür öffnet. Wir hatten den Wagen nicht auf den Hof fahren hören. Lyn springt aus dem Bett, packt ihre Kleidung und läuft mit nacktem Arsch ins Badezimmer. Ich schalte den Fernseher ein, ziehe schnell eine kurze Trainingshose an und versuche, so zu tun, als wäre ich ganz vertieft in den Boxkampf. Mann, ich liebe dich, das weißt du, aber ich muß ehrlich zugeben, ich habe überhaupt nicht mitgekriegt, was da im Ring geschah. In diesem Augenblick hast du mich überhaupt nicht interessiert. Daddy kommt herein, und ich strenge mich so sehr an, ruhig zu bleiben, daß ich am ganzen Körper zittere. Ich zitterte, als würde man mich in einem Mixer zu Püree machen. Ich weiß, daß er genau wußte, was da los war, aber er hat nie ein Wort darüber verloren.«

Ali lacht lange und trampelt bekräftigend mit den Füßen. Er wischt sich dann die Tränen ab und meint: »Dein Vater war ein guter Mann.«

Er stellt seine Aktentasche wieder auf den Fußboden, steht auf, geht ins Badezimmer und nimmt dort langsam ein gestärktes weißes Hemd vom Kleiderbügel an der Tür, zieht es an, hat aber etwas Mühe mit den Knöpfen. Ohne das Hemd in die Hose zu stecken, zieht er eine tiefrote Krawatte über den Kopf, die schon vorher gebunden war – ich bin sicher, von Lonnie. Er sieht mich im Spiegel an und nickt leicht. Ich nehme an, damit meint er, daß er meine Hilfe möchte. In diesem Augenblick erweckt der talentierteste Sportler des 20. Jahrhunderts den Eindruck einer derart eierschalenen Zerbrechlichkeit, daß *meine* Hände leicht zittern, als ich ihm helfe. Ich hätte mir vorstellen können, daß ich auf diese Weise meinem Vater helfen würde, wenn er die Siebzig überschritten hätte. Aber niemals Muhammad Ali.

Ali ist so groß, daß ich mich auf die Zehenspitzen stellen muß, um über seinen gewaltigen Rücken reichen und die Krawatte unter den Kragen stecken zu können. Er steckt das Hemd in die Hose, ohne die Hose aufzuknöpfen oder den Reißverschluß aufzumachen. Ohne darum gebeten zu werden, entferne ich einige Fusseln, die sich von seiner dunklen Jacke hell abheben. Er nimmt einige Plätzchen und einen Apfel von der Glastischplatte und zeigt auf die Aktentasche. Ich hole sie, und wir gehen zur Tür. Im Korridor verabschiede ich mich von Lonnie.

»Es ist gut, dich wieder zu sehen, Davy«, ruft sie mir hinterher.

Im Fahrstuhl lehnt sich Ali zu mir herüber und wispert: »All diese Leute spielen im Kasino. Es ist wichtig, Leute in ihrer Umgebung zu beobachten. Achte darauf, wie sie sich gebärden.«

Als wir im Erdgeschoß ankommen, steckt er die Plätzchen in seine Jackentasche und steckt dabei die Taschenklappe halb mit in die Tasche, legt das Apfelgehäuse in einen Aschenbecher, nimmt die Aktentasche aus meiner Hand, und als die Fahrstuhltür aufgeht, schnalzt er mit der Zunge. Dieser Laut wird erwidert aus einer Entfernung von etwa sechs Metern. Einige Sekunden darauf erscheint ein Gesicht in der Tür. Es ist Howard Bingham, Alis persönlicher Fotograf und bester Freund seit fast dreißig Jahren. Im großen und ganzen sieht er so aus, wie er mir aus den 70er Jahren in Erinnerung geblieben ist: kantig, mit einer angedeuteten Glatze, mit Bart und etwas schlaffen Backen, die an die alte MGM-Karikaturfigur Droopy erinnern. Kein Mensch – nicht seine Ehefrauen, seine Kinder, nicht einmal seine eigene Mutter – waren Ali näher als Bingham.

Ich stelle mich Bingham vor, und wir verlassen den Fahrstuhl, Ali voran, ich hinter ihm; Bingham folgt uns. Wir laufen keine 15 Schritte, bevor wir von einer Menge umgeben sind; alle wollen Ali berühren oder seine Hand schütteln. Frauen holen schnell Fotoapparate aus ihren Handtaschen, Füller und Papierfetzen. »Mach den Shuffle, Champ«, ruft ein schon etwas älterer Mann.

Ali gibt mir seine Aktentasche, stellt sich auf die Zehenspitzen und tänzelt nach links. Er wirft ein paar langsame Jabs in Richtung einiger Menschen um ihn herum. Die Menge, die immer größer wird, bricht in Lachen und Applaus aus. Hinter ihm entsteht freier Raum, er weiß das, ohne sich umzudrehen. Er bewegt sich rückwärts zur Ecke am anderen Ende des breiten Ganges hin und bedeutet den anderen mit einer Handbewegung, sie sollen ihm folgen. Er wendet sich zu mir, nimmt seine Aktentasche aus meiner Hand und zieht einen dicken Stapel blauer moslemischer Traktate heraus. Bingham bringt einen Stahlklappstuhl. Ali setzt sich hin, legt die Aktentasche auf den Schoß und holt einen gewöhnlichen Kugelschreiber aus der Jackentasche.

Nach zwei Minuten stehen bestimmt nicht weniger als fünfhundert Leute im Korridor. Über sein Walkietalkie ruft ein Sicherheitsangestellter des *Mirage*-Hotels Verstärkung herbei und dirigiert Leute, die ein Autogramm haben wollen, in eine Schlange.

Ich stehe rechts neben Ali und lehne mich an die Wand. Bingham steht links neben mir. Wir bleiben hier fast eine Stunde, bis ich ihn dann frage: »Ist es immer so?«

»Immer«, sagt er, »und überall in der Welt. Voriges Jahr in Jakarta kamen über zweitausend Leute, um ihn zu sehen.«

»Wie lange dauert so etwas in der Regel?«

»Bis er müde wird. Stundenlang. Den ganzen Tag lang.«

Jedem Menschen gibt Ali etwas Persönliches. Er spricht mit fast keinem, aber beinahe jeder scheint zu verstehen, was er meint. Er redet mit den Händen, Fingern, mit dem Kopf, den Augen. Von jedem schreibt er den Vornamen auf die moslemischen Hefte und umarmt und wird umarmt von jedem und jeder, angefangen vom dreijährigen Bengel, bis hin zu dessen Uroma, die bereits die Achtzig überschritten hat. Jedesmal, wenn Kinder in seiner Nähe sind, nimmt er sich die Zeit, um sie zu drücken und zu küssen, manchmal sogar zärtlicher, als das vielleicht ihre eigenen Eltern tun.

Frauen wie Männer weinen ungeniert, wenn sie Ali sehen. Viele berichten über seinen Einfluß auf ihr Leben. Manche erzählen davon, wie er ihnen vor Jahren begegnet ist. Oft tut er so, als würde er sich daran erinnern. »Du hast einen braunen Anzug getragen«, sagt er zu einem Mann, und alles lacht. »Und du hattest ein blaues Kleid an«, sagt er einer Frau – und wieder Lachen.

Ein großer, ungeschlacht aussehender Mann in den Vierzigern, vielleicht italienischer Herkunft, nimmt Alis Hand und küßt sie. Er lehnt es ab, ein Autogramm zu nehmen. »Ich will nichts von dir haben, Champ«, sagt er. Seine erdbraunen Augen sind rot angelaufen und geschwollen. »Wir haben eh schon zu viel von dir genommen.«

Ich verspüre das Bedürfnis, Alis Schulter zu berühren. Als ich es tue, reagiert er nicht, obwohl ich mir sicher bin, daß er's merkt.

Ich bleibe einige Stunden bei Ali. Aber dann muß ich zu einem Rundfunk-Interview, das mein Redakteur für mich organisiert hat. Im Laufe des Tages gehe ich mehrmals an Ali vorbei, wenn ich in mein Zimmer gehe oder wieder herauskomme. Bis spät in den Abend hinein – er signiert, umarmt, küßt und posiert für Fotos. Das Ende der Schlange, die sich bis hinter die Ecke zieht, ist nicht zu sehen.

Am nächsten Morgen frühstücke ich mit Ali und Lonnie. Er hat denselben Anzug und dieselbe Krawatte wie gestern an. Das ist weder ein Zeichen finanzieller Not noch davon, daß er vergißt, seine Kleidung zu wechseln. Selbst zu Zeiten, da er als Boxer zweistellige Millionendollarbeträge verdiente, besaß er nicht mehr als fünf Anzüge. Er trägt selten Schmuck, und seine Uhr ist eine bescheidene Timex.

Ich frage, warum ihn alle Menschen überall – im Gegensatz zu früher – zu lieben scheinen. »Weil ich *böööse* bin«, spielt er den Clown. Dann hält er seine zitternde linke Hand hoch, spreizt die Finger und sagt: »Es ist deswegen. Ich bin jetzt menschlicher geworden. Es ist der Gott in den Menschen, der sie zu mir zieht.«

XXIII

Mir geht es beträchtlich besser, als ich vom *Mirage* nach Hause komme. Ich fühle mich besser als je seit Daddys Ableben. Das einzige Unangenehme ist der Jetlag, der mir als Anfänger so schwer zu schaffen macht, daß mir vor Müdigkeit ganz schwindlig wird und ich den ersten

Tag nach meiner Rückkehr nach Winston im Bett verbringe.

Lyn ist bei der Arbeit, die Kinder sind in der Schule. Als ich endlich in der Lage bin, aus dem Bett zu rollen, ist mir klar, was ich tun muß, um Daddy loszulassen … was ich tun kann, um meinen Vater zu ehren: Ich kann versuchen, so frei zu sein wie möglich in dieser Welt, in der es nicht möglich ist, frei zu sein. Das ist das, was er mir gewünscht hätte: daß ich so viel Leben habe, wie das Universum hergibt.

Ich öffne jedes Fenster im Haus, lege Methenys »Letter from Home« auf, ziehe alles bis auf meine rotweißgestreiften Boxershorts aus und genieße wunderbare, reinigende Augenblicke bei körperlicher Arbeit im Hinterhof, wo ich meinen Körper in der Dezembersonne bade. Es ist mir scheißegal, ob die anderen denken, ich sei verrückt …

»Ich habe eine Idee«, erzähle ich meinem Redakteur beim *Sport*, »was halten Sie von einem Artikel mit dem Titel ›Wie schlägt man Mike Tyson?‹«

»Alle bauen diesen Kerl mit ihrem Gerede auf«, fahre ich fort, »er sei unbezwingbar. Daß es ein Videospiel gibt, das nach ihm benannt wurde, bedeutet bei weitem nicht, daß er ein Superman ist. Warten Sie nur, Sie werden sehen: Sehr bald wird ihn jemand abschießen.«

»O.k.«, sagt mein Redakteur, »Sie haben mich überzeugt. Wir werden's machen. Wann ist der nächste Tyson-Kampf? Wir können den Artikel kurz vor dem Kampf bringen.«

Eigentlich besteht meinerseits überhaupt kein Interesse an Tyson, weder als Boxer noch als Mensch. Die Schwergewichts-Boxmeister haben oft den gesellschaftlichen Zustand und die Zeit widergespiegelt, deren Produkt sie waren. Eins muß ich Tyson lassen: So, wie der fleißige, elegant-stoische Joe Louis für die Zeit der Depression der 30er Jahre und die anstrengenden Kriegsjahre genau der richtige Champ war, so war der unsäglich freche, schöne und philosophische Ali der ideale König für die ausschweifenden 60er und die eklektischen 70er Jahre, und so ist es schwierig, sich einen perfekteren Schwergewichtsweltmeister vorzustellen als den punk-schicken, baumstammdicken Tyson als Vertreter der 80er Jahre, die gekennzeichnet waren von der Einstellung »wir wollen alles kriegen, was wir nur kriegen können«, ein Jahrzehnt, in dem von viel zu vielen Leuten der Mißbrauch extremer, ja karikaturartig hypertrophischer Gewalt leidenschaftlich verehrt wurde. Tyson, dessen Knockouts in der ersten Runde genau auf die Konzentrationsdauer der auf MTV getrimmten Kids zugeschnitten sind. Aber ich kann es nicht akzeptieren, wenn Tyson mit Ali in positivem Sinne verglichen wird, wie das vor kurzem in der Presse und auf der Straße geschehen ist, und ich will nicht, daß er den Leumund von *my man* auf irgendeine Weise schädigt. Außerdem weiß ich, wie man den jetzigen Schwergewichtsmeister – den »Kong«, wie ihn Ali nennt – schlägt. Es ist ganz einfach.

»Viel von dem, was nötig ist, um Tyson zu schlagen, läßt sich einfach zusammenfassen«, schreibe ich in meinem Artikel. »Es muß ein großer, kräftiger Fighter mit einem mächtigen Kinn sein, der lange Arme und schnelle Hände hat, der vor Tyson keine Angst hat und der dem Bild eines vollendeten Boxers nahekommt.

Er wird Tyson mit Rhythmuswechseln und verschiedenen Taktiken im Zustand der Verwirrung halten. Entscheidend ist, daß er bei allen Taktiken ständig angriffsbereit bleibt: auf Draht, aber entspannt. Seine Bewegungen müssen nicht so schön wie die von Muhammad Ali sein, aber es wird einer sein, der mit hoher Wahrscheinlichkeit die Filme von Alis Kämpfen studiert und Ali vielleicht sogar vergöttert hat.«

Der Artikel erscheint in der Märzausgabe der Illustrierten *Sport*, die es zwei Wochen vor dem Tyson-Kampf am 10. Februar 1990 an den Kiosken zu kaufen gibt. Ich schicke ein Exemplar an Ali mit der kurzen Bemerkung, daß er vielleicht Gefallen daran finden würde, was ich geschrieben habe. Ich gebe ihm auch zu verstehen, daß die Attribute, mit denen ich Tysons potentiellen Bezwinger beschreibe, keinem anderen gehören als dem Größten aller Zeiten selbst.

Am 10. Februar schlaf' ich schon, als kurz vor Mitternacht mein Bürotelefon und das Haustelefon gleichzeitig klingeln.

Ich taste mich in der Dunkelheit an das Telefon auf dem Nachttisch und wundere mich, was geschehen sein mag. »Er wurde k. o. geschlagen«, ruft Lyns Bruder in mein Ohr, »er wird gerade ausgezählt.«

»Wo-Wovon redest du überhaupt?« frage ich und habe das Gefühl, als stecke das Kopfkissen in meinem Mund. »Wer wurde k. o. geschlagen?«

»Tyson! *Tyson ist k. o.!*« ruft Scott. »Er wurde fertiggemacht! Er sackte ab auf die Matte und tastete herum nach seinem Mundstück!«

Ich springe aus dem Bett, als wäre etwas wirklich Wichtiges geschehen. »Ja, ja, *ja!*« schreie ich in die Muschel. »Lyn!« schreie ich, obwohl sie gleich neben mir liegt. »Kong wurde ausgeknockt. Jemand hat Kong ausgeknockt.«

»Wer ist ›Kong‹?« fragt meine Frau schlaftrunken.

»Scott, ich ruf' dich morgen an«, sage ich, »ich muß den Fernseher anmachen.«

Ich gebe Lyn einen flüchtigen Kuß auf die Wange und flitze leichtfüßig nach oben. Das Lämpchen am Anrufbeantworter blinkt, aber ich höre die Nachricht nicht ab. Statt dessen drehe ich das Klingeln und den Lautsprecher ab und schalte den Sportkanal im Fernseher an. »Würden Sie es für möglich halten?« fragt gerade ein Sprecher mit scharf modelliertem, käsigem Gesicht, »im ersten Meisterschaftskampf im Schwergewicht des 90er Jahrzehnts hat der Boxer-›Geselle‹ James ›Buster‹ Douglas den angeblich unbesiegbaren Mike Tyson k. o. geschlagen und ist damit der neue Weltmeister im Schwergewicht geworden.«

Auf dem Bildschirm erscheinen Bilder, die erkennen lassen, wie Tysons Gesicht verformt wird durch eine lange gerade Rechte, geschmettert im Ali-Stil. Douglas, dessen Schuhe mit Ali-Quasten geschmückt sind, ist etwa so groß wie Tyson. In der nächsten Einstellung posiert der neue Champ vor der Kamera, während er noch im Ring interviewt wird. Sein Mund ist offen, und er reckt die Faust neben seinem Kopf in die Höhe, genau so, wie es Ali immer machte.

Ein paar Stunden wandere ich von einem Kanal zum andern und genieße den Moment, in dem Tyson mit einem Schlag dorthin gekippt wird, wo er in der Boxgeschichte hingehört, und schwelge darin, was das für meine Schriftstellerlaufbahn bedeutet. Ich springe im Zimmer umher und verteile Jabs, hin und wieder halte ich kurz inne, um eine Schlagkombination abzufeuern oder in einem Shuffle zu explodieren. Ich fühle mich wie 22.

14 Nachrichten kommen auf meinem Anrufbeantworter an, bevor ich dann endlich wieder ins Bett gehe. Die erste Stimme ist die meines Redakteurs: »Davis, hier spricht Kelly. Rufen Sie mich gleich als erstes morgen früh an.«

Auch die zweite Stimme ist mir ziemlich bekannt: »Werden die immer noch Tyson mit mir vergleichen?« sagt der unsichtbare Anrufer, dessen unverwechselbare Stimme mächtig, wie ein Mondecho der Stimme Gottes klingt.

Bei *Sport* gehen Dutzende Anrufe zu meiner Story ein, bevor ich Kelly erreiche. »Auch vor dem Kampf haben wir schon welche bekommen«, sagt er, und ich höre sein verschmitztes Lachen. »Fast alle, die sich vor dem Kampf gemeldet haben, äußerten sich skeptisch über die Möglichkeit, daß Tyson je verlieren könnte.«

Es ist schon merkwürdig. Auf meinem Anrufbeantworter sind Nachrichten aus allen Teilen des Landes angekommen, auch das *Journal* in Winston-Salem wird einen Beitrag über meinen Tyson-Artikel bringen, als hätte ich selbst etwas vollbracht. Ich bekomme diese ganze Aufmerksamkeit für etwas, was dem Nichtschreiben viel näher ist als alles, was ich sonst getan habe. Wie seltsam.

Kelly will, daß ich Profile von Douglas und all den bedeutenden Schwergewichtlern, darunter George Foreman und Evander Holyfield, verfasse und eine Nachbetrachtung über Tyson schreibe. Über die nächsten sechs Monate will er monatlich einen Artikel veröffentlichen und zweitausend Dollar pro Story bezahlen. »Ich will, daß Sie der Boxsportredakteur von *Sport* werden. Sie haben es verdient. Ich will auch, daß Sie sämtliche wichtigen Boxveranstaltungen als unser Korrespondent besuchen.«

Ich frage, ob das heißt, daß ich als Angestellter arbeiten und ein Gehalt bekommen werde.

»Ich wünschte, das wäre möglich«, sagt er, »aber ich kann Ihnen nicht einmal ein Jahresminimum garantieren. Aber ich werde versuchen, mich um Sie zu kümmern«, verspricht er.

Das wird Lyn nicht besonders gefallen. Sie möchte, daß ich einer geregelten Arbeit mit regelmäßigem Einkommen nachgehe. Aber ich kann ihr wenigstens berichten, daß ich dieses Jahr ein Minimum von 12000 Dollar durch mein Schreiben verdienen werde. Und das, plus ihr Gehalt und die Zinsen vom Rest von Vaters Erbschaft, müßte reichen. Ich akzeptiere Kellys

Angebot – nicht, weil mich der Boxsport interessiert (denn das ist nicht der Fall), sondern, weil ich auf diese Weise mehr Möglichkeiten haben werde, mit Ali zusammenzusein.

XXIV

Durch Alis Einfluß haben sich Jazzmusiker entwickelt, Tänzer, Basketballspieler, Astronauten, Umweltschützer, Alleinunterhalter, Maler, Schachmeister, Fernseh- und Filmproduzenten und -direktoren, Rap-Sänger, Hochseilartisten; es sind Menschen zum Peace Corps gegangen, Wehrdienstverweigerer geworden, und, ja, auch Kickboxer und Schriftsteller. Nelson Mandela sagt, er wurde Nelson Mandela zum Teil durch Alis Einfluß. Ray Leonard wurde zum »Sugar« Ray; Bruce Lee hat systematisch Filme der Ali-Kämpfe studiert und Alis Bewegungsmustern nachgeeifert, um *der* Bruce Lee zu werden, der Gott der Kinokampfkünste; Jimmy Connors war der erste Ali im Tennissport (leider gibt es auch Tennis-Rotzbengel und Punks in jeder anderen Sportart, darunter Mike Tyson, deren Entwicklungsgang sich auch auf Ali zurückverfolgen läßt).

James »Buster« Douglas ist der bisher letzte Fighter, der durch Alis stilistischen Einfluß Weltmeister im Schwergewicht wurde. »Er war mein Held«, sagt mir Douglas, als ich in Columbus, Ohio, bin, um ihn für meinen Artikel zu interviewen. Wir werkeln in seinem restaurierten metallicgrünen 70er Coupé de Ville. Das Fenster an Douglas' Seite ist heruntergekurbelt, meines ist zu. Aus dem Fenster läßt er seinen Fuß hängen, auf dem ein Schuh der Größe 48 sitzt. Er ist aus blendend rotem Eidechsenleder gefertigt. Das Grinsen auf Douglas' Gesicht ist so breit wie das Ohio-Stadion.

Sein rundes, glatthäutiges, gutmütiges Arbeitergesicht strahlt. Es wäre das Gesicht, das Sonny Liston gehabt hätte, wenn er ein gutmütiger Mensch gewesen wäre. Douglas und ich kauen Hafermehlplätzchen mit Rosinen, die er an der Tankstelle gekauft hat.

»Als Amateur hab' ich versucht, alles zu machen, was ich Ali machen sah«, erzählt Douglas. »Ich trug die gleichen Shorts – weiß mit schwarzen Streifen, ich trage immer noch Ali-Quasten. Nur *Artiiisten* tragen Quasten. Ich hab' viel von Ali gelernt. Habe gelernt, nett zu Leuten zu sein. Hab' ihn vorige Woche in Huntington, West Virginia, getroffen. Wir waren zusammen zu Abend essen. Er erzählte mir, wie froh er war, daß ich gewonnen hab'. Er sagte, er sei zwei Fuß von seinem Stuhl in die Luft gesprungen, Hände über dem Kopf, als ich *Short Man* ausgeknockt hab'.«

Ich bitte ihn, ein Exemplar meines Tyson-Artikels zu signieren. »Mann, ich hab's im Flugzeug gelesen, als ich nach Tokio zum Kampf flog. Alle in meiner Ecke haben's rumgereicht im Flugzeug.«

Er nimmt den Füller aus meiner Hand. Die Überschrift lautet »Mike Tyson ist schlagbar«. Oberhalb der Überschrift schreibt Douglas mit dicken blauen Buchstaben: »Und ich bin der Mann, der ihn schlug.«

XXV

Alis Vater stirbt an einer Herzerkrankung. Als ich das erfahre, rufe ich bei den Clays an, um mein Beileid auszusprechen.

Lonnie hebt den Hörer ab.

»Wie nimmt er es?« frage ich.

»Nicht so schwer, wie ich befürchtet hatte«, antwortet sie.

Ich möchte mit Mrs. Clay sprechen. Sie kommt an den Apparat: »Schon vor fünfzig Jahren sagte mir mein Mann, er würde mit 77 sterben. Er hat recht behalten. Er hatte ein erfülltes Leben.«

Mit dem Champ selbst spreche ich nicht. Ich bitte Mrs. Clay, Ali meine Grüße auszurichten.

XXVI

Ali begegnet mir zufällig auf dem Miami International Airport, als ich unterwegs nach Houston, Texas, bin, um dort einige Tage mit George Foreman zu verbringen. Wie üblich, befindet er sich inmitten einer Menschenmenge, und die Leute sehen ihn mit der gleichen sanften Traurigkeit an, die man etwa bei Menschen beobachtet, deren Lieblingsonkel vor kurzem einen Schlaganfall erlitten hat.

Er ist nicht überrascht, mich zu treffen. Er trägt Schwarz und hat noch um die hundert moslemische Hefte in der Hand, die er auf die übliche Weise verteilt. Sein Gesicht ist aufgedunsen; er sieht erschöpft aus.

»Hab' Angelo Dundee besucht«, erzählt er. »Müde vom Reisen. War davor in Saudi-Arabien. Es ist zu westlich – eine heilige Stätte, die sie amerikanisiert haben. Sie sind zu sehr auf Geld und Besitz bedacht.«

Ich lade ihn zu einer Root-Beer-Limonade ein. Wir gehen in ein Café, das einige hundert Meter entfernt liegt. Einige Leute folgen uns, bis wir hineingehen. Beim Reingehen sieht er eine Frau, die mit dem Oberkörper auf dem Tisch lehnt und die Arme über dem Kopf zusammengeschlagen hat. Er setzt sich neben sie und fragt sie, was los sei. Sie sieht hoch und scheint Ali nicht zu erkennen, erzählt ihm aber, daß ihr ihre Geldbörse gestohlen worden ist. Die Frau ist klein und rundlich und trägt einen rosa Trainingsanzug. Ihr schwarzes Haar ist teilweise schon ergraut, und sie hat tiefliegende grüne Augen, die hervortreten, als hätte sie jemand am Hals gepackt und viele, viele Jahre lang gedrückt, zwar nicht stark, aber fest.

Sie lacht müde. »Da drin hatte ich mein ganzes Geld. Ich weiß nicht, wie ich nach Hause kommen soll. Und wie soll ich das meinem Mann sagen? Er ist mir so schon böse, daß ich so viel Geld ausgebe. Ich bin manchmal ganz *flustriert*. Manchmal haben wir ganz schlimmen Streit wegen Knete.«

Ali legt seine Hefte auf den Tisch und zieht ein zerfleddertes braunes Rindslederportemonnaie aus der Hosentasche. Darin sind dreihundert Dollar in bar und ein altes Foto von ihm mit allen seinen acht Kindern. Er gibt der Frau 280 Dollar.

Zu unserer Root Beer kommen wir gar nicht. Bald darauf ist er wieder im Flughafengebäude. Er ist unter Kindern, zieht Gesichter, tauscht mit ihnen Punches aus, kitzelt sie, drückt sie und küßt sie.

Ich frage, wie das kommt, daß er eine so enge Beziehung zu Kindern habe.

»Ich bin selbst ein großes Kind«, sagt er. Und: »Sie sind Engel im Exil«, und spricht dabei in einem Ton, den man eher von einem Mönch erwarten könnte, der den Uneingeweihten die Mysterien erläutert. »Kinder sind Gott so nah. Sie hatten noch keine Zeit, sich von ihm zu trennen.«

XXVII

Eine zehn Zentimeter lange Eidechse, die die hellbraune Farbe vom Sand im südwestlichen Texas hat, bewegt sich mit kurzen Sprints über ein freistehendes weißes Schild mit handgeschriebenen Lettern. Die Eidechse sucht ein Versteck, findet aber keins. Sie springt auf die Erde herunter und verschwindet im dünnen braunen Gras, das um eine Gruppe knorriger Kiefern wächst. Auf dem Schild, von dem die Eidechse heruntergesprungen ist, ist zu lesen: CHURCH OF THE LORD JESUS CHRIST.

Es ist Sonntagvormittag kurz vor zehn Uhr. Reverend George Edward Foreman steht unter einem Dachvorsprung neben dem beigefarbenen Wellblechgebäude, das ihm als Kirche dient. Foreman sieht aus, als wäre er aus eben der Erde hervorgegangen, auf der die Kirche steht. Schweiß rinnt in Strömen über sein Gesicht. Er trägt eine schwarze Weste, die zu eng ist, um zugeknöpft zu werden, eine fast dazu passende Hose, ein billiges, kurzärmliges weißes Hemd, in das seine Arme und sein Hals gerade noch so passen und dessen Stoff bis zum Platzen straffgespannt ist. Sein rechter Fuß ruht auf der zweiten Betonstufe, die zum Kircheneingang führt. Er begrüßt die Mitglieder seiner Gemeinde, als sie hereinkommen.

Auf einem Stuhl auf einer kleinen Plattform in der Kirche sitzt ein Mann in den Dreißigern, mit starken Schultern und einem länglichen Gesicht. Er klimpert auf einer glitzernden Gibson-Gitarre und singt dabei eine fröhliche Hymne. Verglichen mit dem schlichten Äußeren, ist der kleine Raum überraschend bequem und attraktiv eingerichtet. Die Wände sind in Lindgrün gehalten, und zwei große Pantherlilien-Sträuße stehen an beiden Seiten des Predigerpults. Die gepflegten Eichenholzbänke, die in sechs Reihen stehen, bieten Platz für etwa 75 Menschen. Weniger als ein Drittel davon sind heute erschienen.

Während der gesamten Predigt brüllt und streicht Pastor Foreman umher, auf und ab, hin und her, und er klingt wie eine Hanswurst-Imitation von Ali. Er warnt vor dem Trinken am Samstagabend und vor dem Beischlaf mit jener verführerischen Fremden. »Manche Menschen glauben nicht einmal an einen übernatürlichen Gott«, schreit er am Ende seiner Botschaft. »Ich würde einem Gott nicht dienen, der nicht mit mir redet. Ich sprach einst mit einem Mann, der mir sagte, daß er sich in eine bestimmte Himmelsrichtung wendet, um acht oder neun Mal am Tag zu beten. Und er zeigte mir, wie er seinen Kopf bis zur Erde neigt. Und ich fragte ihn: ›Mann, und redet Gott auch jemals zu dir?‹ Und er sagte: ›Nein‹. Ich sagte darauf: ›He, Bruder, ich sag' dir warum, es ist nämlich keiner zu Hause.‹«

Nach der Predigt frage ich auf dem Weg nach draußen Foreman, ob es sich dabei um eine Geschichte über Ali handele.

»So ist es«, sagt er, »die Hand Gottes ruht auf ihm. Ihm wird gesagt: ›He, du rufst den falschen Mann.‹ Die meisten seiner größten Begabungen wurden ihm weggenommen. Es ist wie mit der Fliege, die man mit Mikroskop und Pinzette untersucht. Man nimmt ihr einen Flügel ab, ein Bein, dann dies und das, bis nichts mehr übrigbleibt. Gott erhebt den Menschen nur aus einem Grunde: um ihn wieder fallen zu lassen. Darum versuche ich, gleich im Keller zu bleiben.«

XXVIII

17. Juli 1990, Mitte des Nachmittags. Johannas neunter Geburtstag. Ich bin im Arbeitszimmer und schreibe den Foreman-Artikel und versuche, es so schnell wie möglich hinter mich zu bringen. Heute Abend gibt es Kuchen und Eis, ausgeliehene Filme, und Johannas Freunde können bei uns übernachten. Ich sehe auf Daddys Uhr und überlege, wann Lyn von der Arbeit

und die Kinder aus der Schule und der Tagesstätte kommen. Ich sehe genauer hin und stelle überrascht fest, daß die Uhr 11.17 zeigt. Das ist ja höchst seltsam. Der Sekundenzeiger steht. Die Batterie wird leer sein; Daddys Zeitmesser hat aufgegeben. Ich nehme die Uhr von meinem Arm ab und lege sie auf die linke Ecke des Schreibtisches, neben den Sozialversicherungsausweis meines Vaters. Der Eindruck auf meiner Haut wird innerhalb einer Stunde weg sein. Wenn das Universum dir so unmittelbar etwas mitteilt, mußt du einfach hinhören.

***

August 1990. Es geschieht wieder das gleiche wie im vergangenen Sommer. Die Luft ist erdrückend warm. Klarer Fall: Die globale Erwärmung macht sich langsam bemerkbar.

Für die meisten von uns wird das Leben immer angenehmer. Es scheint ein Wunder zu sein – die Möglichkeiten werden größer und größer. Wenn wir die zunehmende Umweltzerstörung überleben, die Ozonkonzentration in der unteren Atmosphäre, das immer größer werdende Ozonloch in der oberen Atmosphäre, die tägliche, wöchentliche, monatliche, jährliche Vernichtung der Wälder, Ozeane, Wasserwege (und alles mögliche andere), die dramatische Übervölkerung des Planeten, wenn es uns irgendwie gelingt, die Weltbevölkerung um ein paar Milliarden auf eine Zahl zu reduzieren, die unser stöhnender Planet bequem erhalten kann – dann wird es vielleicht weiterhin immer besser werden. Was für eine interessante Zeit zu leben.

Heute sind es knapp 38°C. Kein einziges Pferd ist draußen in der Sonne zu sehen auf den Farmen längs des Interstate Highway 64, der zwischen Lexington und Louisville verläuft. Ich nehme an, sie nippen gekühltes

Wasser in ihren CFC-klimatisierten Ställen, die etliche Millionen Dollar gekostet haben. Ich fahre durch Kentucky auf dem Weg nach Detroit, Michigan, wo ich Thomas Hearns interviewen will.

Ali begrüßt mich an der Tür des Hauses seiner Mutter. Er trägt einen himmelblauen Seersucker-Safarianzug und die gleichen Turnschuhe, die er bei unserem ersten Treffen anhatte. Sein Gesicht ist nicht mehr so aufgedunsen. In diesem Augenblick sieht er aus wie der Ali der 70er Jahre. »Mein Mann«, sagt er.

Ali kennt meinen Namen immer noch nicht. Das deutet nicht auf einen ernsten Dachschaden hin. Es hat eher damit zu tun, daß er wahrscheinlich die Hälfte aller Menschen auf der Erde kennengelernt hat. Und vor allem damit, daß er vor langer Zeit die Entscheidung traf, seinen Geist nicht mit bedeutungslosen oberflächlichen Details zu belasten.

»Du siehst gut aus«, sage ich, »wieviel hast du abgenommen?«

»Sieht man das wirklich?« fragt er und scheint sich geschmeichelt zu fühlen. »Ich bin runter auf knapp 102 Kilo.« Das ist sein niedrigstes Gewicht seit 1980. Im letzten Jahr seiner Boxerlaufbahn wog er etwa hundert Kilo. »Will bis auf 95 Kilo runter. Esse nichts als Hühnerfleisch und Fisch, Obst, Gemüse. Kein Fett. Trinke 'ne Menge Wasser.« Seine Stimme klingt irgendwie anders, ein bißchen kräftiger. Das feuchte Rasseln im Hals ist nicht mehr zu hören, wenn er spricht.

»Du fängst an, wieder hübsch auszusehen. Trainierst du?«

»Ich trainiere. Hab' angefangen, vierzig Kilometer pro Tag zu gehen. Mehr will ich nicht machen. Mache fünf Runden am Sandsack, fünf Runden an der schnellen Birne und fünf Schattenboxen.«

»Ich trainiere für einen spirituellen Kampf«, sagt er, als er die Tür hinter mir zumacht.

Vier Wochen sind vergangen, seitdem der Irak Kuwait besetzt hat. Starke Truppenkontingente der westlichen Nationen sind an der saudi-arabischen Grenze massiert. Der Kommentator im NPR-Sender meinte heute morgen, daß möglicherweise bald eine halbe Million amerikanischer Truppen in diesem Gebiet sein würden. Ich folge Ali in die Küche. Er nimmt eine Literflasche Mineralwasser aus dem Kühlschrank und trinkt ungefähr ein Drittel davon in einem Zug aus. Ich setze mich auf einen Stuhl an einem kleinen cremefarbenen Eßtisch mit Chromstahlgestell. Der befleckte und vergilbte Kfz-Zulassungsschein von Cassius Clay, Senior, für einen 1972er Cadillac ist zwischen dem Salz- und dem Pfefferstreuer eingeklemmt. Im Zimmer ist es heiß und muffig. Ich nehme das Stück Papier in die Hand und denke an Daddys Sozialversicherungskarte und seine Uhr auf meinem Schreibtisch zu Hause. »Wie geht es dir?« frage ich.

»Hab' mehr Energie. Beweg' mich besser.«

Mrs. Clay kommt ins Zimmer. »Oh, ich bin so froh, daß Sie da sind«, sagt sie zu mir.

Sie trägt ein gelbes Paisleykleid und riecht nach Mehl. Obwohl sie müde zu sein scheint und ihre Stirn und ihr Nacken von einem leicht schimmernden Schweißfilm überzogen sind, lächelt sie ihr zerbrechliches Lächeln. »Möchten Sie ein Glas Root-Beer-Limonade?«

Sie bringt die Limonade in einem Marmeladenglas, auf dem die Marke Welch zu lesen ist. Ali verläßt den Raum, um seine Mittagsgebete zu sprechen.

»Meinen Sie nicht auch, daß er besser aussieht?« fragt sie hoffnungsvoll. »Ich hab's Ihnen ja gleich gesagt. Er sieht so jung aus. Er fühlt sich so, als könnte er wieder boxen. Das kann er aber nicht tun, oder?«

»Nein«, sage ich, »das würde keiner zulassen.«

Sie sieht erleichtert aus. »Alle waren so nervös vor dem Foreman-Kampf«, sagt sie, »sie dachten, er würde

228

verlieren oder gar verletzt werden. Er sagte mir, er würde gewinnen, aber er war der einzige, der so sicher war. In der Ecke, wo er gerade betete, sah ich helle Lichter um ihn herum, und in diesem Augenblick wußte ich, daß er gewinnen würde. Jetzt spricht er nicht mehr. Er ist so still, daß man meinen könnte, er sei nicht zu Hause. Er schreibt und liest, liest und schreibt die ganze Zeit.«

Ali kommt in die Küche zurück, immer noch barfuß nach seinem Gebet, und bewegt sich dabei so leise, daß man glauben könnte, er wolle nicht einmal den Staub unter seinen Füßen stören. In dieser Aufmachung sieht er aus wie ein indischer Geistlicher. Mit einem Handzeichen gibt er mir zu verstehen, daß ich ihm folgen soll. Wir gehen nach unten und sitzen nebeneinander auf dem Sofa. Wie üblich, schaltet er den Fernseher ein. Gerade läuft ein populäres M. C.-Hammer-Video. Er beobachtet die Menschen, die auf dem Bildschirm umherspringen, und meint: »Sieht albern aus. Was meinst du?«

Ich teile seine Meinung.

»Immer täuschen sich die schwarzen Menschen selbst«, kommentiert er. »Ihre Sehnsucht nach jemandem ist so stark, daß sie bereit sind, aus jedem einen Helden zu machen. Zuhälter, Dealer, egal wer.«

Eingefaßt in einen goldenen Rahmen hängt ein nach einer Urkunde aussehendes Schriftstück etwas schief über dem Fernseher. Ich habe es bisher nie gesehen. Ich stehe auf und lese, was da steht: »Zum Gedenken«, lautet die Überschrift. Darunter steht: »Die Überwachungskommission des Bezirkes von Los Angeles drückt aus Anlaß des Ablebens Ihres geliebten Vaters, Cassius Marcellus Clay, ihr tief empfundenes Beileid aus, zu dessen Gedenken alle Mitglieder die Sitzung vom 13. Februar 1990 vertagt haben, um dem Verstorbenen auf diese Weise die letzte Ehre und Reverenz zu erweisen.«

Ich rücke den Rahmen zurecht.

»Es war eine Erlösung«, sagt Ali, bevor ich die Möglichkeit habe, ihn zu fragen. »Er wurde so alt, litt ständig solche Schmerzen. Hab' mit ihm eine Woche vor seinem Tod gesprochen. Er sagte, er würde mich nicht wiedersehen. ›Ich bin müde‹, sagte er, ›ich kann diesen Schrittmacher nicht mehr ertragen. Ich will ihn nicht mehr.‹ So ergeht es uns allen. In nicht allzuferner Zukunft wird es auch mir so ergehen. Wir werden alle müde. Wir werden die Augen schließen und sie nie wieder öffnen. Ich bereite mich auf das nächste Leben vor. Das ist das einzige, was jetzt wichtig ist.«

Das Telefon läutet. Er geht an den Apparat. »Die werden sich gegenseitig umbringen«, sagt er, »ich will nicht, daß das geschieht.«

Er telefoniert etwa 15 Minuten – für Ali ist das sehr lange. Er hört die meiste Zeit zu und redet wenig. Die männliche Stimme am anderen Ende ist laut und tief.

Ali legt auf und sagt: »Ich bin froh, daß du da bist. Ich brauche deinen Rat.« Sein Gesicht sieht ernst aus.

»Sie wollen, daß ich in den Irak und nach Saudi-Arabien fahre, daß ich mich zwischen die Armeen stelle, die sich auf den Kampf vorbereiten. Sie wollen, daß ich meine Arme hebe und sage: ›Ich bin Muhammad Ali. Schießt nicht.‹ Sie meinen, ich kann den Krieg verhindern. Meinst du, ich soll's machen?«

»Nun … ich weiß nicht. Ich jedenfalls würde so etwas nicht versuchen.« Ich will ihn auf eine sachte Art davon abhalten. Aber ich möchte ihn auch nicht entmutigen.

Damit scheint für ihn das Thema erledigt zu sein, und er verläßt den Raum. Mrs. Clay bringt das Mittagessen. Thunfisch auf Weißbrotscheiben, Aprikosen und Birnen aus der Konserve. Ali kommt mit einem tragbaren Kassettenrekorder, den ich ihm beim letzten Besuch geschenkt habe. Wir hören eine Predigt. Er hat dutzende moslemische Vorträge und Botschaften auf Tonband, er hatte aber kein Gerät, auf dem er sie auf

seinen Reisen abspielen konnte, bis ich ihm meins gab,
auf dem ich davor meine Interviews aufgenommen
hatte. Die Sprache des Redners klingt etwas verzerrt.
Die Batterien gehen bald zu Ende. Ich bin sicher, er
wird sie nicht wechseln, auch wenn sie ganz leer sind.
Wir essen langsam, ohne zu reden, während Ali sich die
Predigt anhört. Als er mit dem Essen fertig ist, schaltet
er den Kassettenrekorder aus.

»Warum bist du mir so lange gefolgt?« fragt er ehrlich verblüfft, und ich spüre sein ganzes Gewicht, als er
mich ansieht.

»Es ist, weil du mit Abstand der größte Mensch bist,
den ich je gekannt habe«, wobei ich nicht seine körper-
liche Größe meine, sondern ich denke dabei an die ge-
gensätzlichen Ideen, die Ali immer verkörpert hat, und
daran, daß das fast gar nichts mit den Dingen zu tun
hat, die er in seinem Leben gesehen und erlebt hat, mit
den Privilegien, die er genossen hat. Es ist größer, runder, elementarer. Uns vereint mit Ali nicht nur das, was
er geleistet hat, sondern auch ganz einfach das, was er
ist. (Er war es zum Beispiel, der in mir das Interesse für
den Kampfsport geweckt hat und nicht der Kampfsport
das Interesse für ihn). Hätte Cassius Marcellus Clay,
Junior, nie ein Paar Boxhandschuhe angezogen, wäre
etwas anderes geschehen, um ihn zu einem der einfluß-
reichsten Menschen dieses Jahrhunderts zu machen,
um eine Mythologie zu schaffen, die letztendlich hoffnungsvoll, wunderbar, traurig, schön ist.

Er nickt. »Ich hab' die ganze Welt bereist«, sagt er,
»von Menschen überall etwas gelernt. Beobachte Kinder und sehe mich selbst, das ist gar nicht so lange her.
Beobachte alte Menschen aus meiner Perspektive und
weiß, daß es nicht mehr lange dauern wird, und ich bin
einer von ihnen. Und dann denke ich: ›Ich bin *jetzt*
schon einer von ihnen.‹ Es gibt keine Unterschiede
zwischen uns. Die Wahrheit steckt im Hinduismus, in

der christlichen Religion, im Islam, in allen Religionen. Und ganz einfach ausgedrückt: Die einzige Religion, die von Bedeutung ist, ist die Liebe.«

Ein kosmisches *Ja!* brummt in meinem Bauch, während ich Ali höre. Wir streben nach Vereinigung und erkennen nicht, daß wir nichts zu tun brauchen, um zu werden: die Form der Baumstämme und der Äste, die Form unserer Gliedmaßen und Körper, die Rhythmen, die ich in mir spüre; die Form der Orkane und der Galaxien, die Umlaufbahnen der Planeten und Neutronen – alles ist sich so ähnlich. Alles ist im Zentrum: Felsen, Schweinedung, Penisse, Lutscher, Kürbisse, Brüste; Elektronen, Sterne, diese kalten Finger, wir, alles: das Gold, das wir an unseren Fingern und um den Hals tragen, der Kalk, aus dem unsere Knochen gebaut sind – beides aus dem Mark von Sternen, die vor langer Zeit explodiert sind. Wir, jeder einzelne von uns, ist im wahrsten Sinne des Wortes sogar der eigentliche Urstoff des Kosmos.

Ali und ich kehren zum Sofa zurück. Ich frage nach seinen Gebeten; er zeigt mir ein Buch, in dem beschrieben wird, wie Moslems beten.

Er sagt: »Ich bin müde. Ich muß mich mal kurz aufs Ohr hauen. Die Hitze macht mir zu schaffen.« Die Worte klingen uralt, totemisch. »Bist du noch da, wenn ich aufwache?« fragt er.

»Ich glaub', es ist besser, wenn ich gehe. Ich hab' noch zu arbeiten.«

Er streckt die Hände aus, um mich zu umarmen, und beobachtet dabei meine Augen. Sein Körper ist so dick, seine Haut fühlt sich kühl und feucht durch das Hemd an. Ich erinnere mich daran, wie ich Daddys Rücken und Schultern im Krankenhaus massiert habe. Nächsten Dienstag ist es genau ein Jahr, daß er tot ist. Ali riecht nach Erde und Bäumen. Ich küsse ihn auf die Wange.

»Bleib cool und nimm dich vor den Ladies in acht«, sagt er.

Im November reist Ali nach Bagdad, um seine Stimme für den Frieden zu erheben. Am Ende seiner zehntägigen Mission kehrt er mit fünfzehn Amerikanern, die über vier Monate lang als Geiseln gehalten worden waren, nach New York zurück.

XXIX

Obwohl die Illustrierte nicht besonders gut zahlt, ist Kelly rührig, wenn es darum geht, meine Reisekosten zu begleichen (oder mir zumindest zu versprechen, dies zu tun; manchmal dauert es sechs Monate, bis meine Auslagen, die ich mit MasterCard und Visa-Karte bezahlt habe, beglichen werden). Was mir jedoch ungerecht zu sein scheint, ist, daß ich innerhalb von zwei Jahren über fünfzig Kämpfe und zahlreiche Veranstaltungen als Repräsentant dieses Sportmagazins besuche, ohne Geld für die Reisen und die Radio- und Fernsehinterviews zu bekommen. Kelly meint, der Besitzer pflegt das so zu handhaben, um kein Public-Relations-Personal einstellen zu müssen.

Im April nehme ich an einem Abendessen in Philadelphia teil, das aus Anlaß des 20. Jahrestages des Ali-Frazier-Kampfes stattfindet. Am Vormittag war Ali in Fraziers Turnhalle, um Kindern Autogramme zu geben. Das Training hat er während seines Irak-Besuches eingestellt und hat danach viel zugenommen. Er wiegt jetzt wahrscheinlich knapp 115kg, trägt jedoch seine Last aufrecht wie immer.

Nach Verlassen der Turnhalle steigen wir in die Limousine, und ich setze mich dem Champ gegenüber.

Ein älterer Mann, der Alis verstorbenem Vater ähnlich sieht, erscheint plötzlich neben der Limousine. Er klopft mit der linken Hand an mein Fenster. Ich schrecke hoch. »Mr. Clay, Mr. Clay!« ruft er und bietet Ali (der nie Schweinefleisch ißt) einen Hotdog an. Der Mann ist von spindeldürrer Gestalt, und seine Augen sind gelb vom Alter, vom billigen Wein und vom Leben auf der Straße.

Ali bedeutet mir mit der Hand, ich solle mein Fenster herunterlassen. Er nimmt die Hand des alten Mannes und hält sie kurz.

Als wir losfahren, frage ich: »Läßt du jeden herein?« Ich habe noch nie gesehen, daß er jemanden abgewiesen hat.

»Ich bin froh, daß mich Menschen mögen. Es ist ein Segen. Ich will keinen enttäuschen. Aber es gibt viele Menschen, die einen ohne Absicht verletzen.«

Wie ich bereits erwähnt habe, an meinem Verhältnis zu Ali ist nichts Ungewöhnliches, außer der Tatsache, daß es meines ist (und daß ich über ihn schreiben kann, wie es kein anderer getan hat). Er behandelt fast jeden genau so, wie er mich behandelt. Das ist Teil des Ali-Wunders. Es ist schwierig, sich vorzustellen, daß es jemals einen Menschen wie ihn gab, und ich bezweifele, daß es jemals wieder einen solchen geben wird.

Wir halten an der Ampel. Eine massige, braun und grau gekleidete Frau, ohne Beine und Hände, hockt angelehnt an einem Eingang. Sie spielt »Amazing Grace« auf einer Harmonika, die mit einer Schnur, wohl eine Kunststoffwäscheleine, an ihrem Mund befestigt ist. »Wir wissen nicht, wie diese Frau hierhergekommen ist«, sagt Ali, »aber sie ist genau so wie du und ich.« Seine linke Hand beginnt, stark zu zittern. Wir fahren zu unserem Hotel *Atop the Bellevue*. Ali schließt die Augen und nickt ein.

Egal, was er in den 6oern gesagt hat, in diesem Augenblick ist es offensichtlich, daß dieser Mann sich nicht selbst zu Muhammad Ali gemacht hat; dieses Leben oder diese Rolle hat er sich nicht selbst ausgesucht. Manchmal scheint es sogar, als sei ihm sein eigenes Leben nicht von Bedeutung. Es ist Teil von Alis Vielschichtigkeit, zu glauben, sein Leben wäre nicht bedeutender als das eines beliebigen anderen Menschen. Ich betrachte die Form seines Kopfes, seine fast vollendete Symmetrie, seine babyähnlich glatte Haut. Er sieht aus wie ein Neugeborener oder wie ein Buddha. Zweifelsohne ist dies eine Seele, die aus früheren Äonen stammt. Möglicherweise ist er eine Art Bodhisattwa. Und vielleicht ist er auch so etwas wie Chance, der Gärtner in Jerzy Kosinskis Roman *Being There* – eine Tafel, auf die wir das schreiben, was wir wollen, eine Leinwand, auf die man fast alles projizieren kann – Geheimnisse, die durch das Leben wirbeln, die bedeutungsträchtig *erscheinen*, die aber keiner vollständig zu begreifen vermag.

Dort, wo wir vor dem Hotel aus der Limousine aussteigen, hat sich eine Menge von einigen hundert Menschen auf dem Bürgersteig und zum Teil auf der Straße versammelt.

An der Peripherie dieser Menschengruppe hebt ein etwa dreißigjähriger Mann asiatischer Herkunft seinen Sohn auf die Schulter, von wo aus dieser den Champ besser sehen kann. »Das ist der größte Mann in der ganzen Welt«, sagt er mit Südstaatenakzent zu seinem Sohn. Nachdem er sich bis zu Ali durchgedrängelt hat, bittet er diesen um ein Autogramm für seinen Sohn und sagt ihm, daß er den weiten Weg von seinem Heimatort in Arkansas bis hierher gekommen sei, nur um ihn zu sehen. Ich gehe am Rand der Ansammlung vorbei ins Hotel.

Die Familie Ali versammelt sich in der Vorhalle. Ich sehe Bingham und Alis Töchter Miya und May May, eine Rap-Sängerin, die Janet Jackson etwas ähnlich sieht.

Mrs. Clay sitzt in einem hohen Ohrensessel. »Oh, ich wußte nicht, daß Sie hier sein werden«, sagt sie. »Ich bin so froh, Sie zu sehen.« Sie hat einige Pfund abgenommen und sieht noch gebrechlicher aus als sonst. Sie hat vor kurzem einen Schlaganfall erlitten, und es geht ihr immer noch nicht gut.

Lonnie steht neben Mrs. Clay. Über ihrer rechten Schulter hängt ein übergroßer Segeltuchbeutel, und sie hält einen ziemlich jungen Säugling auf dem Arm.

»Hi, Lonnie«, sage ich, »wessen Baby?«

»Es ist unser Baby«, sagt sie und lacht, als ich mein Staunen nicht verbergen kann und mein Mund offen bleibt.

»Sieht er nicht wie Muhammad aus?«

Sie hält das Baby so, daß ich einen kleinen Gesichtsausschnitt sehen kann. Antlitz und Haut sind tadellos, die Gesichtsfarbe ist wie glühendes Kupfer, seinem Vater sehr ähnlich.

»Er sieht aus wie Muhammad«, sage ich. »Wie heißt er?«

»Frag Muhammad, er sagt, er will dem Baby den Namen geben, aber du kennst Muhammad – er kann sich nicht entscheiden. Er will ihn Ahad nennen, was soviel wie ›der Einmalige‹ bedeutet. Und ich sage ihm ständig, das ist nicht der richtige Name für ein moslemisches Baby.«

»Wie alt ist er?«

»Morgen wird er einen Monat alt sein«, antwortet sie. Ich trete einen Schritt zurück und werfe einen Blick auf Lonnies Körper. Ihr Gesicht sieht etwas abgespannt aus, sie macht aber nicht den Eindruck einer Frau, die vor vier Wochen entbunden hat.

»Wir adoptieren ihn«, erklärt sie dann. »Wir erwarten die Papiere aus Louisville.«

Ali ist endlich in der Vorhalle, er nimmt seinen neuen Sohn, hebt ihn an sein Gesicht, küßt ihn und hält ihn

236

gegen seine rechte Wange mit einer fast unerträglichen Zärtlichkeit. In diesem Augenblick sieht Ali so zufrieden aus, wie ein Mensch nur sein kann.

»Hatte nicht die Möglichkeit, die anderen acht aufwachsen zu sehen«, sagt der stolze Papa bedächtig. »Ich werde dieses Baby genießen.«

»Es ist gut, ein neues Wesen im Leben zu haben«, sage ich, »ein wachsendes Wesen.«

»Ich will noch fünf haben«, sagt er mir. »Alle Rassen. Wenn ich 75 bin, werden sie zwanzig sein.«

»Ist das dein Ernst?« frage ich, obwohl das eigentlich zu seiner Mythologie paßt – Muhammad Ali, der internationale Mann, Ali, der Champion-Großvater der ganzen weiten Welt.

»Ach wo, nur ein Traum«, sagt er. »Ich weiß, daß es nur ein Traum ist.«

»Manchmal ist es gut zu träumen«, sage ich. »›Der Mann ohne Phantasie hat keine Schwingen; er kann nicht fliegen‹«, zitiere ich Alis Lieblingsspruch aus den 70ern.

Wir sitzen am Eßtisch in der Ali-Suite. Ali versucht, seinem Sohn die Flasche zu geben, während Lonnie nach dem Zimmerservice läutet. Er verschüttet die Milch über das ganze Gesicht des Babys. Der Kopf des Babys liegt im falschen Winkel, und obwohl er acht Kinder – von vier Müttern – hat, fehlt dem alten Kämpfer die nötige Erfahrung, um zu erkennen, daß er das Ganze falsch macht.

Lonnie eilt vom anderen Ende des Zimmers herbei. »Muhammad, gib mir das Kind, bevor du es ertränkst«, sagt sie vorwurfsvoll.

Während wir auf das Mittagessen warten, schlägt Lonnie einen Namen vor – Asaad Amin Ali. »Das heißt Sohn des Löwen«, erklärt sie. Es wäre schwierig, sich einen vollendeteren ›Friedrich Wilhelm‹ vorzustellen.

Ihr Ehemann gibt nickend sein Einverständnis.

Den ganzen Tag geben sich Besucher in einem fast ununterbrochenen Strom die Klinke der Ali-Suite in die Hand. Mosleme aus dem Philadelphia-Gebiet bieten vegetarische Kost und Kuchen an; ein junger Mann, der Muhammad-Ali-Schokoladenplätzchen und -Kartoffelchips herstellt, bringt Kostproben, von denen Ali einen Beutel nach dem anderen verzehrt; Ali-Freunde, die ich vom Fernsehen her wiedererkenne, erzählen Witze, machen Späße und drücken den Champ. Baby Asaad wird in regelmäßigen Abständen aus dem Schlafzimmer geholt und den neuen Gästen vorgeführt. Ali kichert, lächelt, schleicht sich von hinten an Leute heran und macht grillenartige Geräusche mit den Fingern. Rahaman kommt aus Louisville. Er, Bingham und Ali boxen und ringen miteinander im Zimmer, während Mrs. Clay das Ganze beobachtet. Ali drängt Bingham in die Ecke mit ulkig aussehenden, schlaufenartigen Punches. Bingham tritt mit dem Fuß in Richtung Alis Schritt, damit er zurückweicht. »Er weiß, daß mit mir nicht zu spaßen ist«, sagt Alis bester Freund. »Ich hab' keine Angst vor ihm. Er weiß, daß ihn das teuer zu stehen kommt.«

»Wie in alten Zeiten«, sagt Mrs. Clay zu mir. »Es hat sich überhaupt nichts geändert.«

Rahaman erzählt Lonnie, er hätte kein Quartier, und das Hotel sei ausgebucht. Ich biete ihm an, in meinem Zimmer zu übernachten. Rock findet diese Idee zum Lachen, aus welchem Grunde auch immer. Er lacht, zischt und schlägt die Hände vors Gesicht. Aber er nimmt mein Angebot an.

Über 1500 Gäste haben 250 Dollar pro Person für die Ehre gezahlt, im gleichen Raum mit Ali und Frazier zu speisen. Im Vorraum wartet eine noch viel größere Menschenansammlung und umkreist Ali, als wir uns auf den Weg in den Festsaal machen. Der gesangartige

Urruf bricht aus, als Ali den Raum betritt: »*Ah-lii! Ah-lii! Ah-lii!*«

Bevor er sich hinsetzt, geht er zu Frazier und versucht, seinen alten Gegner auf die Wange zu küssen. Frazier, der harte Mann, lehnt Alis freundschaftliche Geste ab, indem er sich zur anderen Seite lehnt und ihn eisig anstarrt.

Alis Stuhl ist auf der rechten, Fraziers auf der linken Seite des Podiums. Am weißgedeckten Tisch und im Schein der flackernden Kerzen sitzend, nickt Ali immer wieder ein.

Frazier steht auf, um eine Ansprache zu halten. »Es ist schon zwanzig Jahre her, und er will immer noch eine Show abziehen«, sagt er, finster blickend. »Er hat sich was eingebrockt, als er mich damals nicht zu Wort kommen ließ. Jetzt, wo ich rede, kommt er von hinten und macht irgendein komisches Geräusch, als wolle er einen Käfer in mein Ohr setzen. Er kann nicht mal mehr sprechen, aber er versucht immer, irgendwelche Geräusche von sich zu geben. Will mich immer provozieren.«

Frazier will also nicht darüber hinwegkommen, daß ein weniger reifer Ali ihn damals »Onkel Tom« und »Gorilla« nannte und insgesamt als einen Minderwertigen behandelte. Öffentlich *und* im Kreise seiner Freunde sagt Ali, daß er Joe Frazier liebt, daß es ihm leid tue, Joe verletzt zu haben, und daß er hoffe, dieser möge ihm verzeihen.

May May geht zum Podest und umarmt ihren Vater. Sie flüstert ihm etwas ins Ohr. Er dreht sich zu ihr um, und das Lächeln auf seinem Gesicht ist so heiter, wie wir es alle in unserem Gedächtnis bewahrt haben. Dann lacht er. Das Ganze macht ihm viel Spaß.

Einige Augenblicke später kehrt sie zum Ali-Familientisch zurück, der gleich neben meinem steht. Ich sehe auf Lonnie und das Baby, Miya und May May,

Mrs. Clay und Rahaman und frage mich in Anbetracht von Mrs. Clays labilem Gesundheitszustand, ob diese Familienkonstellation so noch einmal in der Öffentlichkeit zu sehen sein wird. Ali nimmt ein Stück Brot und fängt an zu essen. Er ist der einzige auf dem Podium, der dies tut, aber er ist deswegen nicht befangen. Auch im Verlauf der Ausführungen der Redner und des Bittgebets, vorgetragen von einem christlichen Geistlichen, hört er nicht auf zu kauen. Nachdem er mit dem Brot fertig ist, steht er auf, reicht hinter das Podium und zieht einen Stapel Broschüren aus seiner Brieftasche, die er anfängt zu signieren. Er hört erst auf, als die Beleuchtung gedämpft wird und Fraziers Sohn Marvis aufsteht, um einen Film anzukündigen, in dem die Höhepunkte des Kampfes von 1971 zwischen seinem Vater und Ali gezeigt werden sollen. Auf der Leinwand ist Ali in roten Samtshorts zu sehen, Frazier trägt leuchtend grüne Shorts – einander im Farbenkreis genau entgegengesetzte Farben –, die Hitze und Spannung zwischen den beiden kann man sogar jetzt noch, auf der glitzernden Leinwand, nachempfinden.

Mein Blick wandert von dem zwanzig Jahre alten Film zu dem Mann, der jetzt still im Kerzenschein keine zwei Meter von mir entfernt sitzt. Er hat seine Augen mit der rechten Hand abgedeckt. Er ist eingeschlafen und schnarcht.

XXX

Mit zunehmender Regelmäßigkeit fahre ich jetzt zu Boxveranstaltungen, wobei ich manchmal die Kämpfe genieße, nicht aber das Reisen. Lyn kann mich nicht begleiten, da das Magazin ihre Reisekosten nicht übernehmen will. Da wir es uns nicht leisten können, diese Kosten aus eigener Tasche zu bestreiten, bin ich immer allein unterwegs. Ali erscheint seit Mitte 1991 fast überhaupt nicht mehr zu den Boxveranstaltungen.

Was mir in den Presseräumen vor den Kämpfen besondere Freude bereitet, sind die Ali-Geschichten, die die Reporter erzählen, die in den 60er und 70er Jahren dabeigewesen sind. Aber diese ergrauten und nörgelnden alten Tölpel lamentieren unentwegt über Alis Gesundheitszustand. Eine typische Geschichte fängt ungefähr so an: »Ihr jungen Burschen hättet damals dabeisein sollen, als er noch wirklich Ali war.« Wie so viele von uns erwarteten wohl auch sie, daß unser schwarzer Dorian Gray bis in alle Ewigkeit strahlend jung bleiben würde. Man braucht nicht lange, um dahinterzukommen, daß das Problem hier nicht so sehr bei Ali und seiner Erkrankung als vielmehr bei den Reportern selbst zu suchen ist. Diese Burschen, von denen heute fast keiner mehr Zugang zu Ali hat, empfinden unterbewußt, daß sie ihre Erinnerungen an ihn schützen wollen (im Klartext: Es ist ihr persönliches Territorium, ja *ihr Leben selbst*, was sie schützen wollen). Sie trauern also eigentlich mehr um sich selbst als um Ali, genau so, wie ich mich schütze, wenn ich sie als »ergraute alte Tölpel« bezeichne.

Nachdem ich etwa einhundert Kämpfe gesehen und einige Schwergewichtler-Porträts und andere Artikel geschrieben habe, die mir immer mehr Anerkennung einbringen (Kelly und ich, wir sind uns darüber einig, daß die Qualität unserer Boxkampfreportagen der des *Sports Illustrated* gleichkommt, für die ich aber nicht schreiben darf, da *Sports Illustrated* unser unmittelbarer Konkurrent ist), jedoch immer weniger Einsätze seitens des *Sport* (der Besitzer und der Verleger sagen Kelly, daß das Boxen nicht so viel Aufmerksamkeit verdient, und wenn man von dem Standpunkt der Verkaufsförderung ausgeht, so muß ich ihnen recht geben), wird mir bewußt, daß Daddys Geld langsam versickert. Obwohl meine Beiträge immer wieder im Fernsehen und in zahlreichen Großstadtzeitungen erwähnt werden, bin ich immer noch nicht in der Lage, meine Familie damit zu ernähren, egal, wieviele Stunden ich pro Tag arbeite, wie gut meine Storys sind und wieviel Medienaufmerksamkeit sie bekommen.

Ich habe die Ergebnisse einer Umfrage gelesen, mit deren Hilfe man in Erfahrung bringen wollte, welche Art Beschäftigung die Befragten bevorzugen würden, wenn sie eine uneingeschränkte Wahl hätten. An erster Stelle rangierte der Wunsch, mit der Schriftstellerei den Lebensunterhalt zu verdienen. Die Wirklichkeit sieht so aus: Der Konkurrenzkampf unter Schriftstellern ist sogar noch härter als im Profisport. Weniger als zweihundert Menschen in diesem Lande sind in der Lage, ihren Lebensunterhalt mit dem zu verdienen, was ich zu tun versuche: freischaffend Storys zu schreiben und sie dann an Illustrierte und Zeitungen zu verkaufen. Trotzdem bin ich überzeugt, daß sich alles zum Guten wenden wird. Ali wurde geboren, um zu boxen. Ich bin auf dieser Welt, um zu schreiben.

Auch wenn ich den Journalismus weder sonderlich schätze noch genieße, bin ich darin auf meine Weise ziemlich gut. Ich grenze mich nicht von den Menschen ab, die ich interviewe. Ich versuche nicht, *über* sie, sondern *mit* ihnen zu schreiben. Die Menschen, mit denen ich rede, sagen mir immer wieder, daß sie mir Dinge erzählen, die sie keinem anderen erzählt haben. Um Audienzen wetteifernd, sind Reporter und Fotografen immer wieder sichtlich überrascht darüber, wieviel Zeit man mir widmet, über das innige Verhältnis, das zwischen mir und den Menschen entsteht, über die ich schreibe. Ich bin ziemlich sicher, daß ich weiß, warum das so ist, warum ich mit Menschen einen derart hautnahen

Kontakt habe: Fighter sind ungemein instinktiv. Sie spüren, daß ich sie nicht verletzen werde. Und noch wichtiger ist – und ich bin mir bewußt, daß das seltsam klingt –, daß sie das Verbindende zwischen uns spüren, daß ich genausoviele Schläge im Leben abbekommen habe wie sie und daß ich sie und ihre Arbeit achte und verstehe.

Im Laufe von ein paar Jahren habe ich sehr enge Beziehungen nicht nur zu Ali, sondern auch zu Leonard, Douglas, Foreman, Pernell, Whitaker und Hector »Macho« Camacho aufgebaut, der mir zum Beispiel erzählte, daß er in einem Stadion vor einem Fight mit Julio Cesar Chavez (Camachos Erzfeind) von einer Meute von Chavez-Fans in die Ecke gedrängt wurde. »Mann, war ich in Bedrängnis. Sie wollten mich zerfetzen.«

In dem Augenblick, als er nicht mehr wußte, was er machen sollte, schritt Ali aus einem Tunnel, um seinen Platz am Ring einzunehmen. »Mann, er hat mich gerettet. Ali hat mich gerettet. Er kam rüber und machte diese komische kleine Bewegung mit seiner Hand, die er gewölbt hinter seinem Rücken hält. Er deutete mir damit an, ihm zu folgen. Ich lief ganz dicht hinter ihm her, als wäre er meine Mama, bis runter zum Ring.«

Bis auf das Geld, das ich für die College-Ausbildung meiner Kinder beiseitegelegt habe, und den Kapitalwert unseres Hauses war Daddys Geld Mitte 1992 ausgegeben und ist nun weg. Ich fange an, Eilaufträge (im Boxsport vergleichbar mit Drei-Runden-Kämpfen in verrauchten Spelunken) für verschiedene Publikationen anzunehmen, wenn ich nicht gerade im Auftrag des *Sport* auf Reisen bin. »Wir brauchen das in fünf Tagen«, sagen mir die Redakteure. »Wir zahlen zweihundert Dollar. Hauen Sie etwas zusammen.«

Mein Arbeitsablauf sieht ungefähr folgendermaßen aus: Nach einem Telefoninterview von etwa einer Stunde schreite ich zwei oder drei Tage lang das Haus ab, bin stark reizbar. Langsam beginne ich, Ideen zu entwikkeln. Ich schreibe ein oder zwei Absätze, die ich später benutzen werde oder auch nicht. Dann lese ich einige Seiten Louise Erdrich, Tim O'Brien, Joan Didion, Richard Ford, John Irving, außerordentlich ernste Arbeit, überhaupt nicht zu vergleichen mit den Verrenkungen, die ich anstellen muß, um mein Brot zu verdienen. Ich laufe in der Gegend umher, lausche dem Wind, betrachte die Bäume, den Himmel, dann schließe ich mich in mein Arbeitszimmer ein. Nach drei oder vier Stunden intensiver Arbeit habe ich gewöhnlich den ersten brauchbaren Absatz zu Papier gebracht. Danach bin ich groggy. Ich lege mich hin und schlafe eine halbe Stunde, um das Gehirn zu entlasten. Dann schreibe ich wieder; esse mit Erdnußcreme bestrichenes Brot und lasse es als Mahlzeit gelten, führe drei oder vier Telefonate in der Hoffnung, etwas mehr Arbeit zu bekommen, schreibe dann weitere zwei Stunden, bis ich einfach nicht mehr weiter kann, lege mich wieder kurz hin, geh' mit Dallas Gassi, werfe ihm auf dem Hinterhof die Wurfscheibe zu, die er apportiert, mache einige Liegestütze und Bauchmuskelübungen, wieder ein Nickerchen, drei oder vier Runden am Sandsack, eine weitere Stunde oder zwei am Keyboard; warte, hoffe, kann es kaum noch erwarten, daß die Kinder im Bett sind, damit ich klarer denken kann, gehe dann spätestens um neun selbst in die Falle; stehe um zwei Uhr morgens auf, und das Ganze geht von vorn los: drei Stunden arbeiten, zurück ins Bett bis acht. Und so in etwa verläuft mein Tagesarbeitszyklus, bis ein Artikel fertig ist – gewöhnlich spät am Tage des Termins. Mindestens einen Absatz, einen Satz oder auch nur eine Redewendung schmuggle ich in jeden Artikel hinein, bei dem ich das Gefühl habe, daß dieses Fragment etwas von dem in sich hat, worunter ich stolz meinen Namen setzen kann.

»Wir brauchen den Artikel jetzt gleich«, sagt man mir am Tag des Termins oder davor. Also sende ich ihn per Fax oder Modem oder per Federal Express; dann warte ich mindestens zwei Wochen, obwohl ich fast täglich telefoniere, bevor der Redakteur – jeder Redakteur – ihn gelesen hat, und dann mindestens noch mal zehn Tage, bevor er/sie sich entscheidet, ob ihr/ihm der Artikel gefällt, und dann nochmal im Durchschnitt weitere zwei Monate, bis der Scheck ausgestellt ist, falls der Artikel angenommen wird. Dabei wird ein Artikel fast so oft abgelehnt, wie er angenommen wird.

Derweil landet ein Redakteur, mit dem ich regelmäßig arbeite, durch Kokain in der Klapsmühle. Bevor er entlassen wird, kostet er mich über 12 000 Dollar an Aufträgen, die er verbummelt hat, und an Reisespesen für Einsätze, an die er sich gar nicht mehr erinnern kann. Obwohl der Herausgeber der Illustrierten mir verspricht, diese Summe wieder gutzumachen, gelingt es mir nie, die eingebüßten Einnahmen wieder reinzuholen.

Klingt also nicht ganz so, wie Sie sich das vorgestellt haben, oder? Nicht gerade Highlife, was?

Aber dann sind da noch die anderen Geschichten, nämlich die, die mir immer Auftrieb geben, also meine wunderschönen, strahlenden Kinder aus Rauch und Knochen, Spucke und Träumen.

6. Mai 1991

Herrn Michael Caruso, Chefredakteur
Vanity Fair
350 Madison Avenue
New York, NY 10017

Lieber Michael Caruso,
es hat mich sehr gefreut, daß ich gestern mit Ihnen sprechen konnte. Wie ich bereits am Telefon erwähnte, habe ich eine Story, die für Sie interessant sein dürfte. Ich möchte einen

etwa 5 000 bis 7 000 Wörter langen Artikel schreiben, dem ich den Titel »Das Zen des Muhammad Ali« geben will. Zugang zu dem zurückgezogen lebenden Ali zu bekommen, ist kein Problem: Ich bin ihm vor einigen Jahren begegnet und war seitdem des öfteren mit ihm zusammen und habe mit ihm telefonisch gesprochen.

Dieser persönliche Kontakt hat es mir ermöglicht, vieles zu sehen, was in den Medien weitgehend unbekannt ist. Dazu gehört nicht nur die Tatsache, daß Alis Gesundheitszustand beträchtlich von dem Bild abweicht, das von den Medien gezeichnet wird, sondern auch, daß seine weltweite Popularität seit der Beendigung seiner aktiven Boxerlaufbahn kaum nachgelassen hat. Ali ist etwa dreihundert Tage pro Jahr auf Reisen; überall, wo er hinreist, wird er von großen Menschenmassen empfangen.

In den Jahren nach dem Ausbruch seines Parkinson-Syndroms hat sich Ali intensiv dem Spirituellen zugewandt. »Das Zen des Muhammad Ali« würde eine neue Ali-Mythologie entwerfen, die teilweise mit dem Gedanken zusammenhängt, Ali als Mystiker zu betrachten, oder genauer gesagt, als ein Gefäß, das Aufklärung empfängt und sie weitergibt, ohne daß sich Ali dessen immer bewußt ist. Bei einem meiner Besuche bei seiner Mutter in Louisville sagte er mir kürzlich: »Gott benutzt mich.«

»Wofür benutzt er dich?« fragte ich ihn, da ich diese Bemerkung interessant fand.

»Ich weiß es nicht«, antwortete er. »Und es spielt auch keine Rolle, ob ich's weiß. Wichtig allein ist, daß Er das tut, Er hat's immer getan.«

Über eine Viertelmillion Menschen kam nach Jerusalem, um Ali dort zu sehen. Es ist keine Übertreibung, wenn behauptet wird, daß Ali dutzende Millionen Fans hat. Der Hauptgrund, weshalb wir nicht viel von ihm in der Presse sehen, ist der, daß er nicht will, daß man über ihn schreibt: Ein scheinbares Paradox besteht hier darin, daß, obwohl Ali für fast alle und überall auf der Straße zugänglich ist, er das

Gefühl hat, daß die Medienberichterstattung den spirituel-
len Charakter seines Lebens verletzen würde.
 In vielerlei Hinsicht vertritt Ali das klassisch Buddhistische.
In seinem Wesen ist zwar etwas Zerbrechliches, es hat aber
auch etwas Unvergängliches. Er sitzt oft am Rande einer
Diskussion und lauscht. Die Gestik ist zu einem wichtigen
Ausdrucksmittel für Ali geworden. Er kommuniziert mit
seinen Händen, seinem Kopf, seinen Augen. Er überrascht
Besucher mit einem Geräusch, das er mit den Fingern er-
zeugt und das dem Zirpen einer Grille sehr ähnlich ist, er
pustet einem ins Haar, kitzelt Handteller beim Händedruck
und führt verschiedene Taschenspielereien vor: »Wach auf,
wach auf«, rufen diese unkonventionellen Koans*. Dies ist
ein Teil des Zen des Muhammad Ali.
 Keinesfalls ist Ali nur ein weiterer Sportler im Ruhestand,
er ist die herausragendste Persönlichkeit des 20. Jahrhun-
derts. Menschen in der ganzen Welt verehren Ali nicht nur
aus offensichtlichen Gründen: die einmalige Grazie, mit der
er fast fünfundzwanzig Jahre lang geboxt hat, seine prahle-
rische Schönheit, sein einnehmender Charme und seine Aus-
strahlung, sein ansteckender Humor, seine mutige Haltung
gegen den Vietnam-Krieg (und den Krieg überhaupt), aber
auch die Würde, mit der er die durch das Leiden beeinträch-
tigten mittleren Lebensjahre deichselt. Alis Parkinson-Syn-
drom hat auch eine positive Seite, nämlich die, daß es ihn zu
jedermanns Großvater gemacht hat; seine Erkrankung hat
uns allen die Möglichkeit gegeben, uns weiterhin für ihn zu
interessieren.
 Ich glaube, meine Story wird eine fast zeitlose und allge-
meine Anziehungskraft haben. Ich kann mit ruhigem Ge-
wissen behaupten, daß sie ganz anders sein wird als alles, was
bisher über den berühmtesten Mann der Welt geschrieben
wurde. Ich freue mich auf eine baldige Antwort von Ihnen

---

* Koan – Die Zen-Buddhisten versuchen, rationale Denkstruktu-
ren mit Hilfe von Paradoxa (koans) zu überwinden.

und hoffe, mit Ihnen zusammen an diesem Projekt arbeiten zu können.

Mit den besten Wünschen
Davis Miller

Trotz ähnlicher Briefe und Telefonate, die ich an zahllose Redakteure der verschiedensten Illustrierten richtete, habe ich die größten Schwierigkeiten, einen Käufer für »Zen« zu finden. Ich könnte schwören, daß ich den Redakteur am Telefon zucken höre, als er sagt: »Es ist zu schmerzlich, über Ali zu lesen.« Es hat keinen Sinn, ihm (erneut) klarzumachen, daß Alis Story nicht tragisch ist.

Viele hartgesottene Redakteure in New York meinen sogar, daß das, was ich schreiben will, nicht schwarz oder sensationell genug sei. Viele von ihnen behaupten, daß es innerhalb ihrer Leserschaft keinen Markt für eine neue Ali-Story gäbe. Aber diese Story ist wichtig, ich muß sie erzählen, und ich glaube, ich werde irgendwo einen Redakteur finden, der einige meiner Wertvorstellungen und Empfindungen teilt. Und ich behalte recht. Nach fast einjähriger Suche habe ich ihn gefunden. Dieser Mann leitet eine große, neue, monatlich erscheinende Männer-Illustrierte, die soeben ihre erste Ausgabe plant. Er bietet mir das beste Honorar, das ich je bekommen habe: 8500 Dollar. Bevor er diesen Posten übernahm, arbeitete er für die Illustrierte *Outside*. Er hat eine sanfte Stimme und ist ein aufmerksamer Zuhörer. Und ich bin sicher, daß es viel Spaß machen wird, mit ihm zusammenzuarbeiten.

Er bittet mich, sobald wie möglich mit Ali in Verbindung zu treten und die Geschichte innerhalb von ein paar Monaten fertigzustellen. Besonders erfreulich ist, daß er mir die Hälfte des Honorars vorab zu zahlen verspricht und mir darüber hinaus Spesen in Höhe von fünftausend Dollar für meine diversen Besuche bei dem Champ zubilligt.

Mein Gott, für dieses Privileg würde, wenn ich es hätte, eher ich dem Redakteur Geld zukommen lassen.

Es ist kurz nach Sonnenaufgang. Durch den suppendichten Nebel, der über dem Torfmoor von South Carolina hängt, fährt eine graue überlange Lincoln-Limousine den U. S.-Highway 17 entlang vom Flughafen Charleston nach Myrtle Beach.

Ali sitzt auf der Rückbank des Wagens mir direkt gegenüber. In seiner Hemdtasche stecken zwei Kugelschreiber, und auf dem Stoff um die Kugelschreiber herum sind viele blaue Tintenstriche zu sehen.

»War gerade in China«, sagt er. »Auf dem Rückweg zum Flughafen begleiteten mich fünftausend Menschen. Bin zuviel gereist. Müde. Alle diese Dinge, die die Menschen bauen, alles, was uns wichtig erscheint, ein großer Wind könnte kommen und alles wegblasen.«

Die Videoaufzeichnung eines Dokumentarfilms über den Orkan Hugo läuft gerade über den Bordmonitor. Der Fahrer erzählt, daß der uralte Kiefernwald, durch den wir gerade fahren, vor dem Orkan so dicht war, daß man keine sechs Meter weit hineinsehen konnte. Heute sieht man den Atlantischen Ozean, der fast einen Kilometer in östlicher Richtung liegt.

Während ich aus dem Fenster sehe, schläft Ali ein und fängt an zu schnarchen. Er sitzt zusammengesunken, die Hände auf dem Schoß. Zum erstenmal fällt mir auf, wie weit sein Haaransatz zurückgegangen ist. Vor einigen Wochen hat er sein Haar färben lassen, und jetzt sind die Schläfen wieder grau. Wie üblich, fangen die Finger seiner linken Hand an zu zucken. Aber das Zucken hat sich verändert, es ist nicht das übliche Zittern. Während er weiterschnarcht, wird die Bewegung erkennbar: Er wirft kurze, spasmische Punches – einen Jab zirka alle zehn Sekunden, und etwa nach dreißig Sekunden läßt er eine rechte Gerade folgen. Gerade, als ich in Betracht ziehe, daß es mit seiner Gesundheit vielleicht doch schlimmer bestellt ist, als ich gedacht hatte, macht er sein rechtes Auge nur einen Schlitz auf und zwinkert mir zu. Als er sicher ist, daß ich den Witz verstanden habe, macht er beide Augen auf und kichert.

»Hab' dich reingelegt, stimmt's?« sagt er. Der alte Possenreißer ist wieder dabei, die Gerüchte über die angeblich durch das Boxen erlittenen Hirnschäden auszunutzen. Ich erinnere mich dabei an eine seiner Lieblingstaktiken, die er in den späteren Jahren seiner Boxerlaufbahn benutzt hat, nämlich mit den Beinen zu schlottern, wenn er hart getroffen wurde, und damit vorzutäuschen, daß der Schlag schlimmer gewesen sei, als er in Wirklichkeit war. So wie der Ali der 70er Jahre vortäuschte, am Abgrund zum Jenseits zu stehen, um sich nach einem kräftigen Hieb zu erholen, rüttelt sich der Ali der 90er mit seinem eigenen Scherz aus seinem leichten Schlaf (und muntert auch mich damit auf).

* * *

Ali sagt, er konnte sich auf dem Rückflug von China nur wenig erholen, aber bereits zwei Stunden, nachdem er sich im Hotel angemeldet hat, hat er einen Termin für einen Auftritt in der Öffentlichkeit in einem Autoverkaufssalon.

Das getönte Fenster auf seiner Seite hat er heruntergekurbelt, damit die Passanten ihn sehen können. Wie üblich winken, jubeln und schreien die Menschen, jedesmal, wenn sie ihn erkennen. Im Autosalon warten einige hundert Leute. Der Eigentümer begleitet Ali zu einem Tisch und einem Klappstuhl. Der zieht einen der Kugelschreiber aus der Tasche und bereitet sich vor zu schreiben.

Ich sitze neben ihm und reiche ihm die Broschüren einzeln. Er signiert sie alle bis zur letzten. Danach verteilt er Autogramme auf verschiedenen Papierfetzen, Dollarscheinen, alten Büchern und Illustrierten, Kinderfotos, auf mindestens einem Koran-Exemplar, zwei Bibeln und auf einem Foto eines ehemaligen Vietnamkämpfers, das dieser aus der Kriegsgefangenschaft mitgebracht hat. Er wispert in mein Ohr: »Ich hab' mehr Unterschriften geleistet als jeder andere Mensch in der Geschichte.«

Dieser besessene, ruhelose, wunderbar wahnsinnige Mensch. Allein das Beobachten dieses Mannes, wie er eine Stunde nach der anderen arbeitet, erschöpft mich. So viele Leben! Und wie er erwartet, wünscht und hofft, aus dem Staub gehoben zu werden, wenn auch nur für einen Augenblick.

Inwiefern ist mein eigener, persönlicher Wahnsinn anders?

Von Ali habe ich gelernt, sich nicht gegen den Wahnsinn zu wehren, sondern ihn zu akzeptieren. Mein Verlangen nach dem Gefühl der Unsterblichkeit, der Verbundenheit, besitzt Schönheit. Genau so, wie die kreative Synergie, die manische Kreativität, die in vielen von uns steckt.

Eine rundliche Frau in einem geblümten Kleid erscheint zu meiner Linken und sagt: »Bitte, mein Mann, er heißt Chuck, möchte Ihnen etwas sagen. Er hat Angst, selbst darum zu bitten.« Sie dreht sich um und zeigt auf ihren Mann. Ein Mann, etwa in meinem Alter, der aber viel älter aussieht, mit dem sonnengegerbten Gesicht eines Bauern, einem roten zottigen Bart und geschwollenen Augen, lehnt, hinter einer Ecke versteckt, an einer Wand. Ali versucht, den offenen Kugelschreiber in seine Hemdtasche zu stecken, verfehlt sie aber, und auf dem Hemd entsteht ein weiterer blauer Strich. Mit einem Handzeichen gibt er dem Mann zu verstehen, daß er zu ihm kommen soll.

»Ich möchte, daß Sie wissen, daß Sie mein Held sind«, sagt der Mann, etwas hinter seiner Frau stehend. Er ist angesichts seines Gefühlsausbruchs sichtlich verlegen. »Sie waren schon immer mein Held.«

Seine Unterlippe zittert, und er benutzt die Finger seiner linken Hand, um seine Tränen wegzuwischen. Ali sieht ihm direkt in die Augen, volle zehn Sekunden lang, die endlos erscheinen, und will dem Mann damit zu verstehen geben, daß er die persönliche Ergebenheit, die jener ihm gegenüber empfindet, erkennt und schätzt. Daraufhin schießen mir die Tränen in die Augen, und auch Ali wischt mit zitternden Fingern seine Tränen weg.

Nach der Sitzung im Autoverkaufssalon ist ein Mittagessen vorgesehen, aber Ali will am Huntington Beach State Park vorbeifahren, wo, wie er erfahren hat, eine Gruppe von 450 Kindern aus der Innenstadt Charlottes mit Bussen eintreffen soll, um zum erstenmal den Ozean zu sehen. Auf dem Weg dahin nimmt er einen weiteren Stapel islamischer Broschüren aus einer zweiten dicken Aktentasche, in der er eine Reserve aufbewahrt.

Als die Limousine am Parkplatz ankommt, sind die Kinder noch nicht da. Ali steigt aus dem Wagen und schleppt sich mühsam zum Strand runter. Sein üblicher schwarzer Anzug und seine blankgeputzten Schuhe bilden einen Kontrast zu der strahlend hellen Badebekleidung der Leute um ihn herum.

Der Morgennebel ist verdampft, und in der Sonne sind es über 30°C. Ali stellt sich in den Schatten einer Wetterschutzhütte unweit des Parkplatzes. Nach etwa einer Viertelstunde rollt der erste Bus heran. Ein Schwarm von Kindern kommt aus dem Bus herausgeschossen, und sie rennen in verschiedenen Richtungen zum Strand. Die meisten haben Badehosen an, manche

tragen Cutoffs* oder Shorts, einige haben ein Seil um
ihre Hüfte geschnürt. Als ein paar von ihnen Ali erkennen, bleiben sie wie angewurzelt stehen, zeigen in seine
Richtung und geben sich mit den Ellenbogen gegenseitig Zeichen.

Ali ballt seine Hände zu Fäusten, legt sie an den Kopf
und zieht Fratzen, indem er die Zähne über die Unterlippe schiebt. Als er sicher ist, daß die Kinder ihn erkannt haben, läßt er die Hände runter, öffnet sie und
winkt sie zu sich heran. Einige rennen zu ihm hin. Er
nimmt zwei Mädchen an die Hand, die eine ungefähr
acht, die andere vielleicht zehn Jahre alt, und geht mit
ihnen zum Bus.

Bald treffen auch die anderen Busse ein. Die Lehrer
erblicken Ali und lassen die Kinder zu ihm um die
Wette rennen. Die Kinder springen vor Ali auf und ab
und rennen in Kreisen um ihn herum.

Einen Zaubertrick, bei dem ein roter Schal aus seiner
Hand verschwindet, muß er neunmal vorführen. Und
er unterzeichnet moslemische Broschüren für alle 450
von ihnen, auch für die Lehrer, Busfahrer und die Bade-
gäste, die sich anstellen. »Sie bedeuteten alles für uns,
als wir aufwuchsen«, sagt einer der Fahrer.

Eine mit einem Strohhut, grünen Plastiksandalen
und einem knielangen T-Shirt bekleidete Frau Anfang
vierzig läuft auf ihn zu, umarmt ihn fest und innig. Er
beugt sich nach vorn, um sie auf die Wange zu küssen;
sie flüstert etwas in sein Ohr; er dreht sich zu mir um
und sagt: »Sie geht nach Loovul«, und hebt dabei den
Kopf, damit man ihn besser hören kann. Das verbindet
uns, wie vieles andere auch, zumindest hat es für ihn
eine Bedeutung, denn er ehrt seine Heimatstadt.

* Cutoffs – Hose mit abgeschnittenen Beinen.

253

Keiner scheint daran zu denken, daß er eigentlich hierhergekommen ist, um hier das Meer zu sehen und zu schwimmen. Ali boxt, aber nur zum Schein, mit allen, die ein paar Schläge mit ihm tauschen wollen. Er erblickt einen mageren, kessen Jungen von etwa 14 Jahren, der lange Cutoffs, ein weißes T-Shirt und abgenutzte Nike-Sportschuhe anhat.

Ali zeigt auf ihn und ruft: »Du siehst aus wie Joe Fraziah«, verzieht sein Gesicht in vorgetäuschter Wut und geht in Kampfpose gegen ihn an.

Der Junge wirft einen Jab gegen Alis Kinn, und Ali weicht aus. Der Junge dreht ihm den Rücken zu und entfernt sich, sieht sich aber immer wieder um und läßt ihn keinen Augenblick aus den Augen.

Ali macht einen langen Schritt in Richtung des Jungen, der es nun doch mit der Angst zu tun bekommt und wegläuft. Ali folgt ihm. Nach einigen Schritten stampfen seine Beine so energisch, daß die Knie fast die Gürtelhöhe erreichen. Sie jagen um die Wetterschutzhütte, über eine Wiese und durch einen Yauponbaum-Hain und dann weiter zum Strand. Ali spielt abwechselnd den wütenden Mann, dann wieder lächelt und kichert er. Am Strand legen sie eine Strecke von etwa zweihundert Metern im Sprint zurück, wobei die Entfernung zwischen den beiden unverändert bleibt: dieser nervöse Halbwüchsige in seinen Cutoffs und der müde alte Riese in seinem maßgeschneidertem Anzug und den auf Hochglanz polierten Schuhen, die kleine Sandwolken aufwirbeln.

Ungefähr zwanzig von uns gehen in ein italienisches Restaurant, um zu Abend zu essen. Ali und ein Moslem, der ihn begleitet, sind die einzigen schwarzen Gäste im Restaurant. Beim Reingehen bittet mich Ali, ihm gegenüber Platz zu nehmen. Nach einer ausgiebigen Mahlzeit bestellt er ein Stück Apfeltorte mit Vanilleeis.

Als die Nachspeise auf den Tisch kommt, hat er leichte Schwierigkeiten mit der Gabel. Einige Stücke, die er mit der Gabel von der Torte abtrennt, purzeln vom Teller auf die Tischdecke. Er nimmt sie einfach mit den Fingern und stopft sie in den Mund. Der Moslem scheint beleidigt. »Ali«, sagt er mit einer schmerzerfüllten Grimasse, die Stirn runzelnd und den Kopf schüttelnd, »*muß* denn das unbedingt sein?« und schaut auf die weißen Gesichter, die um ihn herum sitzen.

Ali hebt den Teller und sagt: »Ich bin nichts weiter als ein Niggah« und leckt das Eis und den Rest des Kuchens vom Teller ab.

Um neun bin ich völlig erschöpft. Die Augen fallen mir zu, ich habe das Gefühl, mein Gesicht ist lang und schwer, ich kann kaum sprechen. Dabei bin nicht ich derjenige, der gerade aus China angeflogen kam.

Es ist ein Uhr, als wir das Hotel erreichen. Als ich den Schlüssel ins Schloß stecke und Ali auf sein Zimmer gehen sehe, fällt mir die Schwerfälligkeit seines Gangs auf. Drei Stunden später wecke ich ihn, um ihn zum Flughafen zu fahren. Ali würde es sicherlich nicht schaffen, dieses Arbeitspensum länger als einen oder zwei Tage durchzuhalten, und erst recht nicht, ständig auf diese Weise zu leben, wenn er diese Reisen nicht als seine Sendung betrachten würde.

Um sechs haben wir am Flugsteig eingecheckt, und er steht mitten in der Abfertigungshalle und signiert Broschüren. Erst fünf Minuten nach der letzten Aufforderung an die Fluggäste, sich zum Flugzeug zu begeben, hört er auf. Er umarmt mich und steigt als letzter in das Flugzeug.

XXXI

Zwei Wochen später, auf dem Flug nach Reno, geraten einige Möwen in das Düsentriebwerk, und wir landen unvorhergesehen auf dem Flughafen von Pittsburgh. Während wir darauf warten, daß die US Air für uns ein anderes Flugzeug organisiert, beobachte ich, wie ein Flugzeugmechaniker in die Turbinen kriecht, danach lese ich eine Illustrierte, kaufe einen Becher gefrorenes Joghurt und mache einen Spaziergang.

Am Zeitungskiosk kaufe ich einen Satz Pilotenabzeichen für Isaac. Ich gehe aus der Abfertigungshalle und denke an Ali und daß er der einzige erwachsene Mensch ist, den ich kenne, der Flughäfen mag. Ich denke an die Engel in einem meiner Lieblingsfilme, »Wings of Desire«. Ähnlich wie sie, hat Ali alle Menschen und ihr Treiben gesehen. Nichts davon ist von Bedeutung (die Schwächen, die Narben, die Seuchen); das alles ist ein Widerhall (des Gottes im Menschen).

Drei Krähen fliegen vorbei, eine nach der anderen. Ein älteres Ehepaar geht vorbei, Hand in Hand. Der Mann beobachtet die Krähen und lächelt.

Ein dreijähriges Mädchen mit Obsidian-Haut und großen Augen läuft mit ihrer Mutter über den Parkplatz. Sie trägt ein rosa Kleidchen mit weißen Rüschen, vorn abgerundete Lackschuhe, und ihr Haar ist adrett nach hinten gekämmt und mit einer rosa-weißen Schleife zusammengebunden. »Guck, Mama«, sagt die Tochter, »da ist der Mond.«

Die Mutter sieht nach oben. Sie hatte ihn nicht bemerkt. »Ja, ja, wirklich«, sagt sie und sieht zufrieden aus.

Ich gehe in die Abfertigungshalle zurück mit einem Mantra für meine Reise. *Nichts ist irdisch; alles schwingt,* wiederhole ich, als ich ins Flugzeug steige.

XXXII

Der Ort sieht so uninteressant, so vergessen und unwichtig aus, daß ich daran vorbeifahre, ohne zu erkennen, wo ich bin; wir müssen umkehren und zurückfahren.

Ich parke auf der anderen Straßenseite neben der kleinen Moschee und den kastenförmigen Einzimmer-Blockhütten aus knorrigem Zedernholz, in denen Sparringpartner und andere Mitglieder des Gefolges schliefen. Lyn und Johanna, Isaac und ich steigen aus dem gemieteten Kleinbus. Seit etwas mehr als einer Woche befinden wir uns in den Bergen Westvirginias und Westpennsylvanias. Von den fünfzig Prozent Vorschuß für »Zen« haben wir 1500 Dollar für den längst überfälligen Urlaub ausgegeben, auch wenn es für mich nur ein Arbeitsurlaub ist. Angesichts meiner vielen Reisen, Geldprobleme, der langen Arbeitszeit, der psychischen Belastung, die das Schreiben mit sich bringt, und der Tatsache, daß Lyn die Kinder praktisch allein versorgt und das Haus in Ordnung hält, können wir die Pause gut gebrauchen.

Bevor wir von zu Hause losfuhren, rief ich Ali in einem Beverly-Hills-Hotel an, um zu fragen, ob wir das Trainingslager Deer Lake besuchen dürften.

»Mein Mann«, sagte er, als er den Hörer abnahm, »wo warst du die ganze Zeit, hab dich 'ne Weile nicht gesehen.«

Darauf hörte ich, wie der Telefonhörer runterfiel. Ich wartete in der Hoffnung, daß er ihn aufheben würde, legte dann aber doch auf.

Im Laufe der nächsten zehn Minuten machte ich noch einige Versuche durchzukommen, aber ich hörte jedesmal nur das Besetztzeichen. Als ich es nach einer Weile nochmal versuchte, nahm er schon beim zweiten

Rufzeichen ab. »Hab' das Telefon fallen lassen«, sagte er anstelle einer Begrüßung. Diese Aussage war keine Entschuldigung und, wie gewöhnlich, war in seiner Stimme nicht die geringste Spur von Verlegenheit zu merken. Wenn man bedenkt, wie viele Anrufe er ständig bekommt, wie konnte er da eigentlich wissen, daß gerade ich es war, der am anderen Ende der Leitung war?

Während die Kinder auf den Findlingen herumklettern und mit einer orangefarbenen Katze spielen, laufe ich um die Blockhütten und versuche pflichtbewußt, etwas zu empfinden. Alles ist viel kleiner, als es mir in Erinnerung geblieben war. Mir war so, als ob ich als Erwachsener meine alte Grundschule besuchen würde. Die Kutsche steht fast genau dort, wo ich sie das letzte Mal gesehen habe, gleich hinter dem Gebäude, in dem der Boxring war. Die Farbe auf vielen der Steine, die der alte Cash so gekonnt aufgetragen hat, ist in der Sonne und dem Wind ausgeblichen oder von Schnee und Regen weggespült. Da ist aber etwas, was ich nicht kenne: ein Grabstein aus Granit mit der Inschrift ALI'S STAFF (Alis Stab). Er wurde von Bundini rechts am Eingang zur Trainingshalle aufgestellt, als das Lager vor dem Larry-Holmes-Kampf 1980 aufbrach. 17 Namen sind auf dem Monument zu sehen, darunter Bingham, Bundini und Angelo Dundee; Jimmy Ellis ist auch darauf sowie andere, denen ich nie begegnen werde, denn einige haben bereits andere Grabsteine an anderen Orten.

Wir fotografieren die Kinder auf den Steinen; Isaac stellt sich mit erhobener Faust auf Sonny Liston. Von Lyn, die auf den alten Jack Johnson klettert, mach' ich auch einen Schnappschuß. Sie und ich gehen über die Straße und stehen neben dem Kleinbus, wir sehen von oben auf die Trainingshalle, auf Alis ehemaliges Quartier und die Küche herab. »Bleib hier«, sag' ich nach ein oder zwei Minuten.

In dem Glauben, es würde vielleicht besser gehen, wenn ich mich allein in der Gegend umsehen würde, gehe ich den Hügel hinab und versuche immer noch, etwas zu empfinden, irgendeinen Hinweis auf den Besitzer zu bekommen. Ich blicke in die Fenster und sehe kahle Wände und nackte, verstaubte Fußböden, drehe an Türklinken, klaue ein Stück Rinde von der Blockhütte, wo ich einst mit Ali gesparrt habe. Ich werde sie an die Wand hinter dem Schreibtisch neben eine Aufnahme von uns beiden hängen. Als ich das bröckelige Stück Borke von der Wand abnehme, fällt ein Tropfen Wasser auf meinen Handrücken. Ich gucke nach oben und sehe eine große schwarze Wolke, die an der Westseite des Berges vorbeizieht. Ein zweiter dicker Tropfen trifft mich genau ins Auge.

Ich laufe den Hügel hinauf, an den Kindern vorbei und über die Straße zum Kleinbus. Bis ich die Tür aufgeschlossen habe, duftet die Luft nach Regen, und markstückgroße Tropfen hämmern einen synkopierten Rhythmus auf die Haube. Wir hechten Hals über Kopf hinein, gerade noch rechtzeitig, bevor uns ein richtiger Wolkenbruch erwischt, und ich starte den Motor.

Die Scheibenwischer laufen auf Hochtouren. Während wir einige Meilen in Richtung des von Amish Mennonites bewohnten Gebietes fahren, finde ich einen öffentlichen Sender, auf dem ich noch die letzten wilden Akkorde eines keltischen Kriegslieds höre. »Das war das Lied ›The Red Admiral Butterfly‹, gesungen von den Chieftains«, sagt die Sprecherin mit einer heiseren Stimme und schottischem Akzent, einer Stimme, die nach Nebel und Heide, Wäldern und Träumen klingt.

»Unser letztes Lied«, fährt sie fort, »wurde von dem blinden Harfenisten Turlough O'Carolan geschrieben. Carolan, bekannt als der letzte große irische wandernde Harfenspieler, starb am 25. März 1738 im Alter von 68

Jahren. Er wanderte nach Aldeford, zum Hause seines lebenslangen Patrons und Gönners. Als er dort eintraf, ließ er sich seine Harfe bringen und schrieb und spielte ›Carolan's Farewell to Music‹. Danach legte er sich ins Bett und starb.«

Als die jahrhundertealte Melodie aus den Lautsprechern tönt, frage ich Lyn, welchen Eindruck Alis Lager bei ihr hinterlassen hätte. »Es war nicht schlecht«, sagt sie, »nur hab' ich dort nichts von seiner Größe empfunden.«

Sie klingt überrascht und etwas enttäuscht. Ich sage ihr, daß das eigentlich verständlich ist und daß es nur das bestätigt, was mir Ali fast jedesmal sagt, wenn ich bei ihm bin.

»Alles, was ich geleistet hab', all das Lobpreisen, der ganze Ruhm, nichts davon ist von Bedeutung. Es ist alles nur Staub.«

XXXIII

Das Honorar, das mir die monatlich erscheinende Männer-Illustrierte zahlt, ermöglicht es mir, relativ frei von Zeitdruck am »Zen« zu arbeiten und ohne Notwendigkeit, zusätzliche Aufträge beschaffen zu müssen, um die Rechnungen zu begleichen, die jede Woche angeflattert kommen. Das ist ein Privileg, das ich früher nicht kannte.

Vom ersten Tag an scheint die Story immer wieder aus dem Schatten zu treten, um mich zu begleiten. Mit jedem Atemzug spüre ich »Zen« in meinen Knochen. Ich habe das Gefühl, daß das Erzählen dieser Geschichte so nötig ist wie meine Knochen für eine Bewegung.

Als ich die Arbeit Ende August abliefere, bin ich ekstatisch. Ich glaube, daß es gerade diese Geschichte ist, die meine Schriftstellerlaufbahn bestimmen wird.

Mein Redakteur ruft mich kurz darauf an und sagt mir, daß er meine Meinung teilt. »Es könnte die beste Geschichte sein, die je über Ali geschrieben wurde«, sagt er. »Sie wird uns viel Aufmerksamkeit verschaffen. Wäre es möglich, daß Ali sich porträtieren läßt?«

Was soll ich dem Mann sagen? Seit jener ersten Absage habe ich Ali nie wieder um etwas gebeten. Und es war nicht hauptsächlich wegen dieser Reaktion. Ali kennt mich jetzt und weiß, daß ich mein Brot mit Schreiben verdiene. Sowohl er als auch Lonnie finden Gefallen an dem, was ich schreibe. Aber ich mag es nicht, ihn um etwas zu bitten. Ich habe ihn nicht fotografiert, ich lasse mich nicht mit ihm fotografieren, ich bitte ihn nicht darum, vor der Kamera zu posieren oder etwas anderes zu tun als das, was er tut, was er ist.

Also überrasche ich mich selbst, als ich ihm anbiete, einen Fototermin zu organisieren. »Ich ruf' ihn an und berichte Ihnen dann, was er dazu meint«, sage ich meinem Redakteur.

In der zweiten Septemberwoche war es kalt in Michigan, was mich überraschte. Ich komme auf der Farm in Shorts und einem T-Shirt an, auf dem ein Foto aus Alis erstem und zugleich siegreichem Kampf mit Floyd Patterson aufgedruckt ist. Manchmal muß man dafür büßen, daß man nicht fernsieht oder Zeitungen liest. Meine Strafe ist diesmal Gänsehaut an Armen und Beinen.

Der neue Gärtner, ein Mann mit einer Brille auf der Nase, der mich an einen alten Seekapitän erinnert, sieht meine Gänsehaut, als ich aus dem Auto steige. Er geht in die Trainingshalle, holt eine blaue Trainingshose, in der ich Ali öfters gesehen habe, sagt: »Hier, ziehen Sie die an«, und gibt mir die Hose.

Floyd ist nicht mehr auf der Farm. Obwohl ich gern

wissen würde, wohin er gegangen ist, hat es keinen Zweck, Ali zu fragen, denn ich glaube nicht, daß er sich daran erinnern würde. Ständig treten Menschen in Alis Leben und gehen wieder. Ich nehme an, daß es eines Tages auch mir so ergehen wird.

Die Illustrierte hat einen Fotografen aus Manhattan hergeschickt. Es ist ein Mann, der mir sehr gefällt. Er hat ein ruhiges Auftreten, und es umgibt ihn etwas Geheimnisvolles; darüber hinaus hat er einen wunderschönen Namen: Len Irish. Len bittet mich, mein Hemd auszuziehen und mich an den Zaun neben der Scheune zu stellen. Er macht eine Aufnahme von mir in Alis Hose, die mir bis zu den Brustwarzen reicht.

Im Haus stelle ich Len Lonnie und dann Ali vor, der am Schreibtisch sitzt. Er steht auf, als er uns sieht. Obwohl Len mit Dutzenden Berühmtheiten gearbeitet hat, zittert er sichtlich, als er nach Alis Hand greift.

»Davy«, sagt Ali, »my man.« Es ist das erstemal, daß er meinen Namen auf Anhieb weiß.

Ali fragt mich, woran ich außer der Story über ihn arbeite. Ich sage ihm, daß ich ganz gern mit der Raumfähre fliegen und darüber schreiben würde. »Ich werde der größte schreibende Astronaut aller Zeiten sein«, sage ich, indem ich Alis Stimme nachahme, was mir beträchtlich besser gelingt, seit ich so viel Zeit mit Ali persönlich verbringe. Ich erzähle ihm ferner, daß ich auch einige Zeit mit Jimmy Carter verbringen und über ihn schreiben will.

»Er ist klug«, sagt Ali, »baut Häuser für arme Leute. Macht das mit den eigenen Händen. Ich habe so viel Geld, wie ich brauch'. Jeden Penny, den ich ab jetzt verdiene, will ich für karitative Zwecke verwenden, um Menschen zu helfen. Auch wenn's 43 Millionen sind. Werde alles weggeben.«

Len entschuldigt sich, um hinauszugehen und dort

die Ausrüstung für die Porträtaufnahme aufzustellen. Ich bleibe bei Ali und erzähle ihm von »Zen« und wie gut mir die Story gefällt. »Als ich noch jung war, wußte ich, daß es jemanden wie dich geben wird«, sagt er, »wußte immer, daß du vorbeikommst.«

»Das meinst du ernst, nicht wahr?« frage ich, »du wußtest es wirklich, nicht wahr?«

Er nickt.

»Wie kam das?« frage ich.

Er kann es nicht erklären.

Aber vielleicht kann ich es. Zumindest kann ich eine Theorie vorschlagen. Alis Vorahnung beruht nicht einfach auf einer Illusion, die sich auf ein paar Fakten zu stützen scheint. Es ist auch weniger Arroganz, sondern vielmehr ein sicheres Gespür für sein persönliches Schicksal. Vielleicht kam er auf die Welt, um eine Mythologie vorzuleben, um uns unter anderem die Bedeutung des Dharma der Selbstüberschätzung zu verdeutlichen. Und vielleicht bin ich das Medium, das diesen Mythos weitergibt. Vielleicht ist es auch nur meine eigene Mythologie. So oder so, die Moral dieser Mythologie ist unter anderem, daß die Religion der Selbstverwirklichung, die das 20. Jahrhundert prägt, eine moderne Illusion ist.

Ali hat mir oft gesagt: »Ich hab' mich nicht geschaffen, und du hast dich nicht geschaffen. All die Dinge, für die mich die Menschen loben – ich hab' sie nicht selbst getan. Wir entscheiden nicht selbst, ob wir atmen. Wir entscheiden auch nicht darüber, wer wir sind oder wo wir geboren werden.«

Bei diesem Besuch, wie bei jedem anderen davor oder danach, ist das einzig Vorhersehbare bei Ali, daß sein *Ich bin* immer aus den Eimern schwappt, sobald man versucht, es in Eimern zu tragen. Über dreißig Jahre hat uns Ali veranlaßt, unseren Realitätsbegriff in Frage zu stellen. Während Len nahe dem Schwimmbecken Vorbereitungen für die ersten Aufnahmen trifft, weil er dort die Lichtqualität und den Blick auf die Bäume am Horizont für günstig hält, holt Ali Schwimmringe und einen halbaufgeblasenen Schwimmkörper, die er an der tiefsten Stelle ins Wasser wirft. Ali, der nicht einen Meter weit schwimmen kann, sieht mich an und gibt glaubhaft vor, er werde gleich über den Beckenrand auf das Wasser treten, das hier etwa drei Meter tief ist.

Alis Gesichtszüge weisen teilweise die »maskenartige« Muskelverspannung auf, die für das Parkinson-Syndrom charakteristisch ist. Trotzdem, als es soweit ist, läßt er zu, daß Len eine Nahaufnahme nach der anderen von seinem Gesicht macht, daß er eine Filmrolle nach der anderen verschießt. Nach einer Stunde, als wir uns anschicken, ins Haus zurückzugehen, holt Ali – wissend, daß es Len unmöglich gelingen kann, jetzt eine Aufnahme mit seiner Ausrüstung dort, wo er sie aufgestellt hat, zu machen – ein neongelbes Fahrrad und dreht eine Runde auf der Einfahrt, während Len die Augen verdreht, als ihm bewußt wird, was für eine Aufnahme er verpaßt hat. Ali stellt das Fahrrad ab und fragt mich, ob ich Lust habe, mit ihm eine Runde im Rolls-Royce zu drehen. Er setzt sich ans Lenkrad, und wir begeben uns auf eine holprige Fahrt quer über die Felder, wie auf einem Traktor.

Ich trage immer noch Alis Hose und das T-Shirt mit seinem Konterfei auf dem Rücken, als wir aus dem Auto steigen. Len hat endlich den Fotoapparat vom Stativ genommen und ein Objektiv für freie Aufnahmen montiert. Len knipst drauflos, als Ali in Kampfstellung geht, und wir feuern einige Punches gegeneinander ab. »Ich könnte dein Sohn sein«, sage ich, »wenn ich schwarz wäre.«

Während Ali und ich im Haus warten, bis Len die Ausrüstung für ein zweites Porträt am Teich aufgestellt hat, hört Ali eine Little-Richard-Kassette auf einem kleinen quäkenden Kassettenrekorder, den er ans Ohr preßt, obwohl einen halben Meter weiter eine Zweitausend-Dollar-Stereoanlage steht. Als er »Tutti-Frutti« auf sein inneres Ohr einwirken läßt, schließt er die Augen, zeigt auf den Lautsprecher und ruft: »The King, the King« und meint dabei nicht sich selbst, sondern den Sänger. Len kommt herein und sagt, alles sei vorbereitet. Ali gibt uns mit einer Handbewegung zu verstehen, daß wir am Küchentisch Platz nehmen sollen, und er selbst erweist uns die Ehre, indem er uns, als zelebriere er das Abendmahl, Vanilleeis serviert. Er beobachtet dabei Lens und mein Gesicht, um zu sehen, ob wir die Gabe auch zu schätzen wissen. Dabei geht es ihm nicht so sehr um das Eis als um den Akt des Gebens. Bei den etwa dreißig Mahlzeiten, die ich mit Ali einnahm oder bei denen ich ihn beobachtete, gab es fast immer Vanilleeis.

Draußen setzt sich Ali auf einen Barhocker, den Len auf eine Erhöhung neben dem Teich gestellt hat. Alis Augen sind außerordentlich lichtempfindlich; aus diesem Grunde trägt er in der Öffentlichkeit oft eine Sonnenbrille. Jetzt, wo der Wind und die Sonne sein Gesicht unmittelbar berühren, zwinkert er ganz schnell, fast unkontrolliert. »Brauch' diesen Scheiß nicht mehr«, sagt er zu mir und meint damit die Fotosession, »mach' das nur dir zuliebe.«

Bis auf Howards Aufnahmen war dies seit Jahren das erstemal, daß sich Ali porträtieren ließ. Ich sage Len, daß wir nun genug Aufnahmen hätten. »Mann, ich fühle mich gar nicht wohl dabei«, sage ich dem Champ, »es tut mir leid, daß ich dich darum gebeten hab'.«

Er dreht den Kopf zu mir, sieht mich an, steht vom Stuhl auf und macht sich auf den Weg ins Haus, während ich neben ihm gehe. Er legt seinen langen Arm um meine Schulter und erzählt mir den bei weitem schlimmsten Witz, den ich je gehört habe. »Ein Huhn ist nichts weiter als ein Vogel«, sagt er, »ein Weißer ist nichts als ein Stück Scheiße. Und ein Niggah … ist gar nichts.«

So schlimm das auch ist, ich muß lachen.

Abends laden Len und ich Ali und Lonnie zum Abendessen in St. Joseph ein. Während wir auf die Speisen warten und Ali abwechselnd schläft und Autogramme für die Kellner, das Küchenpersonal und die Gäste unterzeichnet, sage ich Lonnie, daß Ali der neue Großbildfernseher zu gefallen scheint, den der hiesige Händler ihm geschenkt hat. »Wenn er zu Hause ist«, sagt sie, »sieht er unentwegt Nachrichtensender. Das einzige, was ihn hin und wieder mal davon ablenkt, ist sein neues Haustier.«

»Ich wußte nicht, daß ihr Haustiere habt«, sage ich, »ich wußte nicht, daß er sich was aus Hunden und Katzen macht.«

»Ich rede von einem großen Tier. Hast du's denn nicht auf der Wiese gesehen? Warum erwähnst du's nicht in deiner Story? Ein Fan in Afrika hat ihm ein Nashorn geschenkt.«

»Was hat er ihm geschenkt?«

»Ein Nashorn. So ein großer Fan wie du, Davy, du mußt doch von Muhammads Rhinozeros gehört haben.«

»Nein, erzähl mir davon«, sage ich.

Sie lacht laut, errötet und dreht sich weg. »April, April«, sagt die Frau des Größten Spaßmachers aller Zeiten.

XXXIV

Man kann sich auf nichts verlassen, wenn man für eine Illustrierte arbeitet.

»Davis, ich muß mich entschuldigen«, sagt der erste Redakteur von Weltklasse, mit dem ich die Möglichkeit gehabt hätte, zusammenzuarbeiten. »Deinen Beitrag werde nicht ich redigieren. Wir sind bei der ersten Ausgabe in Zeitverzug geraten, und ich muß das Ganze koordinieren. Wir haben gerade einen neuen Chefredakteur eingestellt, der mit dir zusammenarbeiten wird. Ich werde ihn bitten, dich heute etwas später anzurufen.«

»Ich bin von dem Beitrag nicht so angetan wie John«, sagt der neue Redakteur. »Er bedarf einer forscheren Darstellung. Ich möchte, daß Sie mit Alis Rechtsanwälten, Bilanzbuchhaltern, mit seinen Ärzten sprechen. Wie sieht es mit seiner Gesundheit und seinen Finanzen aus? Das ist es, was die Leute wissen wollen. Ich habe Ihre Story dreimal gelesen, und ich weiß immer noch nicht, was Sie damit sagen wollen.«

Oh nein, jetzt doch nicht. Doch nicht diese Story, denke ich. Sie ist einfach zu wichtig für mich. »Das kann ich nicht machen«, sage ich, »es ist nicht unsere Angelegenheit, mit seinen Ärzten, Buchhaltern usw. zu sprechen.«

Ich kann ihn mir in seinem separaten Glaskasten, knapp eintausend Kilometer von hier entfernt, vorstellen, wie er seine Hand über die Augen legt und den Kopf schüttelt. Er kann mit mir genausoviel anfangen wie mit »Zen«.

»Außerdem versuchen Sie, Kunst in Schubladenfächer zu stecken«, sage ich. Er lacht über mich, ohne den Apparat vom Mund wegzuhalten. »Was wollen Sie damit aussagen?« wiederholt er, emotionslos, fast hart.

»Es gibt nichts auszusagen«, antworte ich und warte

auf seine Erwiderung. Er schweigt, also fahre ich fort: »Es gibt nichts, was Ali oder uns definieren könnte.«

»Hören Sie mal zu. Sie schreiben gut«, sagt er beruhigend, »aber ich bin mit dem Beitrag nicht zufrieden. Wir müssen ihn überarbeiten.«

Mann, ich kann's nicht glauben, ich kann es einfach nicht glauben. Ich versuche ruhig und professionell zu bleiben und sage: »Ich rufe Sie morgen an und sage Ihnen, was ich machen kann.«

Was wollen Sie damit aussagen?

Die Nicht-Aussage der Kunst ist folgendes: Sie ist ein Rhythmus, der einen zum Tanzen anregt. Sie ist ein Tanz, der das Gefühl anregt. Und sie ist eine Hütte, die einen vor dem Wind schützt, der Knochen bricht.

Von Anfang an habe ich mehr oder weniger damit gerechnet, daß jemand früher oder später von mir erwarten würde, daß ich über Ali als Reporter berichte. Und ich werde es einfach nicht machen.

Diese ganze Situation gibt mir ein Gefühl der Unsauberkeit. Und es ist unheimlich, daß Ali mich vor so etwas gewarnt hat, als ich ihn fragte, ob er sich für »My Dinner« fotografieren lassen würde. Obwohl es zu seinen Standardreaktionen gehört, fand ich diese Warnung damals ziemlich merkwürdig.

Was ist Identität? Gibt es so etwas überhaupt? Warum soll man auch nur versuchen, die Fakten genau zu eruieren? Die Resonanz hat eine tiefere Wirkung auf uns als die Bedeutung. Unsere Empfindungen sind reicher als »Fakten«. Das journalistische Herangehen versucht die Wirklichkeit auf eine Ebene zu reduzieren, die faßbar scheint. Es dient dem Kleingeist, der meint, daß man wissen kann, der einfach davon ausgeht, daß man wissen kann, der eine Aussage braucht. So sehe ich die Sache jedenfalls.

Jedesmal wenn ich höre, wie Menschen versuchen zu

sagen, wer Ali ist (und manchmal erwische ich mich auch selbst dabei), stelle ich fest, daß sie weniger als recht haben. Ali erkennt das und genießt das häufig.

Schubladendenken. Eines der wichtigsten Dinge, die ich von Ali gelernt habe, ist, daß wir uns irren, wenn wir sagen, wer einer ist oder nicht ist. Das Leben eines jeden Menschen ist umfassender und komplexer, als es uns erscheint. Man kann jemanden (jeden!) nur dann mit Sicherheit in eine Schublade stecken, wenn er tot ist und wir ihn begraben oder seine Urne auf den Kaminsims stellen.

Das Einordnen, Einrahmen, Benennen könnte die eigentliche Ursache für die Zerstörung dessen sein, was mir oft den größten Trost bereitet hat: die Natur, der Teil der Welt, der bis jetzt sakrosankt, nicht reduzierbar schien. Der Teil, der, wenn er sich des Messers Schneide, die den Kuchen zerteilt, schon nicht völlig entziehen kann, dem Reduktionismus der westlichen Wissenschaft, die nach dem Prinzip arbeitet, alles besser machen zu wollen, der Entzauberung durch die Moderne (zu der auch der Journalismus zählt), so doch zumindest nur schwer von ihnen zu fassen ist.

Geschichten erzählen scheint eine ganzheitlichere und ehrlichere (und weniger schädliche) Daseinsweise zu sein als »reiner« Journalismus. Ich jage nicht nach »Fakten« über Ali oder irgendeinen anderen Menschen. Was ich anstrebe, ist, die Story zu finden, die die reichste, die unwiderstehlichste, die *wahrheitsgetreueste* Geschichte ist, die ich erzählen kann. Wahrheitsgetreu im weitesten Sinne, hoffe ich. Ich kann nicht vorgeben, Alis Leben zu kennen. Was ich kenne, ist meine Story – nicht einmal mein eigenes Leben, sondern die Story, die ich darüber erzähle, und zwar so, wie sich die Story entfaltet, *während ich sie schreibe.* Es ist also nicht das gleiche wie meine Erinnerungen an das, was geschehen ist. Ein guter Schriftsteller kann und wird immer ein anderes, ein »besseres«, *passenderes* Detail finden als dasjenige, welches das Gedächtnis bereitstellt. Darüber hinaus beginnt die Story ihr eigenes Leben zu führen, einen schimmernden, schwingenden »Traum« eines Daseins, das in mancherlei Hinsicht wirklicher ist als das, was man im Alltag im »wachen« Zustand erlebt. Die leuchtenden Details, die meine Schriftstellerphantasie liefert (eben die Phantasie, die Ali geholfen hat, in mir zu kultivieren), sind immer wirklichkeitsgetreuer als nachweisliche Phänomene, als die »Fakten«.

Es führt jedoch kein Weg daran vorbei – ich brauche das Geld. Und das ist mit Abstand die beste und größte Illustrierte, in der ich bis jetzt die Möglichkeit hatte, veröffentlicht zu werden.

Lyn ruft mich von ihrer Arbeitsstelle aus an; sie klingt aufgeregt. Eine Freundin, die ein Jahr freigenommen hat, um mehr mit ihrem Ehemann zusammmen zu sein – er war erst vierzig, bei bester Gesundheit, ein Jogger, hat gesund gegessen, sah phantastisch aus, ging einer geregelten, gewöhnlichen Routinearbeit nach, die genau das richtige für ihn war ... er starb in der vergangenen Nacht.

Wie geht man mit so etwas um? Wie sollen wir leben? Wie sollen wir wissen, was zu tun ist?

Ich weiß es nicht, und ich werde es nicht wissen. Keiner von uns wird es wissen. So wie jeder einzelne von uns damit umgeht, wird es genau richtig sein.

»Geh einfach ein Stück im Wald spazieren«, rate ich Lyn, »starre durch das Laub in die Sonne. Ich weiß nicht, was man sonst machen kann, was es sonst gibt.«

Als ich auflege, bemerke ich, daß gerade eine CD mit japanischen Melodien läuft, die »Sakura« heißt. Sakura: »Kirschblüten« – jetzt da und sehr bald nicht mehr, jenes uralte Symbol der Vergänglichkeit.

Ich gehe zur offenen Haustür, betrachte das klare

goldfarbene Licht des ozonarmen Herbstes, das auf die
dunkle Borke des Ahornbaumes im Vorgarten fällt. Ein
Angestellter des Fed-Ex-Lieferdienstes hat ein Paket
mit Ali-Videokassetten von einem Fan meiner Storys
aus New Jersey neben die Tür gelegt. Ich lege eine
Kassette ein, und mir fällt erneut Alis naive Art auf:
»Sehen Sie meine Nase an, mein Gesicht«, sagt er in
einem 1972 in Schwarz-Weiß aufgenommenen Interview im irischen Fernsehen. »Die meisten Boxer habe
solche Nasen (und drückt dabei seine Nase mit dem
Zeigefinger ein), solche Ohren (zieht sie auseinander).
Ich dagegen bin schön! Und ich bin der allereinzige
Boxer, der reden kann.«
    Natürlich möchte ich, daß Ali tausend Jahre alt wird.
Gleichzeitig erkenne ich, daß er es bereits ist: Er hat so
viel gesehen und getan, und er ist so viel *gewesen*. Wie
Ali jetzt fast jeden Tag eines jeden Jahres lebt, ist mindestens genauso außergewöhnlich, wie als er dies früher
im Leben mit dem Körper eines jungen Gottes tat. Ich
kann mir keinen Menschen vorstellen, dessen Leben
auf diesem Planeten – auch und *besonders* in der Zeit
seiner Erkrankung – so lebensbejahend war wie das von
Muhammad Ali.

XXXV

Ich schreibe den Beitrag um. Schließlich ist es nicht die
Illustrierte, mit der ich Schwierigkeiten habe. Es ist nur
dieser überzüchtete, halbgare Fast-food-Redakteur.
Aber er bekommt nicht ganz das von mir, was er will
oder erwartet. Er bekommt eben – ganz im Sinne dieser
Philosophie – ein bißchen »Zen« und ein bißchen von
dem, was Muhammad und Lonnie sehen möchten
(Einzelheiten über Alis Liebenswürdigkeit, seine Rolle

als Weltbotschafter). Es ist ein völlig harmloser »informativer« Artikel.

Der Redakteur ist ziemlich zufrieden, ich bekomme mein Honorar, und »Zen« bleibt mein Kind.

Nachdem Len Irish die Fotos, die mit dem Artikel erscheinen sollen, entwickelt hat, ruft er mich an, um mir zu sagen, wie froh er über die Porträtaufnahme sei. »Er sieht aus wie Mona Lisa«, sagt er, »zeitlos, zufrieden, vergeistigt.

Ich nehme an, Sie wissen, daß Ali vergangene Woche in unserer Stadt war. Sie werden das vielleicht seltsam finden, aber ich hab' immer darauf gewartet, daß er mich anruft. Ich hab' nur wenige Stunden mit ihm verbracht, und er hat es geschafft, einem das Gefühl zu vermitteln, er sei ein Freund. Ich fühlte eine Art Enttäuschung, als er nicht anrief.«

Nachdem mein Beitrag in der ersten Ausgabe des *Men's Journal* erscheint, bekomme ich eine Nachricht von Muhammad auf meinem Anrufbeantworter: »Hier ist der Größte Niggah aller Zeiten«, sagt er. Lonnie haßt es, wenn er solche Dinge sagt. »Ruf mich an. Das ist meine Nummer.«

Er reicht Howard den Hörer, der die Nummer eines Hotels in Shanghai hinterläßt. Als ich Ali endlich erreiche, ist er bereits wieder in den Staaten und erzählt mir, wie gut ihm die Story gefallen habe, was er über »Zen« wahrscheinlich nicht gesagt hätte.

Mit »Zen« habe ich Glück, aber nicht in den Vereinigten Staaten, zumindest vorerst nicht. Ich verkaufe die Geschichte an die britische Ausgabe des *Esquire*, der mich freundlich behandelt und für den ich weitere Artikel schreibe. Nachdem mir aber jeder Redakteur sämtlicher Illustrierten, den ich in den Vereinigten Staaten anspreche, den gleichen Mist erzählt, den ich gewöhnlich von ihnen höre, verkaufe ich »Zen« als Titelgeschichte für Nachrichtenmagazine überall in den Vereinigten Staaten, Irland und Brasilien. Ich bekomme hunderte Briefe von Menschen aus allen Teilen des Landes, und mein Redakteur bei der Miami *Herald* schlägt »Zen« für den Pulitzer-Preis vor. Schließlich löst der Artikel einen einstündigen Dokumentarfilm im TV-Sendernetz ESPN über den Ali von heute aus. Alle diese Ereignisse bringen mich dem Ziel näher, meinen Ruf als Schriftsteller zu festigen.

XXXVI

Die Gabe, durch Zufall glückliche und unerwartete Entdeckungen zu machen. Seit Monaten kreisen meine Gedanken um dieses Thema. Am Montag, den 5. Februar, packe ich zwei Koffer in den Volvo. Um zehn Uhr hole ich Isaac von der Schule ab, und wir verlassen Winston-Salem in Richtung Berrien Springs.

Keiner weiß, daß wir kommen. Ich wollte auf der Farm anrufen, aber Lonnie ändert die Telefonnummern häufiger als Kernwaffenstützpunkte die Sicherheitscodes, und die aktuelle Nummer habe ich nicht. Obwohl Ali fast unentwegt auf Reisen war, bin ich (wieder) zuversichtlich, daß wir ihn antreffen, wenn wir jetzt dorthin fahren. Ich habe keinen Grund, etwas anderes zu glauben: Alles fügt sich immer zum Besten, wenn es um die Verbindung mit Ali geht.

Isaac und ich treffen am Donnerstag auf der Farm ein. Es sind nur drei Wochen vergangen seit dem fünfzigsten Geburtstag des Champs und seit meinem vierzigsten. Das schmiedeeiserne Tor ist zu und verschlossen, und das große Schild MUHAMMAD ALI FARMS ist entfernt worden. Ich habe noch nie erlebt, daß das Tor verschlossen ist, wenn Ali zu Hause ist.

Es schneit ein wenig; hinter dem dunklen Metallgitter glitzert die Schneedecke auf Alis Einfahrt. Isaac ist angesichts des Schnees aufgeregter als über die Aussicht, Ali kennenzulernen. Schnee sieht man nur noch selten in Winston. Als ich noch klein war, gab es mehrmals im Jahr eine Schneedecke, die einige Zentimeter hoch war.

Ich steige vorsichtig aus dem Auto und drücke auf die rote Taste der Wechselsprechanlage, die aus rostfreiem Stahl besteht. Rechts vor uns steht ein kakaofarbenes Pferd und schüttelt Schnee aus seiner Mähne.

Mike, Lonnies Bruder, meldet sich nach dem fünften Klingeln. Nachdem ich erklärt habe, wer ich sei und was ich wolle, sagt er: »Die sind nicht da. Die sind seit Weihnachten weg, und ich erwarte sie erst in zwei oder drei Wochen zurück.«

Ich sage Mike, ich hätte Videokassetten von einigen von Muhammads Kämpfen und Interviews, die ich Lonnie zu schicken versprochen hatte, dabei. »Bring sie rein«, sagt er, »ich schließ' das Tor auf.«

Mike, der eine Pappschachtel mit kleinen Papiertüten in der Hand hält, macht die Tür zur Küche auf. »Es ist Zeit, die Samen zum Pflanzen vorzubereiten«, sagt er. Er erzählt uns, daß er seit zwei Jahren auf knapp einem Morgen Land Gemüse für die Familie und für Obdachlose in Benton Harbor anpflanzt.

Ich überreiche Mike die Videobänder und Artikel, die ich aus Anlaß des fünfzigsten Geburtstags von Ali geschrieben habe. Als Isaac und ich uns verabschieden, um unsere lange Heimreise anzutreten, klingelt das Telefon nebenan, und Mike geht hin, um das Gespräch entgegenzunehmen.

Während sich Mike im anderen Zimmer am Telefon unterhält, sage ich zu Isaac: »Es tut mir leid, daß du Ali nicht zu sehen bekommst, aber wir hatten einige schöne Erlebnisse zusammen auf der Reise hierher und in den Hotels. Auch auf der Heimfahrt werden wir uns nicht langweilen.«

Gerade in dem Augenblick tritt Mike wieder in die Küche. »Mann, du hast Schwein gehabt«, sagt er, »das war Lonnie. Sie kommen heute abend spät zurück. Sie sagt, du sollst gleich morgen vormittag vorbeikommen.«

Lonnie macht die Hintertür auf. Auf dem Arm trägt sie den zehn Monate alten Asaad, dessen Haar zu einem Knoten gebunden ist, fast nach der Art der Japaner. Für sein Alter ist Asaad groß. Seit seinem sechsten Monat kann er bereits laufen, und Lonnie erzählt mir, daß er fast 28 Pfund wiegt. Asaad sieht Isaac und versucht, sich aus den Armen seiner Mutter herauszuwinden und runterzukommen. Mich überrascht, daß Isaac, der sich normalerweise in der Gegenwart von Babys nicht sehr wohl fühlt, sich zu Asaad hingezogen fühlt. Er zupft verspielt an dem Fuß des Säuglings und zwickt ihn am Bauch.

»Muhammad wird dich kennenlernen wollen«, sage ich ihm, »dann könnt ihr spielen.«

Ich habe Isaac eintausend Meilen gefahren, um diesen Augenblick zu erleben, nun bin ich gespannt.

Isaac und ich gehen durch die Küche in den Familienaufenthaltsraum. Rechts in der Ecke sitzt Ali am Schreibtisch und signiert Broschüren. Zu seinen Füßen liegen drei volle offene Koffer. Er ist barfuß und hat kein Hemd an. Er ist fast so rund wie Bodhidharma persönlich.

Ali sieht mich an und nickt kaum wahrnehmbar, dann streckt er meinem Sohn die Arme entgegen, der langsam, ehrfürchtig zu ihm geht. Ali umfaßt ihn mit seinen Armen. Isaac wurde noch nie so von einem fremden Mann gedrückt, aber sein Gesichtsausdruck verrät mir, daß ihm das nichts ausmacht. Im Gegenteil, er fühlt sich geschmeichelt: Auf seinem Gesicht sehe ich das stolzeste, liebste, selbstsicherste Lächeln, das ich je bei ihm gesehen habe.

»Du wirst dich noch daran erinnern, wenn du ein alter, alter Mann bist«, sagt Ali zu mir und zu meinem Sohn.

Er setzt Isaac auf sein Knie und nickt mir zu. Er will nicht, daß ich mich zurückgesetzt fühle. »Happy birthday, Champ«, sage ich.

Isaac hüpft herunter, Ali zieht ein Flanellhemd und ein Paar Sportsocken aus einem Koffer und schlüpft in schwarze elegante Schuhe. Er wendet sich zu Isaac, der mit einem von Asaads Spielzeugautos spielt. »Bleib hier«, sagt Ali mit respektvoller Autorität, »wir kommen wieder.« Er gibt mir ein Zeichen, ihm zu folgen.

Wir gehen hinaus und überqueren die Einfahrt zur Garage. Das Tageslicht wirkt phosphoreszierend; Schneeflocken fallen herab, die so groß sind wie die Hände eines Säuglings. Wir gehen in die Garage durch eine Seitentür und dann eine Treppe hoch. Oben gehen wir an einem großen, eleganten Schreibtisch vorbei, dann rechts um die Ecke, und am Ende eines kurzen Korridors öffnet er eine Tür. Der Raum ist bis an die Decke vollgepackt mit Kisten, Briefumschlägen und Paketen. »Das sind Briefe, die ich aus Zeitmangel nicht öffnen konnte«, sagt er.

»Seit wann gibt es diese Sammlung?« frage ich.

»Seit etwa sechs Monaten.«

Ich hebe zwei Postsendungen auf, die gleich neben meinem Fuß liegen. Die obere ist mit farbenfrohen Briefmarken beklebt. »Aus Indonesien«, erklärt mir der erfahrene Weltreisende.

Ich ertaste darin eine Videokassette. Der zweite Umschlag enthält einen dicken, auf Durchschlagpapier geschriebenen Brief. Er kommt aus Kansas.

»Gestern war ich in Washington, im Pentagon. Ich bin immer irgendwo unterwegs. Ich brauch' deine Hilfe. Unangenehm, nicht jedem schreiben zu können.«

Das ist keinesfalls eine Übertreibung. Fast jeden Tag,

den Ali zu Hause ist, liest er Briefe und antwortet darauf drei bis vier Stunden lang. Er scheint das Gefühl zu haben, daß es seine Sendung ist, jeden Menschen auf diesem Planeten zu erreichen.

»Will eine 900er Nummer kriegen, wo Menschen anrufen und eine Nachricht bekommen können, wo ich mit ihnen reden kann. Du bist mein Mann. Will, daß du rauskriegst, wie das geht.«

Wir gehen zurück in sein Büro. Er zeigt auf ein Telefon auf seinem Schreibtisch. »Kannst du von hier aus anrufen und das herausbekommen?«

Er gibt mir mit einem Handzeichen zu verstehen, daß ich mich auf seinen reichverzierten, geschnitzten Stuhl setzen soll. »Wenn ich nur meine Stimme in Ordnung kriegen könnte«, fährt er fort und läßt sich auf einem kleineren Stuhl auf der anderen Seite des Schreibtisches nieder, »ich will das tun.«

»Wenn du willst, helfe ich dir«, sage ich. Aber es gibt da etwas, was ich wissen möchte.

»Als du beim Frazier-Dinner zum Sprechen aufgestanden bist, hast du etwa zehn Minuten lang gesprochen. Du hast weder undeutlich geredet, noch hast du gestottert, und du hattest auch die richtige Lautstärke. Du warst lustig, und dein Timing war gut.«

Es stimmt. Er war großartig. Und ich habe in den vergangenen Jahren bei anderen Gelegenheiten ähnliches beobachtet. Jedesmal, wenn keine Fernsehkameras auf ihn gerichtet waren. »Wie machst du das?« frage ich.

Er sagt es mir nicht. Ich glaube auch nicht, daß er es weiß. Statt dessen sagt er wieder mit der Stimme, die er früher vor den Kämpfen benutzt hat: »Hier ist Muhammad Ali, der Größte aller Zeiten. Ich tat, was ich mir vorgenommen hab'. Schlug Sonny Liston, schlug Joe Frazier, George Foreman, schlug die Einberufungsbehörde der Vereinigten Staaten.«

Nach zirka dreißig Sekunden hört er auf, reibt sich

das Gesicht mit der linken Hand, so wie ich das mache, wenn ich morgens aus dem Schlaf erwache. »Sieh zu, w-w-was du darüber erfahren kannst«, sagt er. Seine Stimme gurgelt wie der Fluß, der hinter seinem Grundstück verläuft.

Ich führe einige Telefonate und erhalte einige wesentliche Informationen über die 900er Nummern. Auf dem Weg aus der Garage ins Haus begegnen wir Lonnie, Asaad und Isaac.

»Saadie wollte mit dir mitkommen, Muhammad«, sagt Lonnie. Sie gibt das Kind ihrem Mann und guckt dabei auf seine glattbesohlten Schuhe. »Nicht, daß du mir das Baby fallen läßt«, sagt sie. Ihr Ton ist ehefraulich, besorgt, aber nicht herablassend. Sie dreht sich um und geht ins Haus.

Ali geht mit Asaad voran, wir folgen den beiden auf dem Einfahrtsweg. Bald will Alis Sohn selbst laufen. Ali läßt ihn runter, hält ihn an der linken Hand und versucht, ihn zum Laufen zu bewegen. Asaad dreht sich um und guckt auf Isaac; er will spielen. Ich bitte Isaac, Asaads rechte Hand zu nehmen, damit er mit seinem Daddy läuft. Mein Junge macht dies auf eine Art und Weise, die der Sanftheit Alis entspricht. Ich bleibe einige Fuß hinter ihnen und sehe zu, wie die drei im Tempo des zehn Monate alten Babys voranschreiten. Wir laufen viele Minuten hin und her durch den Schnee. Wir hören nur das Windgeräusch in den entlaubten Zweigen der Bäume, Alis schlurfende Schritte und das über die Steine rauschende Wasser des entfernten Flusses. Vor dem Eingang fege ich den schmelzenden Schnee von den Köpfen und Schultern der beiden Kinder, auch von Alis.

Lonnie nimmt Asaad, um Lebensmittel einzukaufen. Ali, Isaac und ich setzen uns auf das Sofa und sehen uns den Kampf des Champs gegen Chuck Wepner an. In dieser Fassung gibt es keinen Kommentar. Auf dem riesigen Stereo-Fernsehschirm hört man Bundinis Rufe aus der Ecke, Alis Wortwechsel mit Wepner, die Einschläge der Punches, Alis federnde Schritte auf der Matte, es ist fast, als würde man den Kampf live erleben. Obwohl ich weiß, daß Ali den Wepner-Kampf meinetwegen vorführt, bleiben die Augen des alten Narziß sofort am eigenen Bild haften. Als ich ihn beobachte, wie er die ersten drei Runden verfolgt, kommt er mir zeitlos vor. Seine Erscheinung bildet eine Einheit der Jugend, der mittleren Jahre und des Alters. Seine Hände und sein Kopf hören auf zu zittern, als er seine eigene Geschichte auf dem Bildschirm intensiv (religiös?) nachvollzieht. Ich frage ihn, woran er dabei denkt.

»Ich hab' vergessen, wie gut ich war, was ich damals noch konnte«, sagt er.

Während der vierten Runde klingelt das Telefon. Ali hebt den Hörer ab und hört einen Augenblick zu. »Sie haben kein Recht, hier so einfach anzurufen und den Frieden zu stören«, sagt er. »Ich bin im Ruhestand. Ich will meine Ruhe. Ich will nichts vom Boxen hören.«

Er deckt die Sprechmuschel mit der Hand ab und sieht mich verschmitzt an: »Berühmter Boxpromoter.« Dann wieder in die Sprechmuschel: »Sie sagen, es sei wichtig, weil es für Sie wichtig ist. Für mich ist es bedeutungslos. Der Boxsport stirbt. Ich habe immer gesagt, daß er sterben wird, wenn ich abgetreten bin. Sehen Sie sich mal um: Da ist Tyson. Das ist kein Muhammad Ali, bei weitem kein wahrer Held. Ich gehe nicht zu Ihren Kämpfen. Mir ist mein Zustand bekannt – all diese Menschen um mich, die Presse, immer dieses Gerede über meinen bedauerlichen Zustand. Brauch' das alles nicht. Rufen Sie mich nicht mehr an, Niggah.«

Während er telefoniert, sehe ich einen Brief auf dem Kaffeetisch und erkenne, daß er von Oliver Stone ist. Ali merkt, daß ich ihn sehe und legt auf, ohne den Anrufer eines weiteren Wortes zu würdigen.

Er zeigt auf den Brief: »Will mir ungefähr drei Millionen Dollar zahlen, damit ich ihm mein Leben verkaufe. Ich pfeife auf Geld. Hat für mich keine Bedeutung. Hätte nichts dagegen, wenn die einen Film drehen würden, einen guten Film, über etwas Wichtiges. Er würde etwas Sensationelles machen wollen – das ist nichts mehr für mich.«

Auch wenn ich sicher bin, daß meine eigenen Bedenken über Stones Fähigkeit, einen soliden Ali-Film zu machen, etwas anders gelagert sind als die von Ali, scheint es kaum wahrscheinlich, daß der handfeste Olli auch nur die wichtigsten Ereignisse aus Alis umfangreichem, scheinbar widersprüchlichem Leben subtil wiedergeben würde, ganz zu schweigen von einem Gefühl für die Komplexität seiner Spiritualität.

»Ich fände es sehr bedauerlich, wenn sie aus dir irgendeine Karikatur machen würden«, sage ich ihm.

»Ich bin jetzt fünfzig Jahre alt«, sagt er, »kaum zu glauben. Wann werden sie mich endlich in Ruhe lassen, wann wird das Ganze ein Ende haben? Ich möchte mich zwei Jahre erholen, nicht mehr reisen, mit Frau und Sohn zu Hause bleiben.«

Ich habe ihn schon früher solche Äußerungen machen hören, um dann kaum 15 Minuten später zu erleben, wie er jemandem eine Autogrammsitzung zusagt, bei der er dann ununterbrochen zwei bis drei Stunden lang Autogramme gibt.

Ich will ihm gerade das Offensichtliche sagen, daß er nämlich nie in Ruhe gelassen werden wird und daß es ihm auch gar nicht gefallen würde, wenn sie ihn in Ruhe ließen, aber in dem Augenblick kommt Lonnie mit Asaad vom Lebensmittelladen zurück, und ich sage gar nichts. Sie kommt ins Zimmer mit einer Packung Kaugummi, die sie Isaac gibt. Asaad kommt hinterher und will auch einen haben. »Du bist noch zu jung, Saadie«, sagt sie.

Alis Augen werden groß, und er fragt: »Und ich?«

Sie dreht sich zu mir und sagt: »Muhammad kommt ohne Kaugummi gar nicht aus. Sieh mal unter den Schreibtisch.«

Ich steh' auf und schaue unter den Schreibtisch. Und tatsächlich, Dutzende große rosafarbene Kaugummi- klumpen kleben unter der Mahagoni-Schreibtischplatte des großen Mannes.

Ich sehe ihn an und muß lachen; er grinst mich schuldbewußt an. »Ich weiß, warum dir das komisch vor- kommt«, sagt er, »du hast nämlich selbst Kaugummi unter deinem Schreibtisch.«

Lonnie bereitet fette Truthahn-Burger für Ali und mich zu und einen Käsesandwich für Isaac. Sie bringt die Speisen auf Metalltabletts. »Da, Pumpkin«*, sagt sie zu Ali, als sie das Tablett auf seinen Schoß legt.

Ja, »Pumpkin«.

Kann man sich einen besseren Kosenamen vorstel- len? Sein Südstaaten-Einschlag, seine Verspieltheit, die Assoziation mit Wärme und Behaglichkeit, seine Zer- quetschbarkeit, seine Rundheit. Sogar Alis Haut ist kür- bisfarben.

Auf derselben Platte, auf der der Burger liegt, sind drei Tabletten für Muhammad, die er täglich einneh- men soll (was er aber fast nie tut, wenn Lonnie nicht aufpaßt): eine rote, eine blaue und eine orangefarbene. Und ein Kaugummi.

Isaac und ich bleiben zwei Tage auf der Farm. Ali spielt stundenlang mit meinem Sohn. Er führt Zauberkunst- stücke vor, versetzt ihn in Schrecken und verzückt ihn mit Horrorgeschichten (»Ich bin Frankenstein«, sagt der König aller Kinder, »ich werde dich auffressen«), jagt ihn ums Haus, versteckt sich hinter Möbeln, springt

* pumpkin – Kürbis.

hervor, um ihn durchzukitzeln. »Als ich dreißig war«, erzählt Ali, »hab' ich mich gefragt, wann ich aufhören würde zu spielen. Manchmal machte mir das sogar etwas Sorge. Jetzt weiß ich, daß ich nie aufhören werde.« Wenn er nicht gerade mit Isaac spielt oder sich mit mir unterhält, schläft er und schnarcht dabei.

Als wir uns verabschieden, bevor wir unsere lange Reise nach Hause antreten, kommt er ans Auto. Er drückt mich wie üblich, und ich merke, wie seine Berührung durch meinen Körper geht, an mir vorbei und allen und überall gilt. Ich drehe den Schlüssel im Zündschloß. Er schließt unsere Türen.

Es schneit immer noch, aber seltsamerweise bleibt wenig Schnee liegen. Es reicht aber gerade für Schneeglätte auf dem Asphalt. Lonnie und ich machen uns Sorgen, daß Muhammad hinfallen könnte. Auf dem Rücksitz liegt eine Videokamera. Als ich mich vergewissert habe, daß Ali sein Gleichgewicht unter Kontrolle hat, nehme ich die Kamera in die Hand.

Ali sieht die Kamera, macht Isaacs Tür auf und holt meinen Sohn heraus. Der Ernst, mit dem er dies tut, ist nicht zu übersehen. Einen Augenblick lang, als er Isaac für die Aufnahme festhält, sehe ich eine zielbewußte Tiefgründigkeit in seinen Augen: Er will, daß ich (und, durch das elektronische Objektiv, jeder von uns) weiß, daß die Liebe, die er meinem Sohn (und jedem Kind) zuteil werden läßt, die Liebe der Engel ist. Dann blinzelt er, und als er meinen Sohn bis in Kopfhöhe hebt, vergeht der Augenblick.

»Das ist der nächste Champion«, sagt er, die Worte aus einem inneren Labyrinth hervorholend. »Dieser Mann wird die Krone im Jahre 2020 gewinnen. Sieh dir das Gesicht an. 2020. Überleg mal: Ich werde der Manager sein. Ich bin dann 93 Jahre alt. Und an *jenem* Tag werden wir die Größten *jener* Zeit sein.«

Ali setzt meinen lachenden Sohn auf den Rücksitz

und zeigt auf das Objektiv. »Schau meine Füße an«, sagt er mit der alten Stimme, der Stimme von Rauch und Träumen. Er dreht uns den Rücken zu und macht ungefähr zehn Shuffle-Schritte. Einen Augenblick lang bleibt der Automotor stehen, der Wind weht nicht, die Luft ist nicht kalt.

Über die linke Schulter blickend, hebt Ali die Arme horizontal zur Erde, und ich bin immer noch beeindruckt, als der berühmteste Mann der Welt erneut von der Erde abzuheben scheint.

»Hier spricht Muhammad Ali in Berrien Springs, Michigan«, sagt er, »es gibt keinen anderen, der so ist wie ich. Joe Louis, Ray Robinson, das sind nur Boxer. Ich bin das Größte, was es je im Sport gab. Ich gebe nicht an; es ist einfach so. Von Adam bis jetzt bin ich der Größte in der schriftlich verbürgten Geschichte der Menschheit«, spricht er in die Kamera und verkündet es der ganzen Welt.

Als wir die Einfahrt verlassen, sitzt Isaac ganz hinten und blickt starr durch das Heckfenster. Ich frage meinen Sohn, ob er weine. Er nickt. Ich frage, warum. »Er ist so cool, ich dachte nie, daß jemand so cool sein kann. Ich wünschte nur, er wäre nicht krank.«

Ich sage ihm, daß es schon in Ordnung so ist. Und ich glaube ehrlich, daß es so ist. Es ist sogar mehr als in Ordnung, Alis Leben verlief genau so, wie es vorgesehen war. Mit Ali habe ich große Schönheit erlebt und Erkenntnis gewonnen; ich habe etwas über das Leben als Fluß und über die Sterblichkeit gelernt. Wir sind Wasser und alte Sterne. Mehr kann man nicht verlangen.

XXXVII

Die Woche darauf gehe ich in Isaacs Schule, um mit seinen Klassenkameraden über unseren Besuch auf der Farm zu sprechen. Ich frage die Erstklässler, wie viele von ihnen von Muhammad Ali gehört hätten. Es sind fast dreißig Jahre vergangen seit der mondlosen Nacht in Miami, als er Sonny Liston fertiggemacht hat; fast zwanzig, seit er George Foreman in Zaire von innen nach außen kehrte und die Weltmeisterschaft im Schwergewicht zurückeroberte – zwei Stunden später setzte der Monsunregen ein; es ist fast genau so lange her, seit dem »Thrilla in Manila«, wo er Joe Frazier gründlich geschlagen hat – bei einer Lufttemperatur von über 46°C. Alle 23 Sechsjährigen heben die Hand.

Nachdem ich einige Minuten gesprochen und einige Fragen beantwortet habe, liest Isaac eine Ali-Geschichte vor, die er geschrieben hat. Wir führen eine Videokassette vor, die Höhepunkte aus der Karriere des Champs zeigt, sowie die Levitationsszene, die wir auf der Farm aufgenommen haben. Nach der Stunde stürmen die Kinder aus dem Klassenzimmer auf den Korridor hinaus und rufen: »Wie ein Schmetterling schweben, wie eine Biene stechen« und »I'm a *baadd* man.« Alle, auch die Mädchen, werfen Punches aufeinander. Die Lehrer sehen ratlos zu. Ich bin mir sicher, daß man mich so bald nicht wieder einladen wird.

Noch Tage danach erzählt mir mein Sohn, daß sein Anblick seine Klassenkameraden immer wieder daran erinnert, daß sie einen Mann namens Muhammad Ali gesehen haben, der wirklich fliegen kann.

Dank des Autors

Aufrichtige Bewunderung und unermeßliche Dankbarkeit für meinen vor kurzem adoptierten Großvater (und den Paten dieses Buches), Armand S. Deutsch.
   Ein spezielles Dankeschön an Terry. Dieses Buch gehört Dir ebenso wie mir, alter Freund.

Allergrößten Dank an Cam Benty, Stephen Brunt, Denis Gosselin, Holly Haverty, Greg Johnson, Bill Linthicum, Kathy Long, Debbie McGill, Dave McGinty, Craig Mortali, Eric Nolan, Laura Shipherd, Tom Shroder, Tom Simons, Terri Smith, George Tan, Beth Thomas, Gene Weingarten und Greg Williams für ihr freundschaftliches Interesse, ihre (häufigen) Textdurchsichten und -bearbeitungen, kritischen Hinweise und Ratschläge; an Len Irish für die großartigen Fotos und an Howard dafür, daß sie zustande kommen konnten. Dank auch an Mel Berger, Norman Brokaw und Peter Nelson für die Rücksichtnahme, Hilfsbereitschaft und die Unterstützung bei meinen Hypothekenzahlungen.
   Eine tiefe Verbeugung vor meinem Lektor, Rick Wolff, der es mir ermöglichte, meine beste Geschichte zu schreiben.
   Dank an Maya Angelou, die mir half zu begreifen, daß es kein Schnellverfahren gibt, wenn man etwas Vernünftiges schreiben will.

An Lonnie dafür, daß sie ein liebenswürdiger Zuhörer und Muhammads Engel ist.
   Und natürlich an Muhammad dafür, daß er mich zu meinem besten Selbst geführt hat – und an Gail dafür, daß sie mich ständig daran erinnert, wer dieses Selbst ist (und nicht ist).

BOX CHAMPIONS

■ Die authentische Biographie des Mannes, der dem Berufsboxsport durch seine außergewöhnlichen Erfolge und seine integre Persönlichkeit zu neuem Ansehen verhalf.

160 Seiten
150 Farbabbildungen
gebunden
ISBN 3-328-00650-8

■ Er bleibt nach wie vor Deutschlands beliebtester Sportler aller Zeiten. Max Schmeling, der zeitlebens mehr war als ein erfolgreicher Boxer. Seine reich bebilderten Memoiren sind auch ein kulturgeschichtliches Panorama der ersten Hälfte unseres Jahrhunderts.

Aktualisierte und erweiterte Auflage
Mit einem Vorwort von Henry Maske
568 Seiten, 98 Seiten s/w-Abbildungen
gebunden
ISBN 3-328-00675-3

Erfolgreich ins Ziel

SPORT VERLAG BERLIN